南无本师释迦牟尼佛

U0911094

俱舍论释

〔清〕洛德旺波尊者 著

索达吉 译

西藏藏文古籍出版社

图书在版编目（CIP）数据

俱舍论释 /（清）洛德旺波尊者著；索达吉译．
—拉萨：西藏藏文古籍出版社，2019.2
ISBN 978-7-80589-478-2

Ⅰ．①俱… Ⅱ．①洛… ②索… Ⅲ．①俱舍宗—研究 Ⅳ．① B946.9

中国版本图书馆 CIP 数据核字（2014）第 052973 号

俱舍论释

作　者　（清）洛德旺波尊者 著　索达吉 译
责任编辑　郭晓斐　唐　傲
出　版　西藏藏文古籍出版社（拉萨市色拉路 22 号 邮编：850000）
第二编辑部（北京）：北京市东土城路 8 号林达大厦 A 座 13 层
邮编：100013　电话：010-64462318
打击盗版：0891-6649998 13908990085
印　刷　北京盛通印刷股份有限公司
经　销　全国新华书店
开　本　16 开（710×1 000）
印　张　24.25
彩　插　2 页
字　数　305 千
版　次　2019 年 2 月第 1 版
印　次　2019 年 2 月第 1 次印刷
印　数　1—10000
标准书号　ISBN 978-7-80589-478-2
定　价　59.00 元

版权所有　翻印必究

目 录

世亲论师略传

雍怎益西加参　著
索达吉堪布　译

被誉为“世界智者之顶饰”的世亲论师，与无著菩萨实为一母所生。无著菩萨降生后，次第于多位上师前学习共同学问，后即出家求道。待其出家后，长期勤苦修习菩提心不辍，日久功成，早先所发弘法利生之愿终于因因缘成熟而得以真切实现。

无著菩萨之母——婆罗门女明戒，后与另一婆罗门又生下一相好庄严之子（即世亲论师）。此子出生后，按婆罗门传统，家人用苦胆在其舌上写了一“阿”字；又按吠陀论典的教授为他行种种仪轨以使其智慧敏捷。待他年岁稍长，又以沐浴、清洁等（婆罗门教之）方式抚育其渐渐长大。伴随着年龄的成熟，他开始跟随母亲学习文学、历算、四吠陀等共同学问，并将之全部精通无碍。

其后某一日，母亲对儿子这样谆谆教诫：“儿啊，我把你生下来并不是为了让你守护种姓，也不是为了其他世间目的，生养你的目的就是为了日后你能弘扬佛法！因此请你务必出家证道，以广学三藏、弘法利生。”在母亲如是劝请后，世亲论师遂于那烂陀寺正式出家为僧。

剃除须发后，他严守阿阇黎与上师之教言，连最细微的戒律学处也如守护眼目一般严谨持守、丝毫不犯。在戒律清净之基础上，他精进修学三藏，并将之完全通达掌握、了然于胸，且因此而成为了一名智者。为了能把握对法藏之精细法义，为了能清楚了知声闻十八部各宗各派之特性而不笼统颟顸，为了能掌握自他如大海般之宗派的教义，他又来到了众多智者及诸大成就者的摇篮——克什米尔，并依止大智者登桑（众贤），且在其前闻受了将诸多阿罗汉所造之七部对法论及四大毗奈耶经汇集而成之《大毗婆沙论》。此论被以前的智者称之为《有宗海论》，亦名《有宗法藏论》，如此大论最后亦被他全盘掌握。他对此论的一切意义均无半点疑惑，凭借自己的无垢智慧仔细观察、抉择后，他将《大毗婆沙论》融会贯通于心。

从众贤上师那里将其所有的三藏传承一一得到后，他也成为了了不起的大智者。从此后，世亲论师开始在克什米尔无量无边之所化众生前广宣佛法，同时，其无垢理智亦日渐于当地广弘开来。其后，他动身前往印度。

当其时，眼见尊者弘法事业如此广大，魔王波旬顿感无法忍受。于是，他便设法改变了许多强盗以及沿路收费者的心态，结果这些人竟把尊者随身携带的所有佛像、经书、资具等统统劫掠而去。当他把它们又重新置办起来后，这些人再次将之洗劫一空。如是情况，世亲论师总共遭遇了三次。后来他思量道：财产、法本虽说没有了，但大法却早已铭刻于我心，任谁都无法抢走！想到这里，他便决定不再随身带任何物品。下定决心后，他空手经过强盗、收费者聚集之处，并抵达那烂陀寺。

之后，他开始于众多持藏法师前广讲佛法，也就在此时，他听说了哥哥无著菩萨已造下许多论典这一消息。闻听之后，他即如是说道："呜呼无著于森林，十二年中修等持，奈何等持未修成，徒造论典大象驮。"他如此对大乘法门及大乘行人肆意诋毁。

哥哥听到后，深恐弟弟所言所行违背正法及因果，为制止他继续造作谤法恶业，无著菩萨便派了两个弟子到弟弟处念诵《十地经》及《无尽慧所说经》。他们到了那里以后，随即于早晨及黄昏时分念诵这两部经典，其诵经之声终被世亲论师听到了。刚刚听闻时，他若有所悟地说："大乘法门诚可谓因善妙、果散逸。"听到第二天黎明时，他终于深有感触地说："大乘法门不论因果都非常善妙，看来我已造下诽谤正法的罪过了，这都怪我那不知遮拦的舌头！"说到这，他就准备割去自己的舌头以示忏悔。就在他寻找刀子的当口，无著菩萨派来的那两位弟子急忙劝阻道："遣除毁谤大乘佛法所生罪过之方法，你兄长无著菩萨那里就有，请前往求取。"

就这样，世亲论师最终来到了哥哥所在之处。在哥哥面前听闻了大乘法义后，他对之生起了强烈信心，于是便在无著菩萨前痛自忏悔，并次第闻受大乘教义。

当时，无著菩萨与弥勒菩萨已无分无离，无著所作所为之一切均一一向弥勒请示。世亲了知后就向哥哥请求道："我亦欲见兄长之本尊。"无著便回答说："我可替你请示一下。"当他对弥勒菩萨转达了这一请求时，弥勒菩萨回答世亲说："你本一凡夫，又毁谤大乘佛法，故今生见我之因缘怕不具足。为忏清罪过，你应广造大乘经典之注释，且须念诵顶髻尊胜陀罗尼，如此方可于来生见我。"

当世亲对哥哥的信心愈发增上时，他造了这么一首偈子："兄长如龙王，我似求雨雀，龙王虽降雨，无法入雀喉。"

遵照弥勒菩萨的教言，他首先造了《菩提道次第上中下三士道观修法》一书；为详细阐述上士道修行四谛之理，接着他又造了《阿毗达磨俱舍论》一论，和其他供品一道，寄给上师众贤作为供养。众贤弟子看过后纷纷议论说："《俱舍论》中有许多'传说''据说'等不确定性词语，此种语气分明表示世亲对我宗有所不满。"但众贤却另有看法："世亲论师乃对造论极有造诣之智者，此类话语只不过是他造论之时的一种修饰语，并非在对我宗表示不满。"众贤收到此论后非常高兴，他还劝请世亲再造一部《＜俱舍论＞自释》。

渐渐地，世亲于阿阇黎无著前圆满听闻了所有大乘法门。每一法门，他只需听一次就可将其内涵全部掌握并熟记。后来，秉承弥勒菩萨之旨意，他开始修习本尊法门。不久，他就在一位金刚上师前听受了尊胜佛母及金刚手之灌顶、教言。念诵咒语后，很快就取得了验相及成就——两位本尊都被他一一亲见过。

世亲论师之心相续中最终生起了众多等持之门，释迦牟尼佛教法中所有存在于世的法门、教义终被他一一领悟了达。此时，他已能将声闻三藏凡五百部经典、三十万偈颂，大乘《聚宝经》《宝积经》《般若一万颂》等共五百经典，以及五百密续全部了然于心，并且每年都要将之念诵一遍。每当他念诵时，都会在一大铁盆内倒满芝麻，他自己就坐在其中，夜以继日地连续念满十五日，就可把上述经典、偈颂全部念诵圆满。不仅如此，像《般若八千颂》这样的经典，他每天都要念诵一遍。当时的印度诸大智者皆异口同声地共称道，自佛陀涅槃后，已无人能似世亲论师一般博闻强记。

此后，牢记弥勒菩萨教言的世亲论师又开始次第为大乘经典广作注疏。他陆续著有宣说菩提道次第窍诀之《经庄严论释》《辨中边论释》《辨法法性论释》《摄大乘论释》，以及将诸法宣说为唯识所现之理的《唯识三十颂》，及破除外境之《唯识二十颂》《唯识二十颂自释》。其所著者尚有《宣说三自性论》《辨五蕴论》《百品法论》《赞三宝论》《释六门总持》《说七功德论》《律仪论》《资粮论》《随念三宝经释》《说五妙欲过失》

《一偈颂》《嘎亚果惹经释》《十地经讲义》《无尽慧所说经广释》《说缘起法》《十地经释》《普贤行愿品释》等众多论典。

无著菩萨圆寂后，世亲论师于那烂陀寺为其广做法事，其所做者包括以下内容：每日担当接受出家及授比丘戒之亲教师、轨范师一职；每日不间断地上满二十堂讲授不同的大乘经典之课程；若外道邪说出现，则立刻遮止、制伏；以造论等智者所为之三大事业度日……当时享誉世界的所有大智者都对世亲论师佩服得五体投地，因而各个对他毕恭毕敬；每人还根据自己的根性，于尊者前分别聆听不同的佛法法义。应具信者的请求，尊者经常奔赴不同地方向不同根基的众生宣讲佛法。结果，由于尊者的努力，那些佛法衰败的地区，佛法得以再度复兴；以前就有佛法流传的地区，佛法则更加广弘。当尊者到达位于东方的果热地方时，在非常多的有缘众生面前广施大乘法雨，以至白法方面的护法神为他降下纯金花雨。目睹者无不对世亲论师生起巨大信心，从此后，各个都依教奉行。以此为因，佛教在当地一度极其兴盛。

为使佛法长住世间，不管哪里有僧团，他都要对之广作供养并在当地兴寺建庙。在一个名为沃智布夏的地方，受一婆罗门施主邀请，大乘一万两千僧众曾请尊者广转法轮三个月。在尊者所处之时代，不论听闻还是传讲大乘佛法，其规模都已胜过无著菩萨住世之时。人们都说，大尊者摄受的大乘比丘足足有六万余人；经常随侍左右的三藏比丘则有一千余人。这些弟子个个戒律清净，对三藏广学多闻，完全堪当弘法重任。

阿阇黎世亲在接近一百岁之前，一直待在印度孜孜不倦地为佛法贡献心力，后见时机成熟，深感有必要前往尼泊尔，于是便带领持藏比丘一千名共同奔赴那里。到了尼泊尔之后，他在当地大乘信众中广讲大乘妙法；为使佛法久住，还于尼泊尔广建寺院。某次在转绕被人们共称为自然佛塔的郭玛萨拉甘得时，他看到一个名为沆乌的在家人装束的出家人正在耕地，随身还挂着个酒瓶子。目睹此情此景，世亲尊者不由感慨道：看来佛法的确已走向衰败了。由此生起厌离心后，尊者遂给予了僧人们众多遗教，并将顶髻尊胜陀罗尼倒着念诵，念完后示现涅槃，并前往弥勒菩萨与无著菩萨所在之兜率天。在其圆寂之地，具信弟子后建起一座遗塔，此塔至今犹存。

世亲论师这位大阿阇黎一生中培养了诸多可荷担弘法利生之责的弟子。在这些弘布佛法之事业不可思议的弟子中，有四名弟子最具代表性、最负盛名，即精通戒律之殊胜弟子阿阇黎功德光、精通俱舍之殊胜弟子阿阇黎坚慧、精通因明之殊胜弟子阿阇黎陈那、精通慧度之殊胜弟子阿阇黎解脱部。此处首先介绍精通戒律之功德光。

功德光出生于秣搜罗国一婆罗门种姓之家庭中，少时即将共同学处学习了达，后在佛教教法下出家且受近圆戒。他依止大智者世亲时，从其听闻三藏及大乘道次第，并闻思所有大乘经藏。他最终将声闻十八部各自教义不相混杂地全部通达，并能完整背诵律藏十万颂，且经常念诵不已。他即如是闻受佛法并修持，的确称得上是已达自他宗派大海之彼岸的学者，并得等持、总持、辩才、神通等百种法门自在。尤其是依凭世亲论师之窍诀，他次第进修，终获圣者果位。当时之人皆称他为圣阿阇黎功德光，其名声则传于全世界。

为弘传佛法，阿阇黎功德光造了一部汇集四部毗奈耶内容精华的《律海藏》，也即人们通常所谓之《律经》。此部论典实与佛陀经典等无有异，凡出家之人均视之为了达戒律之眼目，如佛教明灯般之前辈高僧大德亦对此论极为看重。他又造了一部容一百零一羯磨仪轨之著作《百羯磨》，至今仍广泛用于为居士、近事男、沙弥、比丘受戒及举行三事仪轨等场合。因此说，他对教法之贡献、对我等之恩德实在无可比拟。

功德光大尊者的事业非常广大，与他在一起的常随比丘就达五千。这些弟子皆谙熟三藏内容；一昼夜中所犯戒律，当忏悔则忏悔、当戒除则戒除、当加持则加持。昔日，有众多智者感叹说：佛陀曾将佛法传付七代，这些阿罗汉护持佛法之时，佛法之境遇与功德光尊者住世时无有些微差别。

接下来介绍世亲论师另一弟子——精通俱舍之坚慧阿阇黎。

世亲尊者当年在巴嘎布哈地方用大铁盆装满芝麻、自己坐于其中诵念诸多显密经典时，有只鸽子常在近旁聆听其音。鸽子死后，转生于边地扎玛地方一平民种姓家中。刚一出生他就问家人："我的上师住在哪里？"父亲惊诧不已地反问他："你的上师是谁？"他则回答说："世亲论师。"父亲便向前往印度中央之商人打探，终得世亲论师之住址。待孩子稍稍长大一点后，即将其送至世亲阿阇黎前。世亲从元音字母开始，一直到所有共同学问都传授给了他。

在坚慧年纪尚幼时，那烂陀寺内有尊度母像。某日，坚慧手捧豌豆欲对度母行供养，当时他暗自思量道：她一定会享用我的供品。结果撒豌豆时，豆子全都散落了下来；他接着又供，豆子则再次散落一地；第三次供奉，豆子则第三次散落。坚慧不觉想道：度母未吃前，我先吃豌豆肯定不如理。想到这，他又开始供养豌豆，结果这次豌豆还是滑落了下来。这下，坚慧忍不住大哭了起来。正当他涕泪纵横时，度母亲自现身其前，并安慰他说："不要哭！我加持你，你回去吧！"从此以后，他的智慧即开始大增，而后人也因此称那尊度母为豌豆度母。

坚慧阿阇黎能将《宝积经》四十九会以上全部背诵，同时也造了此经的注疏，他的大名在当时即已传遍十方。其所造之论主要有为《俱舍论》作注的《天铁霹雳疏》及《大乘阿毗达磨注释》《八部品类足论注释》等多部。

世亲论师另一高足便是精通因明之阿阇黎陈那。

陈那降生于印度南方僧嘎八达城一婆罗门种姓人家中，出生后不久，他就将婆罗门吠陀及其他共同学问全部烂熟于心。当宿世习气日渐复苏后，他将整个轮回看作火坑一般，并对之生起了无法堪忍之厌离心。他不贪求婆罗门种姓及所拥有之广大财富、众多眷属等世间受用，毅然决然地于犊子部施象上师前出家为僧，并得法名陈那。依靠这位上师，他终将犊子部三藏完全无碍了达。

当他生起进一步探究大乘教典窍诀之念头后，来到世亲阿阇黎前求教。在世亲尊者面前，他如满瓶倾泻一般，一滴不剩地全盘接受了其总体三藏，特别是有关契经方面的经典以及来自弥勒菩萨的大乘窍诀方面的传承，不仅如此，他还经常讽诵五百大乘经典。陈那论师还于一位金刚上师前听受了文殊灌顶及修法，依而实修后，他亲见了文殊菩萨之尊颜，并获其甚深教言。从此以后，只要想见文殊菩萨，文殊菩萨立刻就会现身其前，他即可以当面向文殊菩萨求法。

陈那后又来到沃智布夏地方一寂静森林中的山洞中专志苦修，其后，在那烂陀寺与外道辩论时，他彻底将之降服。这位大尊者可从总体方面解释如来一切教法之密意，尤其对因明理论更是善加抉择，他共造有以《观所缘缘论》为主之一百部因明论典。

然后尊者又回到沃智布夏地方原先曾待过的那个山洞继续苦修禅定，后来因对所化无有智慧眼目之众生心生悲悯，他便想赐予他们智慧眼目。加之目睹受教众生大多根基浅陋、智慧愚钝，而以前所造之因明诸论又大半佚失，故尊者乃将以往诸论之法要荟萃集中，欲新造一部总汇因明义理、注疏之大论《集量论》，为此他特意写下了这首偈颂："敬礼定量欲利生，大师善逝救护者；为成量故从自论，集诸散说汇为一。"写完后，他便将此偈用石头刻写在山洞门口的岩石上。当其时，整个世间现大光芒，同时大地震动，且发出巨响。外道本师觉察后非常恐慌，他们纷纷询问、打探何以至此。其中一名为黑色图加的外道以神通观察后得知，此乃陈那论师《集量论》礼赞颂加持所致。趁陈那尊者去花园之时，黑色图加凭借神通来到洞门外，并将颂词擦去。陈那发现后复又写上，黑色图加则再次擦去，如是者凡三次。

陈那后来就在洞门口写了几句话："若有人在与我开玩笑，则请再勿擦去此颂，因我写此颂自有其必要；若非尔，来者只欲与我辩论，则请现出真身。"写完后，他就又去了花园。等回来时，黑色图加终于现出原形，陈那一见遂以无垢智慧将其降服三次。外道不服，又提出要求说欲与论师比试神变，随即就开始口吐大火，结果竟将尊者的三法衣及资具等一并烧毁。

眼见此情此景，尊者不由得心生厌离，他当下想到：此类众生，其恶劣难化实乃不可思议，看来我已不能再利益众生。想到这，他就把顶圈抛向虚空，并暗自思索道：顶圈何时落下，我即何时自取解脱。结果顶圈一直未落下，他只得一直眼望虚空。

就在此刻，尊颜令人视而不厌之文殊菩萨出现于虚空中，且拿住了那顶顶圈。文殊和颜劝阻道："善男子，勿如此行事！勿如此行事！不应一遇小乘根基众生即生如此恶念！外道宗派不会损害此论，在你未得地之前，我将一直为你善知识；而此论亦必将成为众生眼目。"文殊菩萨即如是作出授记，并对陈那进行安慰，同时劝告他务必造此《集量论》一书。

尊者从此后即开始发大心，他不断增上毅力，终于将《集量论》造作完毕，赋予了全世界众生此一智慧眼目。接下来他又开始坐禅，并面见了诸多如来，获得了数百等持之门。此时，诸天人为他散花；森林中所有树木、鲜花都向他顶礼；居住于林中的大象等野兽也在他脚下顶礼；而当地的国王及其眷属、民众等人亦对他恭敬顶戴。

其后，陈那阿阇黎又来到南方遮止、制伏外道邪说，并建立僧团、广宣三藏、弘布佛法。然后，他再次前往沃智布夏地方，并使当地国王、民众都趋入佛教。有位婆罗门担当施主，阿阇黎又建立了有很多位僧众住持的寺院。为使当地人众对佛法生信，他通过谛实语使一株已经枯萎的诃子树再度萌发新枝。当时，整个印度都借尊者如是之行持而得以遍布佛法。

接着，他又一次前往沃智布夏地方，在寂静森林中的那个山洞内显现了众多瑞相后，陈那阿阇黎示现圆寂，并前往其他刹土。

因此说，欲修行菩提道次第者，应对大智者世亲论师之功德、恩德生起极大恭敬心，并诚心祈祷；还须精进闻思、阅读尊者所造诸多善说。不应仅皈依教法就得满足，而应对如来经典之无垢密意及经论生起定解，并不懈修持解释如来经教精华之《菩提道次第论》。

索达吉译自《菩提道次第诸传承上师传》相关章节

公元二零零三年五月十日于色达喇荣

蒋扬洛德旺波简介

索达吉堪布　著

蒋扬洛德旺波尊者是极为著名之大成就者、大智者，他降生于火羊年（1847 年）的一个殊胜吉祥佳日，父名巴诺尔，母名云吉。其父乃涌现过众多智者之种姓，其母则秉性善良，且对三宝极具信心。在他出生的时候，大地上现出众多瑞相；天空中则飘浮着朵朵呈现出八吉祥及僧幢等图案的白云；而母亲在整个生产过程中一丝一毫的痛苦都未曾感受。降生之后，他那婴儿的小脸就似月亮一般洁白、可爱，众人见之个个心生极大欢喜。

三岁时，他的所作所为就已经与同龄孩童迥然有别：小小年纪的他不仅对三宝深具信心，对那些可怜的众生也能自然而然地心生悲悯。同时，他所说的话语非常真实；心相续亦调柔平和，从不生嗔恨。每当看到贫穷者时，只要手中有东西，他马上就会倾囊相送；若值遇出家众或佛塔、佛经、佛像等三宝所依，他立刻就会以青稞等粮食以及鲜花等物恭敬供养。平日里，他还常常做出种种举行灌顶、开光、传法等活动时所经常用到及摆出的手势、姿态，诸如此类的行为在在处处都显露出一个本性高贵、智慧超人者的天赋特点。其叔父乃一通达佛法之大上师，见闻目睹侄子的各种表现后就说："我的这个侄子将来在弘法利生方面必大有发展。"

长至五岁，叔父又对他作了特殊加持：给他头上戴上一顶黄帽子，脖子上则系了一条红色金刚带。并且叔父要求这个聪颖的孩子一定要以出家的方式进行闻思修行等活动，最终证道。而他的父亲则答应了这些要求。

等他长到六岁时，一边继续享受孩童游戏，一边开始了文字等共同学问的学习。此时，他的各方面表现都与一般凡俗儿童截然两样，其境界、信心都令众人羡慕、赞叹不已。

九岁时，他的母亲云吉过世，在将家产供养给三宝以广行善事后，他与父亲一道舍俗出家，于艾汪寺正式削发为僧。他首先在香巴更嘎上师前受了居士戒，得名慈诚江措；后又在更嘎丹增上师前受了沙弥戒，得名蒋扬洛德旺波。接着，他于索南彭措上师前听受相关灌顶，并学习仪轨、法器等方面的知识与使用方法，终将细微以上的学处全部从传承上师处得到并通达。他还曾跟随晋美华丹上师学习文法、声明、诗学、历算、天文等学问，在他十岁时，又来到具三恩德之上师塔色堪布面前听闻佛法，并将有关显宗的诸多经论之传承圆满得到。其后，蒋扬洛德旺波又在雪域大班智达全知麦彭仁波切座前听受了《集量论》《释量论》《定量论》等印度佛教和藏传佛教大德所造的关于因明理论的著作，然后他就开始为《量理宝藏论》作注——这就是在如今萨迦派、宁玛巴等各大宗派的佛学院中被广泛传习的《量理宝藏论释》一书。同时，他还将《辨三戒论》等教言、论著闻思圆满。在学习《入菩萨行论》《入中论》时，他的相续中生起了真实无伪的菩提心；而像以《现观庄严论》为主的所谓五部大论，他则在多位上师前闻听过数次。尊者后来自己感叹道："那些有闻思经验的老修行真令人倍感稀奇！而一般刚刚开始闻思之人则很容易就陷入迷惑的境地。我的一位上师虽已年逾八十，但他讲经说法时却连丝毫的疲劳感都不会产生。"

从十一岁开始，尊者四十年中一直都依止大班智达蒋扬希日江措上师，并从上师那里享受到了数不尽的妙法甘露美味。在这期间，他从未中断过闻思修行的步伐。有一次他曾如是说过："我年轻时，除了在闻思修及念诵经典上花费时间以外，基本上未浪费时光于别的琐事。"他身边的人则评价说：

“从小时候开始，他晚上就很少睡觉，因而腰带也不曾解开过。只是到了中夜时分才会略微小睡片刻，天不亮时就又起来思维法义并开始背诵了。”

在他背诵《如意宝树》的阶段，每当公鸡刚开始啼鸣，他就点亮油灯并全神贯注地背诵。在某次背诵过程中，他面前的虚空中忽然显现出一位坐在庄严坐垫上、面带微笑、身着白衣、顶有发髻、相貌威严的上师，他一见立刻对其生起不共的恭敬心。那位上师说道：“善男子，你生生世世中依止的善知识就是我！将来请到我面前来！此后不久，请前往东方，此行必有重大意义。在此过程中，不会出现任何违缘。”尊者当时的境界中即现出了这般景象。刹那间，他心中的一切能执、所执之桎梏尽皆消散，与此同时，远离戏论之光明智慧也遽然现前。

他日夜修持十种法行，诸上师见之皆心生欢喜。一次，更嘎嘉村上师让他上前并给予其黄文殊、妙音天女灌顶，还谆谆鼓励他说：“种性成熟之智者，你将来必会对众生有所利益。”言罢又赐予了他种种圆满法器。从此之后，尊者的修行愈发精进努力，其智慧等功德则空前增上。上师见状遂及时鼓励道：“你此前的显密经论背诵业已圆满究竟，从今往后，应再上层楼、继续不辍修行。等修行取得一定的感应与验相、有了些成就及证悟后，应以智者讲、辩、著这三大方式去弘法利生。”

十五岁时，当某位全知大堪布开始宣讲显密教言时，他则来到其前恭敬听闻教授。在上师传法的六个月当中，每天他都要用三座的修法时间力图将大法融入自心。从前行一直到正行，他终于打下了密宗的稳固根基，且将正行修行圆满。其后，为在上师面前积累起广大资粮，他又将全部财产悉数供养。

每当看到那些可怜的众生时，他都会生起无法遏抑的难忍悲心；而以观音仪轨行持的八关斋戒亦被他受持了二百多次；平日里只要遇见可堪悲悯的困苦有情，别说直面他们的悲惨境遇，就是听闻到一些有关他们凄苦经历的事情，尊者也是于心不忍并要难过、哀伤半天；他还经常对一些非人、饿鬼给予回向，每日还不间断念诵观音心咒两千遍，并及尊胜佛母心咒、《普贤行愿品》若干，且以之普皆回向；为忏清自他罪业，他每日还要不断念诵《三十五佛忏悔文》、百字明及修习上师瑜伽等，并以之为日常功课……

二十三岁时，尊者于艾汪寺众多僧众面前获得金刚阿阇黎称号。此后五年左右的时间里，遵循传统沿袭，他一直按照上师所应行持的轨范要求，将指导僧众念诵、注重自他威仪等日常修为一一严加落实，乃至细节以上的微小部分亦恪遵律令、谨持不犯。作为金刚上师，他要求每一位修行人都要牢牢关闭非法恶行之门，务必使僧团成为引发众人生信的殊胜对境。不论何时何地，他都能够做到戒律清净；佛制的安居等行持规定，他均完全、彻底地遵照执行。不仅如此，每年他还要为成百上千的沙弥、比丘传戒。

二十七岁时，他的一位金刚上师要求他将散佚、零散的续部典籍重新整理、结集。上师的意图是想让他把所有散失的续部全部结集完毕。接受了上师的指令后，他坚定、沉稳地发愿道：“只要我还有一口气，就一定会精进不懈地进行结集！恳请诸传承上师慈悲加持我的相续！”经他结集之续部（也即通常所谓之《续部集》）后来陆续在德格印经院排版印行，此举对佛法的弘传流通实可谓贡献巨大。

二十八岁时，尊者依止文殊菩萨之化身——蒋扬钦哲旺波的时机因缘业已成熟。当时他获得了一秘密空行之授记，被告知应立即前往康区：“善男子，若即刻动身便可面见上师尊颜，你心中所想关乎佛法之一切事业皆可得以成办。”之后，他即择一吉祥日动身前往康区，途中尽管遭遇了强盗侵扰等违缘，但他最终还是如愿以偿地见到并依止了蒋扬钦哲旺波仁波切，而上师也慈悲摄受了他。

尊者一生当中最重视为弟子讲经说法，他前后宣讲的佛教经论主要有：《毗奈耶经》《大乘阿毗达磨》《俱舍论》《中论》《中观四百论》《入中论》《弥勒五论》《入菩萨行论》《噶当弟子请问书》《修心七要》等。后来他经常对门下眷属教诫说："如果要诚心修法的话，就一定要把有关修心的法门及人身难得、寿命无常、轮回痛苦、因果不虚等修法修行究竟。基础打不好，再修炼高深大法也没用，因此说学好基础法门实为至关重要！我们都应数数思维：人与法有无脱离？故而说修行好坏纯以基础法门之修证程度为区分、判别标准。"

他还曾在土登丘扎仁波切座前听受过全部《大藏经》之传承，闻法圆满后他深有感触地说："我们真是太有福报了！大恩上师用心传授的，我们以稳固不变之信心专心致志地完整听闻了，能拥有如此的福报，这在当今时代确实罕有见闻。"

在大成就者班玛多杰面前，他还将以《大幻化网续》为主的一切寂、忿续部之灌顶、传承全部圆满得到。据有关传记中云：尊者前后依止过的上师多达一百余位，其中的密宗上师就有四十多位。前后译派的续部、教法，他基本上全都听受过；一生当中总共获得过二百九十多个灌顶、一百一十七个修法及引导文；全套《甘珠尔》、《丹珠尔》以及藏地当时所有的一切传承，他几乎全都一一接受过并拥有；雪域藏地各大教派的教法他亦几乎全部闻受过……总之，他听闻过的经论有数百函之多，以他闻法的精神及成果来看，实在堪令当今时代那些听闻了一两部论典就沾沾自喜之徒汗颜。

不仅广闻博学，尊者还为因明、《入中论》《现观庄严论》《俱舍论》以及众多续部经论作过注解。他原本想对印度佛教、藏传佛教诸大德之大论广作注疏，但因上师托以结集续部散佚典籍之重任，故他将大部分精力都转入到搜集失散篇章、刻写及筹集费用等事项上来。历时多年，他终将极其珍贵、可惜散落多年的零散续部文献全部搜集、积聚起来，并将这些非常难得的大约三十多部的续部典籍，统编为现在的人们十分熟识的《续部集》。这种真正堪称续佛慧命之举的行为，对佛教的贡献实在无法言喻。

他平日经常说："如今，我们有这么好的上师，再不励力修行，日后一定会后悔不迭。从今日始，即便霹雳从天而降、铁水从座下涌出，大众也应坚定信念，万勿退转信心、懈怠修行。自己所发誓言应恪守不变，永不更改！"

他不惟精通显密教典，同时亦特别看重闻思修行与讲经说法。作为一名当之无愧的大成就者，于外在显现上，尊者也自有其与众不同之处。只不过因他本人素喜隐藏自己的功德，故一般人很难知道他的行迹而已。

某次在德格仪陇地方，正当他与眷属待在一起时，天空中突然乌云密布、电闪雷鸣，迅疾便下起了冰雹，而雷声则滚滚传来。他的衣服旋即被一团雷火击中，但他却丝毫不为之所动，反而安然地将雷火攥在手中。随即尊者便结定印，把雷火置于掌中，如此入定了很长时间。最后，他则三喊"啪"字并从定中出定，然后就微笑着对大家说："这种状况确实善妙非常。"一些侍者刚才在打雷时被震得晕了过去，此时他便对他们做一些加持，结果这些人马上就全都清醒了过来。他当时还说道："我结集续部招来了很多鬼神的不满，但因三宝加持，所以违缘不会大量出现。况且我已遣除了很多违缘，故此次结集必会圆满功成。"

另有一次，一位叫衮甲的修行人于自己家中着魔，精神变得有些癫狂错乱。他经常说些莫名其妙的话，诸如："我今天早上从印度赶来"或者"我来自汉地”，有时又云：“我从远方来到这里”等等等等。他的行为也千奇百怪，有时哈哈大笑，有时大喊大叫。力气大者也奈何他不得，要想抓住并制服他实在是非常困难。很多上师都为他念过经，医生也对他进行过治疗，但都无甚收效。后来有人把蒋扬洛德旺波上师的一件旧衣服披在他的身上，结果他马上就变得听话驯顺。众人随后就把他带到上师那里，上师遂开始作猛修火供，而那位病人则喃喃自语道：“我身不由己地就要跳到火坑里去。”火供进行当中，病人又大叫说：“我全身都被烧烂了。”当时，有五六个人试图按压住他，但怎么按也按不住。当上师猛厉地喊“啪”字时，病人竟当场晕倒。过了很长时间，他依然昏迷不醒，当时在场的众人都认为他已经死了，家属也痛苦万分。而当火供结束、上师收坐以后，对病人的身体又作了沐浴加持，接着就大喊他的名字，并呼唤他醒来。刚喊了一遍，他就像从梦中惊醒一样从地上站了起来……

诸如此类的事情实在举不胜举，但凡着魔之人，经过上师的加持后，各个都得痊愈，此乃众人亲睹之事实。

四十二岁时，蒋扬钦哲旺波仁波切某日对他说道：“你自己凭借无比坚定之信心，终于将零散续部结集完毕且已刻板印行，此举对佛法特别是金刚密乘佛法带来的利益将永不会损耗。”仁波切即如是对他撒下赞叹之鲜花，并奏出赞颂之妙音。后来，他又来到嘎莫达仓寂静圣地开始了远离一切散乱愦闹的精进实修。这块名为嘎莫达仓的地方，具足一切圣地所应具备之特点，诸如鲜花盛开、森林茂密等，非常适合苦行者闭关实修。在尊者四十六岁那年，他的一位七十三岁的上师已临近圆寂，那时，他才离开这块宝地前往宗萨寺，一者为探望上师，一者想祈请上师长久住世。

尽管尊者非常想见上师，但由于某些位高权重之人从中作梗，故尊者一直也未能在恩师圆寂之前再亲见他老人家一眼。事后，他无限感伤地慨叹道:

“悲哉佛法明日落西山，此处已为暗夜所笼罩，病入膏肓者无人医治，遭医生舍弃徒叹可怜。”当时，他就这样在极度痛苦的心情中默默等待，几天中滴水未进、粒米未尝。不久，上师示现涅槃、离开人间，为圆满其意趣，他便开始广作各种法供养。

四十七岁时，他再次来到嘎莫达仓，当其时，德格国王与大臣正因内讧而打得不可开交，众多僧人与信众也自觉或不自觉地卷入其中。耳闻目睹此情此景，他便离开实修静地，投入到救护有情免遭生命财产受到威胁、损害的行动中。为了忏清众人在争斗过程中所造下的恶业，他广泛发动人们念诵金刚萨埵百字明，以千百万遍的数目力求忏净罪业。

一直到五十一岁之前，他基本上都是待在一处名为楞则斋的静地刻苦修行。五十一岁时，卫藏、安多、康区等地的很多大智者纷纷来到尊者面前求教，他则向他们一一传授了众多续部及《俱舍论》等自己作过注释的经论，以及噶当派教法、本师传等佛法内容。从那以后，十二年中他都安住在楞则斋静地足不出户地一门专修，其精进程度实在令人感佩不已。远离了人世间的一切繁华与喧闹后，他将全部精力都放在了显密教法的修证上。

总而言之，尊者用一生的光阴将自身的闻思修行彻底究竟圆满；而他利益众生的主要方式则是“讲、辩、著”这智者所为的三大事业；同时，他所摄受的弟子也有无量数之多。他全部的生命都是在弘法利生及讲经说法中度过的，的确堪称为诸佛菩萨化现的高僧大德之典范。

有一年，他发心建造了一尊非常精美的弥勒菩萨铜像，将之放置在艾汪寺的大殿中后，他对僧众们说：“此佛像对整个佛教事业的兴盛会带来非常不错的缘起，同时它也是我这一生中修造的最后一尊佛像。希望有缘信众能不间断地在此像前长年供灯，别的供养品也最好能长备不断。面对如此殊胜的对境，大家还应多多祈祷、发愿。”

木虎年（1914年），尊者六十八岁时，他开始示现身体有病之症状，当时有很多人都在为他大做佛事。也就在那一年，于智慧境界中，他得知一位当年死去的人因享用信财及诽谤上师等恶业感召，以致在中阴身阶段中感受了无量痛苦，最终又堕入恶趣继续感受无边苦痛。知悉了此种情况后，他便向众人毫无隐瞒地讲述了自己智慧境界中的种种见闻。他的一名亲戚恰好也于那一年不幸死去，而且死后直堕恶趣，尊者了知后就对身边人说：“我要亲自前去救度他们，除此以外再无更好的办法。”亲友及对他深具信心者闻听之后都竭力劝请他万勿如此行事，千万不要示现涅槃。尽管他们苦苦哀求，但尊者却并未答应，并且说：“堕入恶趣者中的有些人曾在我面前听过法，他们若长时间深陷恶趣而不得出，那就太可怜了。现在我应前往他们所在的世界，否则就帮不了他们任何忙。虽说我的寿数尚未穷尽，但现在已是不得不离开的时候了。”众人听罢各个泪流满面，当他们一次次哽咽难言地再三祈祷上师不要离开自己、不要离开人间时，他依然予以了断然拒绝。他还趁此机会开示众人道：“积际必尽，合久必分，堆际必倒，生际必死，此乃决定不变之定律！诸位应对此生起强烈的厌离心，这一点至关重要。我死之后，五天或七天之内不要妄动我的肉身。”言毕，他即开始入定，一句话也不再说，脸上则呈现出淡淡的一丝笑意。这种状况一直持续了两天。

当年的二月三十日，蒋扬洛德旺波尊者以身体如如不动之态势安然入定，并最终安详圆寂。当时，大地上散发出浓浓的奇异妙香；天空则被彩虹所环绕。人们遵守尊者的遗言不敢触动他的身体，结果五天以后，他的躯体就缩小到能被放置在一只小盘子中，这是成千上万人所共同目睹的事实。等到举行荼毗大典时，木料全都自然燃烧起来，而彩云也遍满举行典礼之地的上空。有些人在很远的地方就看到了这些彩云，当然也有一些人就在近旁却视而不见。当他的色身融入法界以后，许多受过法恩、得到过法益的弟子都难过得潸然泪下；而有些富有远见之人当时就忧心忡忡地说："佛教的日头已落入西山了，属于鬼神的猫头鹰们会不会发出狂喜的鸣叫呢？"

尊者圆寂之后，一些智者将他留给世人的宝典当作后人值得依止的怙主，并因而大量刻版印行，这种状况一直持续到现在。因此我们可以毫不夸张地说：虽然这位大善知识已离开我们多年，但他从悲心中发散出的智慧光芒将永远闪烁在众生的浩茫心海中。

著者作于色达喇荣

公元二零零三年五月二十八日

译 序

《阿毗达磨俱舍论》是释迦佛亲自授记、摄受眷属等方面首屈一指的世亲论师所撰著，属于小乘论典的范畴，主要诠释佛陀第一转四谛法轮的无垢甚深教义，其中蕴涵有关初转法轮的佛经中所涉及的大量名词、法相、类别……可谓包罗万象。正如智者们通常所说："通达俱舍，于佛教词，绝不愚昧。"倘若真正能够一丝不苟地研学被共称为五部大论之一的《俱舍论》，就会深有体会地感到此话实在是千真万确。总而言之，对于修学佛法的人来说，此论可堪为了达佛经不可或缺的梯阶，有增上慧学，了解各类名词法相，通达浩如烟海的佛经教义等诸多必要。此论不但明确地解释了佛经中许多令人感到费解的意义，甚至也触及了世间的生命学、天文学、地理学、生理学、物理学等自然科学的众多领域。因此，对想以佛教的观点来探索科学奥秘的人而言，此论也是一位不可多得的好助手。

关于译文、弘扬的情况：早在南北朝时期的梁武帝大同十二年，印度优禅尼国的三藏法师真谛由经水路来到中国，于陈文帝天嘉四年在广州制止寺开始翻译此论，译名为《阿毗达磨俱舍论释》，全文共二十二卷。后由陈代智恺法师、唐朝净慧法师各作注疏，加以阐扬。这也算是中国汉文《俱舍论》弘扬的开端，但由于译文难懂，如今传承及讲闻均已隐没。

到了唐朝，著名的三藏法师玄奘远赴印度迦湿弥罗国（即克什米尔）依止众称论师认真学习、探究经论。学满归国后于唐高宗永徽二年间奉诏在慈恩寺进行翻译此论，名为《阿毗达磨俱舍论》，共三十卷。对此译本，神泰、普光、法宝三师作了《俱舍论注疏集》，全集共三十卷。借此而广泛加以传播。

继此之后，圆辉上人撰写了《俱舍论颂疏论》，共六卷；循麟法师也著有十二卷的《俱舍论颂疏集》。以此为主，使《俱舍论》不断得以弘扬，一直延续至今。

虽说汉地佛学院并不像藏地正规佛学院那样将此论纳入必修课程之中，但值得乐观的是，在如今仍然有传讲、听闻的法师与学人。

本来，有人们公认为得地的玄奘大师的译文，无需再度劳心费神地翻译，但鉴于现今完全以白话文为标准的时代，即便是文化水平较高的学人，以自力来学习、研究《俱舍论》及自释也有似懂非懂的感觉，真正能够百分之百透彻理解的人实在罕见。正是由于此种原因，也是出于能将《俱舍论》更广地弘传的目的，我今才重新予以翻译。

一般来说，汉文先后出现的两个《俱舍论》译本中大多数内容都能如实对应，但与藏文的版本相对照时，却发现存在"有些汉文中无有、有些藏文中无有"的出入。作为佛法最鼎盛时期的唐代三大译师之一的玄奘大师与藏地佛法最兴盛的赞普赤松德赞年间三大译师之一的噶瓦拜则译师，都具有超凡入圣的境界，并对佛教做出了不可磨灭的贡献。我认为，之所以有此出入，应该是梵文版本不同所致。

在翻译此论的过程中，本人主要依据藏文原本，同时也参考了《阿毗达磨俱舍论》的汉译本，有些名词遵循保留，有些也以现代佛教术语作了修改与补充。

后来，于公元二〇〇三年，在众多智者云集的喇荣圣地历经一年的时间为七百二十余名同行道友传讲。在传讲的过程中，广泛参阅了汉文的上述资料以及演培法师的《俱舍论讲记》上中下三册、智敏法师的《俱舍论疏讲释》，由斋藤维信著、慧圆居士译的《俱舍论颂略释》；藏文中的《俱舍论自释》、众贤论师的《俱舍疏释》、安慧论师的《俱舍论大疏真实义论》、满增论师的《俱舍论疏随相论》、最广的注释——钦·嘉毕扬所著的《俱舍论大疏》、全知麦彭仁波切全集中的《俱舍论疏》、司徒班钦所造的《自释疏》等。并于此期间对译文作了校正。

虽然本人尽可能做到细致、周密、严谨，但由于翻译水平有限、自身四大不调，加之法务繁忙等多种因素，难免会有缺漏、不妥之处，因此诚挚地恳请诸方智者予以斧正。另一方面，我也很自信地认为，对于想潜心研学《俱舍论》颂词与自释的人来说，浅显易懂的此译本会具有一定的价值与帮助。

我们无论学习任何经论，唯一的目的就是为了通达佛陀所宣说的真理。

以此善根愿凡见、闻、触此法本者暂时通晓博大精深的法理，究竟获得功德圆满的佛果。

木猴年六月初四——释迦佛初转法轮日

译者恭书于拉萨

俱舍论颂

世亲论师　造
索达吉堪布　译

梵语：阿毗达磨够卡嘎热嘎

藏语：秋温波奏戒策累俄雪巴

汉意：对法藏颂

顶礼文殊童子！

何者尽毁一切暗，引众脱离轮回泥，
顶礼如理说法佛，对法藏论此详说。
净慧随行为对法，为得彼之诸慧论，
对法之义纳此中，或此所依故为藏。
无辨诸法之智慧，无法息灭诸烦恼，
以惑漂泊有海故，传闻此论乃佛说。
有漏无漏一切法，除道谛外有为法，
皆增一切有漏惑，是故称之为有漏；
虚空二灭三无为，以及道谛为无漏。
其中虚空即无碍，择灭离系各异体，
抉择灭外非择灭，永远制止未生法。

第一品 分别界

所有一切有为法，亦分色等之五蕴。
彼等亦称时言依，以及出离与有基。
如是有漏法亦称，近取之蕴及有诤，
痛苦及集与世间，见处以及三有也。
所谓之色即五根，五境以及无表色。
彼等均是识所依，眼等诸根清净色。
色有二种或二十，所谓之声有八种，
味有六种香分四，所触分为十一种。
散乱以及无心时，善不善法及随流，
一切大种作为因，彼即称为无表色。
大种地水火与风，成立执持等作用，
特性硬湿暖动摇。世间界之名言中，
显色形色称为地，水火与风亦复然。
承许五根与五境，唯是十处与十界。
受蕴即为亲感觉，想乃执相之自性。
行四蕴外有为法，彼三以及无表色，
加上一切无为法，即是所谓法处界。
识蕴分别而认知，意处亦属识蕴中，
亦承许彼为七界，因有六识以及意，
六种识聚已灭尽，无间之识即是意。

为立第六识所依，承许界有十八种，
一蕴一界与一处，可以包括一切法。
即以自之本体摄，不具其他实法故。
眼等根虽有二数，然类行境与心识，
皆相同故为一界，为显端严而生二。
积聚生门种类义，即是一切蕴处界。
为断三痴依三根，三意乐说蕴处界。
成为争论之根源，轮回之因次第因，
是故一切心所中，受想单独立为蕴。
蕴中不摄无为法，义不相应故未说。
次第随粗诸烦恼，器等义界如是立。
取现境故先五根，取大所生故四根，
他中最远速执故，或依位置之次第。
为分别境与主要，故唯眼境称色处，
为摄众多殊胜法，故唯意境名为法。
能仁佛陀所宣说，所有八万诸法蕴，
无论词句或名称，均可摄于色行中。
有者称谓一论量，尽说蕴等每一句，
身语意行之对治，相应宣说诸法蕴。
如是此外如所应，所有一切蕴界处，
详察细究自法相，应当摄于前述中。
孔隙称为虚空界，传说即是明与暗。

所谓有漏之识者，即是识界生所依。

有见即是唯一色，有对乃为十色界，

无记之法有八种，除色声外余三种。

欲界具有十八界，色界之中十四界，

香味以及鼻舌识，此四种界未所属。

无色界中则具有，意法以及意识界。

彼三有漏与无漏，其余诸界为有漏。

寻伺二者均有者，即是五种识界也。

最后三界有三种，其余诸界无寻伺。

五种根识无计度，以及随念分别念，

计度外散意智慧，随念一切意回忆。

有缘即是七心界，以及法界之一半，

九无执受八与声，其余九界有二种。

所触大种大所造，剩余九种色法界，

大种所造无表色，十种色界即积聚。

能断以及所断者，即是外之四种界，

如是所焚与能称，能烧所称说不同。

异熟生与长养生，即是内在之五根，

声者非为异熟生，等流生及异熟生，

即是八种无碍法，其余则有三种生。

具有实法唯一界，最后三界刹那性，

眼与眼识界各自，一同之中亦获得。

内在十二除色等，所谓法界为有依，
余者相应亦有依，不做与做自之事。
十色五识修所断，最后三界具三种，
非烦恼性非见断，乃色非六非为生。
眼与法界一部分，即说是见有八种，
五识相应所生慧，无计度故非为见。
眼见诸色为有依，依彼之识非为见，
传说中间阻隔色，并非能见之缘故。
双目均见诸色境，现见尤为明显故。
许眼意根与耳根，不接触境余三触，
鼻舌身根此三者，同等执著于对境。
意识根依为过去，五根识依为俱生。
成为根依变化故，所依乃为眼等根，
乃为不同之因故，依靠彼等说彼识。
身体不具下地眼，下眼不见上地色，
眼识亦见诸色境，身为识色之所依。
耳等诸根亦复然，三根均取自地境，
身识取下与自地，意识则是不一定。
根意二识取外五，诸无为法为常法，
法界一半与所说，十二内界均为根。

第一品终

第二品 分别根

传说五根四功用，余四各具二功用，
五根八根彼一切，分具染净之功用。
缘自境与缘一切，起功用故立六根，
身体具有男女根，由此立为男女性。
同类存在具染污，以及清净功用故，
承许命根与受根，以及信等为五根。
于获愈上涅槃等，起到功用之缘故，
立为未知当知根，已知根与具知根。
心之所依彼差别，留存以及增烦恼，
资粮清净尽彼数，如是诸根亦复然。
或漂轮回之所依，生存受用十四根，
如是灭尽诸轮回，诸根即是余八种。
身非乐受即苦根，快乐感受即乐根，
三禅之心为乐根，余者即是意乐根，
心非快乐意苦根，舍受中间无二故。
见修无学道九根，即是无漏之三根。
最后三根为无垢，七有色根与命根，
及苦受根即有漏，其余九根有二种。
命根唯一是异熟，十二异熟非异熟，
除最后八意苦根，唯一意苦具异熟，

意余受及信根等，十根具不具异熟。
善法八根意苦根，即有善与不善二，
意余四受具三种，其余唯是无记法。
除无垢根属欲界，男根女根苦根外，
属于色界有色根，乐根亦除属无色。
意三受根具三种，见修所断意苦根，
九根修断信五根，非为所断然三非。
欲界初得二异熟，化生并非是如此，
彼得六根或七八，色界六根无色一。
无色界中死亡时，命意舍根同时灭，
色界之中八根灭，欲界十根或九八，
次第而死四根灭，善心中亡加五根。
始终二果以九得，中二依七或八九，
因会故说有者以，十一根得阿罗汉。
具舍受命及意根，其中之一必具三，
具身乐根必具四，具眼等根必具五，
具意乐根亦具五，具苦受根必具七，
具女根等必具八，已具知必具十一，
具有未知当知根，必定具足十三根。
无善之中具最少，具身受命意八根，
无色凡夫亦如是，舍受命意诸善根。
具最多根十九根，不摄一切无漏根，

两性具贪之圣者，不摄一性二无垢。
欲界无根无声尘，八种微尘一起生，
具有身根九物质，具有他根十物质。
心与心所定一起，有为法相或得绳。
五种心所之地法，彼等各不相同故。
受想思欲以及触，智慧忆念与作意，
胜解以及三摩地，此等随逐一切心。
信不放逸与轻安，舍心知惭及有愧，
二种根本与无害，精进恒时随善生。
痴逸不信怠沉掉，恒随烦恼性而生。
不善地法有两种，即是无惭与无愧。
怒恨谄嫉恼覆吝，诳骄害即小烦恼。
随逐欲界之善心，具有寻思伺察故，
共有二十二心所，有者加上后悔心。
不善无杂二十生，具见亦有二十种，
四烦恼与嗔怒等，后悔其一二十一。
有覆无记具十八，无覆则许有十二，
睡眠不违一切故，任何之法皆加彼。
后悔睡眠诸不善，第一静虑中无有，
殊胜正禅寻亦无，二禅以上伺亦无。
无惭即是不恭敬，无愧则是不畏罪。
喜为信心敬知惭，此二欲色界中有，

寻为粗大伺细微，我慢胜他之贡高，
骄傲即是于自法，生贪之心至极点。
心意与识实一体，心与心所及有依，
有缘有形与相应，相应亦有五种也。
一切不相应行者，得绳非得与同类，
无想二定命法相，名称之聚等亦摄。
得有新得与具得，得绳以及非获得，
均为自相续所摄，二种灭法亦复然。
法有三时得三种，善等得绳为善等，
摄彼得绳属彼界，不属三界有四法。
有学无学非三种，所断非断许二种，
无记得绳一起生，不摄神通与幻变，
有覆色法亦如是，欲界色前无有生。
非得无覆无记法，过去未来均三种，
非得摄于欲界等，无垢非得亦复然，
圣道非得许凡夫，得彼移地将退失。
所谓同类不相应，即指众生皆相同。
无想天灭心心所，彼之异熟广果天。
如是所谓无想定，欲依四禅而出离，
故善顺次生受业，非为圣者同时得。
所谓灭定亦复然，现法乐住转有顶，
彼善二种生受业，以及不定之受业。

圣者依靠勤作得，佛以菩提而获得，
非如初者所承许，因以卅四刹那得。
此二依欲色界身，灭定最初为人中。
所谓命不相应行，即寿温识之所依。
所有法相不相应，即是生衰住与灭，
彼等具生之生等，彼生八法与一法，
无有因缘聚合时，依生非能生所生。
名聚等不相应者，名称语言文字聚，
属欲色界众生摄，乃等流生无记法。
同类亦尔亦异熟，三界所摄得绳二。
一切法相亦如是，二定非得等流生。
能作因与俱有因，同类因及相应因，
遍行因与异熟因，承许因有此六种。
除己之外能作因。俱有因即互为果。
如大种及心随转，与心法相及事相。
心所以及二律仪，心与彼等之法相，
此等即是心随转，时间果等与善等。
同类因即因果同，自类地摄前已生，
九地之道相互间，平等殊胜同类因。
加行生慧唯二者，闻所生慧修慧等。
相应因即心心所，一切所依相应生。

所谓遍行烦恼生，自地所摄遍行前。
异熟因即唯不善，以及一切有漏善。
遍行同类因二时，其余三因具三时，
果摄有为及离系，无为法则无因果。
异熟果因为最后，增上果因为第一，
等流同类遍行因，士用果因余二者。
异熟无覆无记法，有记所生众生摄，
等流果与自因同，离系果为心灭尽。
依何因力所生果，士夫作用而产生，
非为前生有为法，唯一有为增上果。
五因现在执自果，俱有相应二生果，
同类遍行今过去，异熟过去方生果。
烦恼性与异熟生，余法初圣者次第，
除异熟因遍行因，同类因外余三因，
即是心与心所法，相应因外余亦尔。
经中说缘有四种。其中因缘为五因；
一切心与心所法，除最后刹等无间；
所缘缘为一切法；能作因称增上缘。
俱有相应此二因，于正灭法起作用，
三因生法起作用，此外二缘则相反。
四缘生诸心心所，以三缘生二种定，

他法则由二缘生，非自在等次第故。
作大种因有二种，为大种造之五因，
大种所造三互因，作诸大种之一因。
欲界善与不善心，有覆以及无覆心，
色界以及无色界，除不善外二无漏。
欲界善心生九心，彼唯由八心中生，
不善心由十心生，彼中产生四种心。
有覆无记心亦尔，无覆五心生七心。
色界善心生十一，彼由九心无间生，
有覆由八心中生，彼心产生六种心，
无覆无记三心生，彼中产生六种心。
无色无覆亦同彼，善心产生九种心，
彼由六心中产生，有覆七心生七心。
有学之心四心生，彼中产生五种心，
无学五心中产生，彼中产生四种心。
十二心亦分二十，生于三界分二心，
俱生加行之善心，许异熟生威仪心，
工巧化心四无记，色界之中除工巧。
三界烦恼性之心，六心六心二心得，
转色界善三心得，有学四心余本身。

第二品终

第三品 分别世间

地狱饿鬼与旁生，人类以及六欲天，
即是欲界分二十，由地狱洲之差别。
此上住所十七处，即为色界于其中，
初三静虑各三处，第四静虑有八处。
无色界则无住所，由转生而分四种，
彼处同分与命根，即心相续之所依。
彼中地狱等五趣，经中宣说各名称，
非烦恼性非有记，所谓众生非中有。
身不同与识不同，身不同与识一致，
相反以及身识同，无色界中初三处，
此等即是七识处，余者非有彼能毁。
有顶无想天众生，经说有情之九处。
因于不欲之中住，是故其余非称处。
四处有漏之四蕴，自地独识未说处。
如若归纳有四类。有情具卵等四生，
人与旁生具四种，一切地狱与天界，
中有唯有一化生，饿鬼亦有胎生二。
死有中有间蕴生，未至应至之境故。
中有并非是后世，如谷相续同法故。
影像本体不成立，及不同故非比喻，

若一无有二共存，非相续因二法生。
佛亲说故有寻香，说五众生经亦成。
此一引业相同故，如当本有之身形，
本有即是死有前，居生有之刹那后。
同类具天眼者见，具有业之神变力，
诸根具足具无碍，不可退转即寻香。
生起颠倒之心故，欲行淫往所去境，
湿生化生欲香处，地狱中阴头朝下。
一者明知而入胎，他者亦有知住胎，
亦有知生余均迷，卵生亦有恒不知。
了知入胎前三种，轮王缘觉与佛陀，
福或智慧或福慧，广大之故次第知。
无我仅是蕴而已，烦恼与业作因缘，
转世中阴之相续，犹如灯火而入胎。
如同牵引渐持续，转生后以业烦恼，
再次前往他世间，是故有轮无初始。
此即缘起十二支，分为三份前与后，
各自均有二缘起，中间八种寿圆具。
烦恼现时为无明，宿业诸识名为行，
识即结生之诸蕴，名色显露六处前，
六处三者聚前蕴，触能知苦乐等前，
淫爱之前乃为受，爱即行淫之贪者，

取为得财而奔波，有为能生后世果，
结生之蕴即是生，至受之间为老死。
传说此乃位缘起，主要之故称支分。
为能遣除前后际，以及中间之愚痴。
烦恼有三业有二，七事如是亦为果。
前际后际略因果，由中因果可推断。
烦恼中生烦恼业，从彼业中产生事，
事中生事与烦恼，此乃有支之规律。
此许缘起即是因，缘生承许为果法。
智慧违品之他法，无明如妄非亲等。
言说彼为结等故，恶慧则非是见故，
与彼正见相应故，宣说染污智慧故。
名即非为色法蕴。触六聚合而产生，
前五乃为有碍触，第六仅能谓名称。
触分明与无明他，无垢烦恼其余者，
害心随贪相应触，感受安乐等三种。
从中所生之六受，前五身受余心受。
近心之因中而生，总共则有十八种。
欲界缘自具十八，缘色界境有十二，
无色三种初二禅，十二种受缘欲界，
缘自八受无色界，则有二受余二禅，
六受则是缘欲界，缘自地则有四种，

缘无色界唯一种，无色未至定四受，
缘色上界仅一种，正行一受自对境，
十八种受均有漏。其余已说当说故。
于许烦恼如种子，如龙根树与糠秕，
业如具皮果药花，事如成熟之饮食。
四有之中生有惑，自地根本诸烦恼，
其余三有具三种，无色界则无中有。
有情依食而存住，段食欲界三处性。
彼并非为色之处，不利自根解脱故，
触食思食与识食，均为有漏三界有。
意成求生及寻香，中有以及现成名。
前二食为利此世，增长所依及能依，
为引他世与形成，次第而说此四食。
断绝善根与结合，离贪退失死生心，
唯一承许为意识，死与生心依等舍，
一缘无心皆无有，涅槃为二无记法。
恶趣天人阿罗汉，次第而死则于足，
脐与心间识灭尽，气息分解依水等。
圣者造无间罪者，必定趋入正邪道。
器世最下风轮厚，十六洛叉广无数。
水深一百十二万，尔后深度八十万，
剩余凝结成金轮，水轮金轮之直径，

一百二十万三千，四百五十周三倍。
须弥山与持双山，持轴山与担木山，
善见山与马耳山，象鼻山与持边山。
尔后乃是一切洲，彼等之外铁围山，
七山为金彼为铁，须弥四宝之自性。
八万由旬没水中，如是上方亦八万，
八山高度半半减，彼等厚度亦等高。
彼等七间为七海，初者八万由旬宽，
彼为内海边三倍，余海半半而递减。
剩余水即外大海，三十二万由旬宽。
南赡部洲之三边，二千由旬马车形，
一边乃三由旬半，东胜身洲如半圆，
三边与此均相同，一边三百五由旬。
西牛货洲为圆形，周长七千五由旬，
彼之中央二千五，北俱洲八四边等。
彼等之间八小洲，身洲胜身声不美，
声不美对拂妙拂，胜道行洲及行洲。
此向北越九黑山，即是所谓之雪山，
复次香醉山之内，有水宽度五十海。
此下二万由旬处，即是无间地狱处。
彼之上方七地狱，八狱之外十六狱。
四边煻煨尸粪泥，利刃原等无滩河。

其他具疱地狱等，即是八种寒地狱。
日月位于山王半，五十五十一由旬，
午夜日落与正午，以及日初为同时。
夏季第二月之末，自九日起夜晚长，
所有冬季四月中，变短白昼则相反。
昼夜长为一须臾，日行南北方之时，
因与日轮极趋近，自之影子彼现亏。
须弥山有四层级，间距一万一千也，
分别高出一万六，八千四千与二千。
居于彼处有持盆，持鬘常醉之药叉，
四天王天众天人，七山亦为彼之处。
须弥山顶卅三天，彼边八万由旬也，
方隅四层之彼处，手持金刚护神居，
中央称为善见城，边长二千五由旬。
一由旬半金自性，大地庄严具弹性，
于彼处有尊胜宫，边长二百五由旬。
外众车苑粗恶苑，杂林苑与喜林苑，
彼等林苑之四方，距离二十为妙地，
东北之隅大香树，西南隅为善法堂。
彼上诸天无量殿，如是欲天如是行：
二二相交抱执手，发笑目视而行淫。
如满五岁之孩童，直至达到十岁间，

转生彼处色界众，身体圆满著衣生。
三种生起贪欲者，即指一切欲天人。
三种生起安乐者，三禅之中共九地。
犹如从彼至下量，尔后向上亦复然，
除依神变与他者，彼等不得见上界。
四大部洲与日月，须弥山王及欲天，
梵天世界一千数，许为小千之世界，
彼之千数承许为，二千中千之世界，
彼之千数三千界，同时坏灭一同生。
南赡部洲众生量，四肘以及三肘半，
东胜身洲西牛货，北俱卢洲二倍增。
具有贪欲天人身，四分之一闻距至，
一闻距半之间增。一色界身半由旬，
彼上半半而递增，少光天众之上天，
身量均成两倍增，无云天减三由旬。
北俱卢洲寿千年，二洲半半而递减。
此赡部洲不一定，最终十岁初无量。
人类众生五十岁，最下欲天之一日，
如是自寿五百年，上天二倍二倍增。
色界无昼夜时寿，劫数等同自身量，
无色界寿二万劫，向上依次而增长。
少光天起为大劫，彼之下天半大劫。

复合地狱等六狱，日渐等同欲天寿，
是故彼等之寿量，亦与欲天年相同。
极热地狱半中劫，无间地狱一中劫，
旁生最长一中劫，饿鬼月日五百年。
芝麻器中每百年，取出一粒至穷尽，
即是具疱地狱寿，余寿渐成二十倍。
除开北俱卢洲外，其余均有中死亡。
色名时际分别为，极微文字与刹那。
极微微尘铁水尘，兔毛羊毛象日尘，
虮虱青稞与指节，后后较前增七倍。
廿四指节为一肘，四肘乃为一弓量，
五百弓量一闻距，阿兰若八一由旬。
一百二十刹那间，乃为彼之刹那也，
六十彼刹一顷刻，须臾日月三十倍。
不足三十在内月，十二数量为一年。
多劫坏劫无转狱，直至器世灭尽间。
成劫即指从初风，至有地狱众生间。
中劫即从无量岁，直至人寿十岁间，
最终上增为一次，彼等寿即八万间。
如是已成此世间，存住二十中劫也。
成坏空劫亦同等。八十中劫一大劫。
三无数劫现成佛，下减百岁间出世。

缘觉增减皆出世，麟角喻百劫得果。

诸转轮王现世间，不越人寿八万间。

金银铜铁转轮王，次统四三二一洲，

二不共存如佛陀，他迎自往布沙场，

预备兵器胜无害，能仁相正明圆胜。

先前有情如色界，尔后渐次贪执味，

懈怠者作积蓄后，具执著者封地主，

复次以造恶业道，寿命短暂为十岁，

劫以兵疾饥荒尽，次第七日月年止。

坏劫有以火毁坏，与以水风毁三种。

第二静虑等三者，次第乃为彼等顶，

与彼过患相同故，四禅毫不动摇故。

无常彼之无量殿，与众生同生灭故。

以火七毁水一毁，如是七水毁灭后，

亦复以火毁七次，最终以风而毁灭。

第三品终

第四品 分别业

形形色色世间界，皆由众生业所生。

彼分思业思作业，思业即是意之业，

思作业为身语业，彼等有表无表业。

身有表业许形状，并非是指行他境，
有为刹那坏灭故。若无灭因不应灭，
生因亦成坏灭者，成二所取尘无有。
所谓语之有表业，即指语言之声音。
经说三种无垢色，增上未作道等故。
欲界所摄无表色，刹那大种中产生，
后由过去大种生。有漏身及语之业，
自地大种作为因，无漏随生处大种。
无表色为无执受，等流所生有记别。
等流执受大种生，由三摩地所产生，
大种则是无执受，长养同体中产生。
无表业无无记法，其余业则有三种。
不善欲界中存在，色界亦有无表色，
有表业于具寻处，欲无覆因无等起。
解脱即是胜义善，根本惭愧本性善，
相应彼等相应善，所作等为等起善。
相反不善有胜义，无记法即前所说。
所谓等起分二种：即因彼时之等起，
其一初心二正心。见断之识为加行，
意为修断乃二者，五根识则为正行。
初心善等正心三，能仁初心正心同，
或初无记正心善，异熟生心非二者。

所谓三种无表色，即戒恶戒与中戒。
戒有所谓别解脱，无漏禅定所生戒。
所谓八种别解脱，实际戒体唯有四，
除名称外无变故，彼等异体不相违。
受持断除五八十，以及一切诸所断，
依次立名为居士，斋戒沙弥与比丘。
俱得立名为律仪，妙行以及业戒律，
初者有表无表色，乃别解脱与业道。
具有别解脱戒者，八种补特伽罗也。
生禅定者具禅戒，圣者具有无漏戒。
最后二者随心戒，无间道中生彼二，
未至定中称断除，正知念二意根戒，
乃至守别解脱者，未舍间具现无表，
一刹那后具过去，守恶戒者亦复然。
具有禅定戒律者，恒具过去与未来，
圣者第一刹那时，不具过去无表色，
入定及住圣道二，具现在之无表色。
守中戒者如若有，初具中戒无表色，
此后具二无表色。守恶戒具善无表，
守戒者具恶无表，乃至净染强烈间。
有表色则于一切，正作现具未舍间，
后具过去无未来，有无覆亦无过去。

称为恶戒及恶行，破戒与业及业道。
守中戒者心弱故，若作则具有表色，
舍弃有表尚未生，圣者则无有表色。
禅定戒依定地得，无漏戒依圣道获。
所谓别解脱戒者，依他有表色等得。
即于有生之年中，及一日内真受戒，
无有一日之恶戒，传说彼无此受法。
身居低处重复说，不佩装饰明晨前。
具足斋戒之分支，清晨于他前受戒。
次第四为戒律支，一不放逸三禁行。
依彼则会失正念，以及成为骄傲者。
他者虽亦具斋戒，然未皈依者无有。
承诺即为居士故，宣说戒律如比丘。
设若一切均为戒，何言行持一分等。
传闻守彼而得名，下品戒等则随心。
所谓皈依三宝尊，即是皈依能成佛，
无学法与有无学，僧众以及涅槃法。
邪淫极受谴责故，易守不作得戒故。
依照承诺而得戒，并非于诸相续离。
倘若已违诸学处，则会言说妄语故。
佛制罪中唯戒酒，是为守护他戒故。
欲界所摄一切戒，依二者与现众得，

禅定戒与无漏戒，依靠正行诸时得。
戒依一切有情得，支分与因有差别，
恶戒则依诸众生，及诸支得非诸因。
恶戒则由行彼事，或由承诺而获得。
剩余无表则依田，承诺恭敬而获得。
还戒以及死亡时，出现两性断善根，
抑或已经过一夜，则已舍别解脱戒。
有说犯罪亦舍戒，余说正法隐没舍，
克什米尔论师许，犯罪具二如债财。
禅定所摄之善法，由从转生退失舍，
无色所摄亦复然，得果修退舍圣戒。
恶戒乃由得戒死，出现两性而舍弃。
中戒则由力所受，事寿根本中断舍，
欲界所摄非色善，由断善根转上舍，
失诸非色烦恼性，则依生起对治法。
北俱卢洲二黄门，两性除外一切人，
可具恶戒戒亦尔，天亦具戒人三种，
转生欲色诸天人，具有禅定所生戒，
无漏戒除殊胜禅，无想众生无色具。
业乐不乐与其他，即善不善与他业。
福德非福不动摇，将感受乐等三种。
福德欲界之善业，不动摇业上界生，

因于彼等地之中，诸业成熟不动故。
至三禅间之善业，顺乐受业彼以上，
顺不苦不乐受业，顺苦唯此不善业。
有说下亦有舍受，因需承许殊胜禅，
彼由异熟业所生，无有前后成熟三。
本性相应与所缘，异熟现前五受业。
异熟受业定不定，顺现法等三定业，
有谓五业余说四，能引同类有三业。
一切趣有四引业，地狱善引业有三，
何中离贪稳凡夫，不造顺次生受业，
圣者亦不造顺后，欲顶不稳者亦非。
结生欲界中有身，具有二十二引业，
皆属顺现法受业，彼等必定是一类。
强惑净心功德田，恒造杀父母业定。
所谓顺现法受业，依田意乐之差别，
永离彼地贪欲故，必定感受异熟果。
于从灭定无烦恼，慈无量心与见道，
罗汉果中出定者，作利害果立即受。
无寻善业之异熟，许唯心受不善身。
所谓狂心唯意识，彼由业之异熟生，
依畏受害不调忧，除北俱洲具贪有。
经中所说曲秽浊，依谄嗔心贪心生。

凭借黑白等差别，所说之业有四种。
不善黑业色善白，欲界摄善为杂业，
能灭彼即无漏业。四法智忍离贪欲，
八无间道十二思，唯能灭尽黑之业，
第九思灭杂白业，离贪禅无间末灭。
有说地狱受黑业，余欲受业有二种，
余说见断即黑业，欲界所生黑白业。
无学身语业意三，依次乃为三能仁。
所谓三种诸妙行，实则即是三清净。
身之业等不善业，承许名为三恶行，
贪心等虽非为业，亦是意之三恶行，
与之相反为妙行，彼等笼统而归纳，
如应善与不善业，佛说各有十业道。
六种不善无表色，淫二彼自做亦然，
七种善业具二种，等持所生无表色，
所有加行具有表，无表不定后行反。
加行三根本所生，贪等彼后即生故。
善业加行及后行，均由无贪嗔痴生。
杀生害心与粗语，皆由嗔心而究竟，
邪淫贪心不予取，均由贪心而圆满，
邪见由痴而究竟，余者以三而圆满，
基为众生与受用，名色以及名称也。

提前同时而死亡，因无正行生他身，
军兵等为同一事，一切人均如作者。
杀生即是故意中，无误杀害他众生；
不予取以力暗窃，他财据为己所有；
欲想前往非行处，所行邪淫有四种；
妄语即转他想法，词义明显被了知。
眼耳意识三觉知，次第说见闻知觉。
离间即为分他者，染污性心之词语，
粗语则指刺耳语，所有染污皆绮语，
他许除此染污性，如妄歌戏与恶论。
贪心颠倒图他财，害心即于众生嗔，
视善不善不存在，即是所谓之邪见。
意三唯一乃是道，身语七种亦为业。
唯以邪见断善根，所断欲界俱生善，
诽谤因果而断绝，所有均是次第断。
人中三洲男女断，见行断至不具善，
恢复则依疑有见，造无间罪非即生。
思与不善一至八，顿时一同而产生，
与善一至十之间，非与一八五俱生。
地狱绮语与粗语，及害心以二式具，
贪心邪见隐蔽具，北俱卢洲有三种，

第七明显亦存在，其余欲界十不善。
三善业则于一切，亦以隐蔽现行式，
无色无想天众生，以隐蔽式具七业，
余处则以现行式，地狱北俱卢洲除。
承许一切均产生，增上等流异熟果，
痛苦之故杀害故，无威严故果三种。
贪心所生身语业，邪命难净故另说，
设若贪图资具引，与经违故非如是。
断道有漏业五果，无漏业则具四果，
余有漏善不善四，无漏余无记具三。
善业之果为善等，次第有四二三果，
不善业生善法等，依次具二三四果，
无记业生善法等，彼等具二三三果。
过去一切具四果，现业未来亦复然。
现业二果未生业，果未来则为三果。
自地之业果为四，他地则为三或二。
有学有学等三果，无学业果有学等，
次第有一三二果，余有学等二二五。
见断彼等三四一，修断业生彼等果，
次第为二四与三，非断彼等一二四。
非理业即染污性，有谓失轨亦复然。

一业能引一生世，满业则可有多种。
无心之定非引业，得绳亦非为引业。
无间罪之诸业障，强烈烦恼与恶趣，
无想天众北俱洲，承许此等为三障。
无间罪业三洲有，不许黄门等具有，
缺少恩德少惭故，余障五趣中皆有。
破僧即令不和睦，自性不相应行法，
非烦恼性无记法，彼与所破僧众具。
彼之罪业为妄语，彼与破者真实具，
中劫成熟无间狱，造多无间害亦增。
比丘见行具戒者，破于他处凡夫众，
堪忍他师与他道，破界彼住仅一日。
许彼为破法轮僧，赡部洲有九等成，
破羯磨僧三洲有，彼以八者以上成。
初末二大尊者前，佛已涅槃未结界，
于上此等六时中，破法轮僧不出现。
于利益及功德田，舍弃令彼无有故。
变性杀之亦犯罪，月经中生者为母。
以打佛心非无间，击后得罗汉亦非，
造无间罪则无法，获得离贪之果位。
为破僧众说妄语，承许彼为最重罪，

所有世间善业中，有顶禅心果最大。
染污母亦无学尼，杀定菩萨有学圣，
夺僧合食毁佛塔，此等即近无间罪。
于得无来罗汉忍，成为极重之障碍。
从修妙相之业起，即名住定之菩萨，
投生善趣贵族家，根足转男忆宿世，
不退彼即赡洲男，观现量佛思所生，
余百劫中方能引，每一妙相百福生。
宝髻燃灯毗尸佛，三阿僧祇劫末出，
最初乃大释迦佛。以大悲心施一切，
以此圆满布施度，具贪虽然断肢体，
亦不心乱忍戒度，赞星胜佛精进度，
无间等持静虑度，尔时之心智慧度。
三福称为福德业，彼事如同业道也。
何者能舍名为施，以欲供养饶益心，
身语之业及等起，彼果具足大受用，
为自他利为二利，非为二利布施四。
彼之殊胜为施主，施物以及福田胜。
施主殊胜具信等，以恭敬等作布施，
是故后受大尊重，应时无有违缘得。
色等圆满之施物，由彼美貌具名声，
成为欢喜极柔嫩，随时接触安乐身。

田殊胜由趣痛苦，利益功德之差别，
解脱施脱或菩萨，其中布施第八胜。
虽非圣者然而于，父母病人说法者，
最后有者之菩萨，供养功德无有量。
由结行田基加行，思与意乐之大小，
业亦变为轻与重。故意圆满无悔心，
无有对治具从属，异熟作已积集业。
供佛塔因所生福，虽无接受如慈等，
因中生果无谬故，恶田亦有悦意果。
断破戒恶佛制罪，二色戒具四净德，
破戒因过未出现，依彼对治与寂灭。
入定之善即为修，能熏染心之缘故。
为得善趣戒重要，为离烦恼修重要。
感数劫住善趣故，四种梵天之福德。
法施非为染污性，如实开示契经等。
随福德分随解脱，随抉择分三种善。
如理三业具等起，次第乃为书字印，
计算诗歌与数目。有覆下劣与具罪，
此等染污法异名，无漏善业为善妙，
有为善法当敬依，解脱乃为最无上。

第四品终

第五品 分别随眠

有之根本即随眠。六种即贪如是嗔，
慢无明见以及疑，彼六贪分说七种。
二界所生为有贪，内观之故为遣彼，
解脱之想而宣说。见五坏聚见邪见，
边执见与见取见，以及戒禁取见十。
此十各七除三见，八种除去二种见，
以见欲苦等渐断，四种随眠修所断，
色无色界除嗔有，如是承许九十八。
依有顶中所产生，忍毁唯一为见断，
余生为见修二断，非忍所毁唯修断。
我与我所常与断，无有下劣视为胜，
非因非道视因道，此等即是五种见。
于大自在等非因，妄执为因由我常，
颠倒执著而生故，唯是苦谛之见断。
由三见立四颠倒，颠倒计度分别念，
以及增益皆具故，心想颠倒随彼转，
七慢九慢摄三中，以见及修而灭尽，
修断杀等缠灭爱，我慢不善之恶作，
圣者不会明出现，因由见疑增长故。
见苦集断见与疑，相应不共之无明，

即是同分界遍行，中除二见九缘上，
彼等俱生之诸法，亦为遍行除得绳。
见灭道谛之所断，邪见疑与彼相应，
不共无明共六种，即是无漏行境者。
若缘灭谛缘自地，道谛相互为因故，
六地九地之道谛，彼行境者之对境。
贪非缘二所断故，不害故嗔非缘彼，
寂灭清净殊胜故，慢戒取禁不缘彼。
所有遍行之随眠，以所缘于自地增，
非遍行于同类中，无漏上地有境非。
未作我所对治故，相应法以相应增。
上界随眠欲界中，坏聚见与边执见，
相应无明均无记，余此欲界皆不善。
欲界所有贪嗔痴，即是不善之根本，
无记根本有三种，彼为爱与无明慧，
二意趋高故余非。西方论师许四种，
即爱见慢以及痴，由三禅定无明生。
一向分辨与反诘，以及放置而授记，
诸如死生与殊胜，及我与蕴一异等。
过去现在贪嗔慢，已生未断则具彼，
未来意之彼等者，其余五识具自时，
未生之法具三时，剩余随眠悉皆具。

三时实有佛说故，二具对境有果故，
言说三时存在故，许说一切有部名。
彼等四种称事相，阶段以及他转移。
第三观点以作用，安立三时为最佳。
谁障作用非异时，时间亦成不应理。
若有何故未生灭，此等法性极甚深。
虽断苦谛之见断，其余所有遍行具，
初品修断虽已断，然彼余诸有境垢。
欲界所生苦集谛，见断以及修所断，
自地三心色界一，无垢心识之行境。
色界所生自地心，下三上一无垢心。
无色所生属三界，三心无垢心行境。
灭谛道谛诸见断，加自地心之行境。
无漏三界末三心，及无漏心之行境。
具随眠心有二种，染污心与非染心，
染污心亦有二种，非染污心随增长。
痴中生疑后邪见，坏聚边执戒见取，
尔后则于自之见，生起贪慢于他见，
嗔恚如是依次生。由具尚未断随眠，
境住非理之作意，此三因中生烦恼。
欲界除痴惑及缠，乃为欲漏色无色，
唯一随眠为有漏。彼无记法向内观，

入定地故合为一，根本无明故别说。
瀑流结合亦复然，为明诸见另宣说，
漏非无有助伴见，则与安置不相符。
如是所说及无明，诸近取即见分二，
所谓无明非能取，是故混合而宣说。
彼等极为微细故，随系二种随增故。
及跟随故称随眠。彼等能置与能漏，
能冲能粘近取故，即是漏等之定义。
此等亦分为结等，故复宣说有五种。
实体与取相同故，安立见取之二结，
二唯不善自在故，嫉悭单独称二结。
五种顺下分之结，以二令不离欲界，
由三能令复返回，门与根摄故为三。
不欲前往与迷路，于道生疑此一切，
成趋解脱之障碍，是故唯说断此三。
顺上分结亦有五，色界无色界所生，
二贪掉举慢无明，令不超离上界故。
因以苦乐舍三受，安立贪嗔痴三缚。
所谓根本烦恼外，染污心所之行蕴，
一切均称随烦恼，彼等不应称烦恼。
八缠无惭无愧嫉，悭掉举悔昏沉眠，
或十复加忿与覆。无惭掉举与悭吝，

皆由贪生覆有诤，无愧昏眠无明生，
悔心乃由怀疑生，怒与嫉妒由嗔起。
此外烦恼有六垢，谄诳骄恼恨与害。
诳与骄二由贪生，恨与害则由嗔生，
恼由见取中所生，谄由邪见所引生。
其中无惭与无愧，昏沉睡眠掉举二，
其余则是修所断，自在如是一切垢。
欲界不善三者二，彼上则为无记法。
欲界一禅有谄诳，梵天欺惑马胜故。
昏沉掉举骄三界，余者唯由欲界生。
见断以及睡眠慢，即是意识之地起，
自在随烦恼亦尔，余者均是依六识。
诸喜乐与贪相应，嗔心与之正相反，
无明相应一切受，邪见相应意乐苦，
意苦受与疑相应，余与意乐欲界生，
诸舍与诸上界地，各自如应而相应。
悔嫉忿害恨及恼，均与意苦受相应，
一切悭吝则相反，谄诳睡眠以及覆，
与意乐苦受相应，骄与心意乐相应，
舍受遍行一切中，余四与五受相应。
欲界诸障共有五，违品作用因同故。
二二合一有害蕴，及怀疑故唯立五。

由以遍知所缘境，真实灭尽彼能缘，
以及断除所缘境，生起对治而灭惑。
所谓对治有四种，断持远分与厌患，
许以所缘可断惑。法相不同与违品，
境相隔绝与时间，如大种戒时方远。
诸惑一次即灭尽，彼等离得复殊胜，
生起对治与得果，以及练根诸时中。
所谓遍知有九种，灭欲苦集谛为一，
灭后二谛各为一，上三遍知余亦三，
灭顺下分与色界，及灭诸漏三遍知。
其中六种为忍果，余三即是智之果。
未至定为一切果，所有正禅五或八，
未至定果即为一，无色三正行亦尔。
一切均是圣道果，世间之道果有二，
类智亦然法智三，彼之同品果六五。
获得无漏之离得，失毁有顶一分惑，
二因一切均摧毁，故立遍知复超界。
凡夫一非见谛者，至五之间真实具。
住修道者六一二，超界得果故综合。
有者一二五六舍，得者亦然除五外。

第五品终

第六品 分别圣道

依见谛修断烦恼，是故称为遍知名。
修道二种有无漏，所谓见道唯无漏。
一切真谛说四种，苦集如是灭与道。
彼等自体亦复然，彼之次第依现证。
悦意以及不悦意，与除彼外之等舍，
一切有漏皆为苦，如应具有三苦故。
毁彼以慧析他法，则心识不趋入彼，
犹如瓶水为世俗，除此具有为胜义。
守戒具足闻思慧，极为精勤而修行。
闻等所生一切慧，名二及义之有境。
具身与心二远离，非不知足大贪欲，
于得复爱不知足，未得贪求欲望大，
相反彼之对治者，彼二三界无垢摄。
彼等无贪圣种中，三者即是知足性，
前三示理末说业，对治产生贪爱故，
谋求我所我执物，暂时永久息灭故。
入修行有不净观，忆念呼气吸气法，
贪欲强烈寻思大，如是诸众次第修。
对治诸贪观骨锁，广修乃至大海间，
略观称初业瑜伽，除足半头称熟修，

持心专注眉宇间，即是作意圆满修。
不净无贪性十地，所缘欲现人方生。
忆念呼气吸气法，智慧五地缘于风，
依欲界身外道无，数等六因随身入。
有情等流无执受，此二下界意不知。
即已成就寂止者，应当修持四念住，
以自总相遍观察，一切身受心与法。
自性闻等所生慧，其余相联与能缘，
次第即是依生起，对治颠倒故唯四。
彼为总观法念住，修无常苦空无我。
由彼中生暖位智，彼为四谛之有境，
观修十六种行相，暖中生顶亦同彼，
此二以法为基础，其余念住则增上。
彼生忍二亦复然，一切皆以法念增，
上以欲界苦为境，彼亦为一刹那性。
胜法五蕴除得绳，如是四顺抉择分。
加行道为修生慧，所依之地未至定，
以及殊胜与正禅。下界亦具顶暖位，
欲界所依胜法位，以女将依二身得。
圣者由弃前地舍，非圣异生由命终，
前二亦由遍失舍，依正禅必见真谛，
退失之时得前无，二失即是非得性。

获得顶位不断善，得忍不堕恶趣中。
有学声闻种姓转，暖顶二者得成佛，
余三得忍亦可变，本师麟角喻者非，
依于第四之静虑，一座上得菩提故。
彼前乃随解脱分，速疾三世得解脱。
彼为闻思所生慧，三业人中方能引。
世胜法生无漏忍，缘欲苦生法智同，
缘余苦生类忍智，其余三谛亦复然。
现证真谛十六心，三种即称见缘事。
彼与胜法同一地，忍无间智解脱道，
彼前十五刹那间，见未见故称见道。
钝根者为随信行，利根者则随法行。
若未以修断所断，及毁一至五所断，
即为第一预流向，灭九断前第二向，
欲界或上离贪者，则是第三不来向。
向十六刹住彼果，尔时钝根利根者，
分得信解见至名。得果未得胜果道，
未精勤修胜道故，名为住果非为向。
地地功过各分九，上中下品各三种。
尚未断除修所断，如是住果极七返，
解脱欲界三四品，二三世生家家者，
摧毁一至五品间。亦为第二果之向。

灭尽六品一来果，灭尽七品八品过，
亦名一生与一间。亦是第三果之向。
灭尽九品不来果。中生有行及无行，
趋般涅槃诸上流，轮修禅往色究竟。
彼超半超与遍殁。余往有顶无色四，
他者此生趋涅槃。中生上流各分三，
行于色界说九种，彼等别由业根惑。
其中上流未分类，则许为七善士趣，
行善断恶不还故。欲界命终之圣者，
无有趋往其余界，彼与转生上界者，
无有遍失不练根。最初轮修第四禅，
刹那相杂而成就，为受生及现法乐，
畏惧烦恼故皆修。断除五品唯转生，
色界五净居天处。获得灭定不来者，
承许彼为身现证。灭至有顶八品间，
皆为阿罗汉之向，断第九品无间道，
彼即金刚喻等持。
彼灭得生尽智时，称为无学阿罗汉。
有顶离贪依出世，其余地则依二种，
依世间道离贪圣，彼之离得亦有二。
有说依出世亦尔，已舍不具烦恼故，
解脱有顶之一半，生起上禅同不具。

依于无漏未至定，能离一切地之贪。
胜三地由未至定，或禅生末解脱道，
上地非由未至定，圣八能胜自上地。
世间解脱无间道，依次而缘上下地，
即为静等粗等相。不动尽智起无生，
否则尽智无学见，彼诸罗汉皆具足。
沙门之性无垢道，果即有为无为法，
彼等各有八十九，解脱道及一切灭。
有五因故立四果，果前舍道得胜果。
总集灭法得八智，以及获得十六相。
以世间道得果者，混杂持无漏得故。
彼名梵性即梵净，亦为梵轮梵转故，
所谓法轮为见道，迅速行等具辐等。
欲界中获前三果，末果则由三界得，
上无见道无出离，经云此始彼究竟。
许阿罗汉有六种，前五以信胜解生，
彼等解脱观待时，不动法者不动摇，
故彼不待时解脱，彼由见至因所生。
有者初为彼种姓，有者后由练根成，
四由种五从果退，并非是从初退失。
有学异生具六种，见道之时无转根。
当知退失有三种，即得未得受用退。

佛陀唯有末受用，不动亦中余有三。
从果退者无死亡，彼不行持非法事。
不动法者久串习，解脱无间道各九，
见至者各一即可，无漏人中得增上。
无学九地有学六，增舍胜果得果故。
二佛以及七声闻，彼九乃九根性者，
七者以根加行定，解脱二者所安立。
彼等实体则为六，如是三道各为二，
得灭定乃俱解脱，依慧即是慧解脱。
以诸等至根及果，称为有学之圆满，
依根与定圆无学。总之道即有四种，
谓胜进道解脱道，无间道及加行道。
静虑易道余难道，钝根迟通利速通。
尽智无生智菩提，随顺于彼故得名。
谓三十七菩提分，此由名立实体十，
即信精进念慧定，舍喜安戒正分别。
念住慧性勤真住，四神足则为等持，
宣说主体实彼等，加行所生德亦尔。
七类依次初业者，顺抉择修见道行。
七觉支及八正道，唯是无漏余二者。
一禅之中具一切，未至定则不摄喜，
二禅无有正分别，三四无喜正分别，

中间静虑亦复然，前三无色亦无戒，
除去觉支正道外，欲界以及有顶具。
若见三谛得法戒，现证道亦得佛僧，
所谓之法即三谛，以及缘觉菩萨道，
实体为二信与戒，本体即是无漏法。
有学支中未宣说，二种解脱束缚故。
摧毁烦恼无为法，以及胜解有为法，
无学有为二解脱，所谓菩提即正智。
将生未来无学心，由从障碍得解脱，
趋向灭尽之圣道，彼之障碍彻断除。
无为解脱称断界，尽贪欲谓离贪界，
断界即除余烦恼，所谓灭界即断事，
苦集忍智厌何断，均离贪亦有四类。

第六品终

第七品 分别智

无漏诸忍非为智，尽智无生智非见，
此外圣慧为二者，余为智六亦为见。
智分有漏与无漏，有漏谓初世俗智。
无漏分二法类智，俗智对境为一切，
法智缘欲苦谛等，类智行境上苦等。

彼等以谛别立四，由依四谛彼等智，
安立无生与尽智，初生即苦集类智。
由四智立他心智，不知胜地利根心，
罗汉过去未来心，法智类智互不知。
一切声闻他心智，了知见道二刹那，
麟角喻知三刹那，佛无加行知一切。
尽智则于一切谛，谓已遍知等决定，
谓我更无所知等，承许彼为无生智。
由依自性与对治，行相行境及加行，
所作因圆立十智。修道灭或道法智，
乃为三界之对治，欲界对治非类智。
法智类智十六相，俗智知此及余法，
各谛行相各为四，心智无漏亦道智，
有漏缘所知自相，乃各实体之行境。
余智唯具十四相，不摄空性与无我，
无垢十六无余相，谓有余相论中说。
行相实体为十六，彼之本体乃是慧，
及诸具缘均能取，一切有法即所取。
俗智三种余皆善；世俗智于一切地，
静虑六地有法智，无漏九地具类智，
如是六智亦复然，四静虑有他心智；
彼所依身欲色界，法智唯欲余三界。

灭智唯是法念住，他心智三余为四。
法道类智各缘九，苦集智境各为二，
四智对境乃十智，灭智所缘非为智。
十法对应三界法，无漏无为各有二。
世俗智除自群体，以外他法知无我。
无漏第一刹那时，具贪者唯具一智，
第二刹那具三智，此后四刹各增一。
见道生起忍与智，彼等一切未来得，
三类智兼世俗智，是故称谓现证边。
彼即不生之有法，依于自地及下地，
灭边所生末念住，具自谛相由勤生。
十六刹那具贪者，得六离欲贪得七，
彼上具贪修道中，悉皆获得七种智，
胜伏七地得神通，堪达法证不动法，
轮番修之无间道，上八解脱道亦尔。
有学练根解脱道，获得六智七智或，
无间道中获六智，胜伏有顶亦复然。
尽智之时得九智，不动法者则获十，
转彼解脱末亦尔。所说之余得八智。
于何离贪得彼时，亦得下地无漏法，
尽智亦得有漏德，诸地得前非得后。
有为善法新习得，有漏则立治遣得。

佛陀之法不共同，即是力等十八种。
知处非处十智摄，知业果力为八智，
定等根信解界九，知遍趣行九或十，
宿住死生世俗智，知漏尽力六或十。
宿住死生依四禅，余者则依一切地。
何故唯佛称为力？因彼具有无碍故。
身即无爱子之力，他师承许各骨节，
大象等七十倍增，彼之本体所触处。
无畏四种依次第，如初第十二七力。
所谓三种之念住，本体正知正念性。
大悲乃为世俗智，资粮行相与行境，
及平等故上品故，与悲不同有八相。
诸佛资粮与法身，行利众事平等性，
彼等身寿与种姓，以及身量非相同。
他法则与有学共，有同异生即无染，
愿智无碍解通等。无染乃为世俗智，
依第四禅不动法，依人而生欲界惑，
未生有事行境者。愿智亦尔缘诸法。
法义词辩无碍解，初三次第无碍知，
名称意义与词句，第四无碍明宣说。
道自在性缘语道，本体九智依诸地，
义十或六一切地，余者则为世俗智，

法于欲界四禅具，词依欲界初静虑。
若不具全一不得，彼六德依边际获，
边际有六静虑边，彼者随顺一切地，
依次增上至究竟，佛外他者加行生。
神境天耳他心通，宿命生死漏尽通。
彼为解脱道慧摄，其中四通世俗智，
他心通则为五智，漏尽通如漏尽力。
五通依于四静虑，自与下地为对境，
所得由修熟离贪，他心通具三念住，
神境天耳眼唯身，眼耳无记余皆善。
最后三通即为明，遣前际等无明故。
无学漏尽初二者，彼相续生故谓明。
许有学具无明心，是故经中未称明。
神境他心漏尽通，即三神变教为胜，
此必毫无错谬成，能引利乐之果故。
神境乃为三摩地，从中幻化与运行，
佛陀唯有意势行，余者运身胜解行。
欲界化外四处二，色界所摄二幻化。
能化之心有十四，定果次第二至五，
非化上界所生心，依于静虑得化心。
净定自生彼生二，以自地心能幻化，
化语由下亦可言，非佛必具幻化者。

加持令他言亡具，不稳固无余许非。
初时多心化一身，纯熟之后则相反。
由修而生无记法，俱生而得有三种。
神境通由五种生，即由咒药业所成。
一切天眼与天耳，静虑之地清净色，
恒时有依无或缺，能取远细等对境，
罗汉麟角喻佛陀，次见二三千无量。
俱生不能见中有，他心通则有三种，
寻思明咒成亦尔，狱初知人无生得，

第七品终

第八品　分别定

四种静虑各有二，其中果生前已说。
定即一缘专注善，若具从属五蕴性。
初静虑具伺喜乐，后禅渐离前前支。
如是无色四蕴性，远离下地而出生，
以及三种未至定，称为灭除色之想。
无色界中无有色，彼色乃由心中生。
所谓识与空无边，无所有名加行立，
低微之故称无想，其实亦非无有想。
如是定正行实体，八种前七各有三，

著味相应净无漏，第八唯具味净二。
著味则具相应爱，世间之善称谓净，
彼者亦为所著味，无漏乃是出世间。
第一静虑具五支，寻伺喜乐与等持，
二禅四支净喜等，三五舍念慧乐住，
末禅具四正念舍，非苦非乐及等持。
实体则有十一种，初二禅乐即轻安，
内等净支乃信根，违二教故喜意乐。
染污初禅无喜乐，二无内净三知念，
四禅无有舍念净，有谓无有轻安舍。
解脱八种过患故，第四静虑名不动，
八过寻伺出入息，以及乐受等四受。
生之静虑依次第，初具意乐乐舍受，
二舍意乐三乐舍，四禅唯一有舍受。
第二禅等生身眼，耳识有表之等起，
皆为第一静虑摄，彼乃无记非烦恼。
前所未有之净定，由离贪及转生得，
无漏唯以离贪获，染定由退转生得。
无漏无间则生善，上下至第三地间，
净定无间生亦尔，兼起自地烦恼性，
染定生自地净染，亦起下地一净定。
死时净定生烦恼，染定之中非生上。

净定有四顺退等，依次随顺于烦恼，
自地上地与无漏，渐次生二三三一。
与八地二相关联，超越一者顺逆式，
以不同类至第三，即是超越之等至。
静虑无色依自下，非上下者无必要，
唯生有顶之圣者，现前无所有尽漏。
有爱缘于自地蕴，净无漏定缘一切，
无色正行善行境，非为有漏之下地，
以无漏断诸烦恼，未至净定亦复然。
彼等八种未至定，体净非乐非苦受。
初未至定亦有圣，有者说为具三种。
无寻殊胜之静虑，具三舍果大梵天。
胜禅以下有寻伺，中定唯伺上无二。
无相等持灭谛四，空性无我入空性，
无愿彼外余谛相，善中无漏三脱门。
所谓空性空性等，余外复说三等持，
二缘无学空无常，末缘静相非择灭，
有漏人中不动者，不摄七种未至定。
为成现法乐住者，即修第一善静虑，
欲得殊胜知见者，则修清净天眼通，
为得分别智慧者，则修加行所生善，
为得一切漏尽者，当修金刚喻定也。

无量四治害心等，慈悲无量无嗔性，
喜为意乐舍无贪，相次愿乐离苦悦，
众平等缘欲有情，喜初二禅余六地，
有许为五不断惑，人中方生必具三。
所谓解脱有八种，初二不净二禅具，
第三末有体无贪，无色定善灭尽定，
微微心末无间入，由自净下圣心出。
初三缘欲摄见色，无色行境上自地，
苦谛等及类智品。所谓胜处有八种，
前二相同初解脱，二同第二余如净。
遍处十种八无贪，第四禅有缘欲界，
二遍处为无色净，行境自地之四蕴。
灭尽前品已宣说，余皆离贪加行得，
所谓无色依三界，剩余唯有人中生。
上二界由因业力，生起无色之等至，
色界所有诸静虑，亦由法尔力量起。

第八品终

佛之妙法有二种，教法证法之体性，
持教法者唯讲经，持证法者唯修行。
说此对法我多依，克什米尔有部理，
若有错误均我过，正法理量唯诸佛。

本师世目今已闭，堪作证者多入灭，

未见真谛放肆者，以邪分别乱佛教。

佛陀已趣胜涅槃，持彼教者多随灭，

无怙无教灭德众，当今此世任意行。

既知如来正法寿，渐衰亡如命至喉，

一切污垢具力时，求解脱者莫放逸。

此《俱舍论颂》，乃佛陀亲口授记之大德、能背诵九十九万部经典、具有不退智慧自在者共称为第二遍知的大阿阇黎世亲撰著圆满。印度堪布则那莫札即佛友与大译师华哲僧侣翻译、校正并以讲闻方式而抉择。

俱舍论释

蒋扬洛德旺波尊者 著

索达吉堪布 译

梵语：阿毗达磨够卡嘎热嘎

藏语：秋温波奏戒策累俄雪巴

汉意：对法藏颂

顶礼文殊童子！

成熟二资菩提大果位，
十力与四无畏狮座上，
慈悲为众宣说有无漏，
一切法理本师前敬礼。

以头陀行功德增吉祥，
郑重交付如来之补处，
弥勒教法之中得解脱，
结集对法迦叶前敬礼。

浩瀚无边万法之体相，
无余摄于七论[1]宝藏中，

1 七论：对法七论，即发智论与六足论。说一切有部的七种根本论著，分别是《发智论》《品类论》《识身论》《法蕴论》《施设论》《集异门论》《界身论》。

以此法藏满足智者愿，
迦旃延等罗汉前敬礼。

搅拌无边经典大海中，
撷取如意珠宝之论藏，
世亲安慧等尊诸出世，
传承上师大德前敬礼。

慈爱宝珠拂尘微笑中，
为众指明普乐之刹土，
佛教胜幢文殊赐密藏，
钦哲旺波尊者前敬礼。

具无边德西绕嘉措尊，
具大辩才桑给绕吉尊，
以及土登秋戒札巴尊，
传讲此法三师前敬礼。

我之智慧犹如针眼般，
本不应量法藏降法雨，
然为自己修习诸法理，
发心撰写此论之注释。

以上抛散礼赞句的朵朵鲜花作为前导，接下来，介绍这部《俱舍论》是由我等大师大慈大悲的释迦佛亲自授记、能背诵九十九万部《般若颂》、被人们誉为第二大佛陀的大阿阇黎世亲论师所造，全论通过五事[1]内容与八品词句加以抉择。

1 五事：说一切有部所许能包括一切所知界的五种事物，即色法、心法、心所法、不相应行和无为法。

此论分四：一、论名之义；二、译礼；三、论义；四、末义。

甲一（论名之义）分三：一、译名；二、解释论名；三、论名之必要。

乙一、译名：

印度总共有四大语系，此部论典梵语的名称即“阿毗达磨够卡嘎热嘎”，译为藏语，则为“秋温波奏戒策累俄雪巴”。汉意释为对法藏颂。其中“阿毗”意为“对”，“达磨”意为“法”，“够卡”意为“藏”，“嘎热嘎”意为“颂”。

乙二、解释论名：

下文宣说。

乙三、论名之必要：

宣说梵语的必要：是为了说明此法有确凿可信的来源，宣说藏语是为了感念译师智者们的恩德，宣说二者是为了通达两种语言的差别。

甲二、译礼：

顶礼文殊童子！

文殊菩萨身语意尽除了一切粗罪之垢，是一切凡夫、圣者所应依止的殊胜对境。尽管文殊菩萨早已成佛，但显现上仍以八地菩萨童子的形象住世。译师在翻译论典之前要先三门恭敬作礼。

译礼之必要：为使翻译圆满等实现诸多暂时与究竟的愿望。之所以特别顶礼文殊菩萨是让人们知道此论是论藏的注疏，因此是辨别三藏的顶礼，也是法王（赤热巴巾）规定的顶礼。

甲三（论义）分二：一、入造论支分；二、真实论义。

乙一（入造论支分）分三：一、礼赞与立誓；二、解说论名；三、此论以必要等四法成立佛说。

丙一、礼赞与立誓：

何者尽毁一切暗，引众脱离轮回泥，
顶礼如理说法佛，对法藏论此详说。

通过自利断证圆满、他利事业圆满、成办他利之方便圆满而赞叹佛陀。其中第一自利断证圆满：本颂中的“何者”是代词，当然，代词有一般的代词与特殊的代词，而且“一般”与“特殊”中均有许多分类。但此处从“尽毁一切暗”的词句可知，这里的“何者”唯一指代的就是佛陀，因为除了佛陀以外无有他者能尽毁一切暗。比方说，将这个东西送给白衣婆罗门，人们立即就会知道专门是指的天乐婆罗门。所谓的“一切”是指十二处所摄的一切法。如经中云：“婆罗门，所谓一切即十二处所有法。”“暗”是指我执的根本八十种随眠（烦恼别名）及其所属，包括具染不知之痴暗与四不知因等非具染不知之痴暗。如世人通常所说的黑暗能障碍见到色法，同样，以两种不知（即具染与非具染不知）障碍见到实相。

那么，何为四不知因呢？即因佛法深细而不知、因对境遥远而不知、因时间久远而不知、因分类无量而不知。其一，因佛法深细而不知，诸如舍利子尊者不知如来之戒蕴等；其二，因对境遥远而不知，诸如目犍连不知自己的母亲转生到具光世界；其三，因时间久远而不知，诸如舍利子不知华杰施主具有随解脱分的善根；其四，因分类无量而不知，如阿罗汉罗睺罗言：“孔雀翎羽唯一因，各种各样之分类，非遍知佛不了知，了知此故遍知力。”佛陀对于这一切则毫不混杂地一一明知。“尽毁”是指烦恼不复再生。因此，此论直接宣说了断除圆满，间接也说明了证悟圆满，既然断除了烦恼，那智慧就必然圆满。

（第二、他利事业圆满：）佛陀出有坏是圆满他利的大尊主，因为佛陀能真正引导有缘众生脱离近取五蕴生死接连不断流转的轮回淤泥。之所以称为“轮回泥”，是因为一般淤泥都是青蛙等含生集聚的地方，难以逾越，必须仰仗他者才能越出。同样，轮回也是凡夫众生聚集之处，有爱的浸润，很难越过，必须依靠佛陀方能跨越。

（第三、成办他利之方便圆满：）佛陀还具足成办他利的圆满方便，是因为佛为利益有情如实宣说自己所证之道。为此，在具足三圆满的佛尊前顶礼。何者作礼呢？即作者世亲论师。何时顶礼呢？于造论初始顶礼。以何方式顶礼呢？以三门毕恭毕敬的方式而礼拜。有何必要呢？为了使自己与圣者行为一致以及成办暂时与究竟之事。

顶礼之后做什么呢？应当详细宣说对法藏论。对法藏论的内容在下文叙述，“论”的梵语称为夏札，义为对治、救护，也就是说对治烦恼妄念，从恶趣三有的痛苦中救脱出来。对此，要极为细致地加以解释。必要：为暂时造论圆满，究竟获得解脱。

丙二、解说论名：

净慧随行为对法，为得彼之诸慧论，

对法之义纳此中，或此所依故为藏。

为什么此论叫做对法藏呢？通常而言，对法分为胜义对法与世俗对法两种。第一胜义对法：见道、修道以及无学道的无垢智慧及其随行分或者说所属五蕴或四蕴。

接下来说明所属的道理：无漏戒律无表色与依靠静虑六地[1]的受、想、行等均是成住同质[2]，因此称为所属五蕴。大乘不承认无表色，因此只有四蕴。依靠的意思是说静虑六地能生起那一地的本体，而并非是像枣核依于铜盆的能依所依之义。第二世俗对法：为了获得胜义对法，存在于趋入之因——诸心之所属中的俱生智慧以及闻思修所生三慧一切有漏智慧，加上有关胜义与世俗对法内容的七部论藏等所有论典。此等有漏智慧成为胜义对法无漏智慧之因的道理：依靠俱生智慧而获得闻所生慧，由闻所生慧得到思所生慧，从思所生慧中得到修所生慧，通过修所生慧可生起无漏智慧。

为什么称为“对法”呢？不舍本身的体相故为“法”，能现前胜义法涅槃故称“对”。

既然说“对法藏论此详说”，那么这里的“藏”又作何解释呢？因为这部论容纳了对法七部所有最珍贵的内容，（所以称为藏，）譬如，装剑的鞘叫剑鞘，储藏的珍宝叫宝藏；或者说因为对法七部称为对法藏，而它们是此论的来源或所依，以此称为藏，例如，因剑出自剑鞘，所以剑也叫剑鞘。

丙三、此论以必要等四法成立佛说：

无辨诸法之智慧，无法息灭诸烦恼，

以惑漂泊有海故，传闻此论乃佛说。

为什么宣说对法呢？其原因是若无有辨别有漏、无漏一切法的智慧，则无有其他的方法可灭尽根本与随眠的一切烦恼。如果未灭尽烦恼，后果将如何呢？烦恼是三有的根本，依靠这些烦恼必然积业，结果将永远漂泊在世

1 静虑六地：四禅六地。初静虑将禅未至定、初静虑粗分正禅、初静虑殊胜正禅、第二静虑正禅、第三静虑正禅、第四静虑正禅。

2 成住同质：同一位置上，同成同住，同时生、住、坏、灭而又同质之诸异类事物。

间三有大海中。因此，传说为了生起辨析诸法的智慧，佛首先宣说了对法七部，后来有七位阿罗汉[1]结集，就像法护尊者结集了《因缘品》[2]一样。这里的“传闻”是指他宗的观点（这是作者站在经部宗的立场上而对有部宗的一种不满语气），经部宗发现此论中的“既是无为法又是成实法”等说法与教理有许多相违之处，所以说对法七部是迦旃延等阿罗汉所造。有部宗则说：这样一来，三藏就不齐全了。作答：（没有此种过失，）因为对法藏是经中抉择胜义以及法之体相的那一部分。

“无辨诸法之智慧……”已宣说了对法论的必要等四法，此部论典的开头叙述了必要与关联是十分需要的，因为依靠这个必要可使所化众生了解论典具有必要等四法，从而修学论典。有漏与无漏的一切法是本论的内容（即所说），此内容是以“诸法”来表达的；通过宣说“诸法”有令弟子相续中生起辨别法之智慧的必要，此必要是以“辨”来说明的；依靠辨别的智慧最终获得有余、无余涅槃，这是必要之必要，它是通过“无法息灭诸烦恼，以惑漂泊有海故”来间接表达的；必要之必要依赖必要，必要依赖论典的内容，此乃关联，或者所说的诸法与能说的此论相互联系，为关联。

乙二（真实论义）分二：一、明确内容；二、详细抉择。

丙一、明确内容：

有漏无漏一切法，除道谛外有为法，
皆增一切有漏惑，是故称之为有漏；
虚空二灭三无为，以及道谛为无漏。

1 七位阿罗汉：迦旃延、世友、天寂、舍利子、目犍连、拘瑟耻罗、满慈子。

2 《因缘品》：别名《法集要颂经》。阿罗汉法护结集零星佛语。全书四卷，自无常品至婆罗门品，共三十二品。

既然说“辨诸法之智慧”，那么智慧到底要辨别的是什么法呢？它所辨别的法包括在有漏与无漏两种法中。为什么不说蕴、界、处而只说有漏与无漏法呢？因为作者世亲论师想涵盖一切法而宣说，而五蕴不能涵盖一切法，十八界、十二处不能分别表达轮涅二者。

那么，什么是有漏法呢？不包括道谛的一切有为法，也就是具有烦恼的漏法。为什么叫有漏法呢？因为这些有为法通过所缘或相应的方式连续不断地增长一切有漏的烦恼。什么叫以所缘的方式增长烦恼呢？依靠所缘境以爱、见执为我所，从而增长贪心等所有烦恼。什么叫以相应的方式增长烦恼呢？有漏法与心所一起，加上眼根等增上缘以相应或能依的方式增长烦恼。那么，是如何增长烦恼的呢？是以一切有漏烦恼相合有为法外缘并且那些外缘也相合有漏法的方式增长烦恼的。

什么是无漏法呢？所谓的无漏法包括道谛以及非由因缘而生的三种无为法，原因是这些法不会以所缘、相应的方式增长有漏烦恼。

那么，什么是三种无为法呢？即虚空、抉择灭以及非抉择灭。

丙二（详细抉择）分二：一、广说无为法；二、广说有为法。

丁一、广说无为法：

其中虚空即无碍，择灭离系各异体，

抉择灭外非择灭，永远制止未生法。

三种无为法的本体是什么呢？

虚空的法相：所谓的虚空是指不被色法阻碍的一种常法，因其远离了能障所障并能容纳色法。

抉择灭的法相：依靠无间道无漏智慧力远离所破有漏法的一种无为、常有、善事的灭。那么，所有的抉择灭是异体还是一体呢？五类所断是截然分开的，同样远离这些所断的抉择灭各自也是迥然有别，就像苦灭与集灭互为异体一样。

非抉择灭的法相：在自己的所破未来一切法现今产生的外缘尚未齐全时能永远制止其产生的一种无为、无障、无记常法，这就是抉择灭以外的非抉择灭。制止的方式：譬如说，获得加行道忍位者虽然尚未断绝投生恶趣的种子，但因外缘不齐全而获得了灭法。或者比如，眼睛专注蓝色物体心不散乱，此时已获得非抉择灭，也就制止了现今存在的其他色、味、香等于意识中产生。

有部宗说：三种无为法实体是成立的，理由是虚空能起到无阻无碍的作用，抉择灭能灭除本身的所破法，非抉择灭可制止本身的所破法产生。相反，如果无为法不存在，那么经中有明说："无论有为法亦可，无为法亦可，一切法中最胜者即是涅槃。"所谓最殊胜的无有就成了不存在，恐怕这是前所未有的最下劣语法了。经部宗答复说：并不是说无为法不存在，而是说其实体不存在，原因是虚空只不过是远离了有阻碍的所触而已，抉择灭仅仅远离了自己的所破，非抉择灭也只是说一法在因缘不具足的情况下未生而已。

丁二（广说有为法）分二：一、总义；二、论义。

戊一（总义）分三：一、八品之理；二、八品之联系；三、各品所说之内容。

己一、八品之理：

"有漏无漏一切法"是略说，如果广述，则有八品，前两品总说有漏无漏法：第一分别界品，第二分别根品；中间三品分说有漏法，此三品按照何者染污、何处染污以及如何染污的次第，第三分别世间品、第四分别业品、第五分别随眠品；后三品别说无漏法，其中第六是分别道及补特伽罗品（即分别圣道品）、第七分别智品，如经云："诸烦恼由智慧摧毁。"第八分别定品是从智慧能依所依的角度来阐述禅定的。如经中云："心入定即是如实了知真义。"

己二、八品之联系：

为了阐明对法有漏无漏的内容而说第一品；为了详细说明第一品中只是提到名的根与有为法的产生之理而说第二品；为了广说第二品提到的三界而宣说第三品；为了遮破三界之因不是大自在等天神并说明三界是由业所生而说第四品；为了说明业的等起是随眠烦恼而宣说第五品；为了阐明能断除这些烦恼的是道而宣说第六品；为了分别宣说第六品提到的智慧而说第七品；为了细致阐述佛陀共不共功德中的共同功德而说第八品。

己三、各品所说之内容：

各品所说的内容通过此论的名义而了达。

戊二（论义）分八：一、分别界品；二、分别根品；三、分别世间品；四、分别业品；五、分别随眠品；六、分别圣道品；七、分别智品；八、分别定品。

第一品　分别界

第一（分别界品）分三：一、有为法；二、别名；三、广说蕴界处。

甲一、有为法：

所有一切有为法，亦分色等之五蕴。

前文中所说的“除道谛外有为法”中的“有为法”到底指的是什么呢？是指由诸多因缘聚合而成的一切法，如前所说，它包括有漏法以及道谛。所谓的“亦”意思是说不仅无为法有分类，有为法也同样有分类。有为法如果分类，则有五种，即色以及“等”字包括的受、想、行与识此五蕴，其原因是：大多数凡夫将心识执为我；执著内外色法与我有关联；将受执为我所感，想即是能安立名言而执著；行即执著行善等。

甲二（别名）分二：一、有为法之别名；二、有漏法之别名。

乙一、有为法之别名：

彼等亦称时言依，以及出离与有基。

如果想传讲《俱舍论》，就必须了达经中所说的意义，经中云：“时间、言依、出离、有基。”这些名称指的是什么呢？它们都是有为法的别名。下面阐述有为法叫做这些名称的理由。有为法称为时间是有理由的，因为以前的有为法已过去，现在的正在流逝，未来的也将流逝；叫做言依的理由：语言是有记的声音，它的基础是名称，由于依靠具有意义的名称来宣说，因而语言的直接内容是名称，所耽著的内容是一切有为法。为什么又叫出离呢？因为无疑要摆脱所离的痛苦之处，忧愁痛苦是有为法，超离忧苦就到达了有为法的边际，由此称为出离。那么，道谛又如何称得上出离呢？它也是一种出离，因为获得无余涅槃时，必定要舍弃道谛；有为法又称为有基，由于具有因，而因是基的别名。

乙二、有漏法之别名：

如是有漏法亦称，近取之蕴及有诤，
痛苦及集与世间，见处以及三有也。

经中云："蕴、有诤、痛苦、集、世间、见处、三有。"这些是指什么呢？这些都是有漏的别名。有漏称为近取蕴，原因是其近取因乃烦恼，由近取因中产生蕴，就像由草所生的火称为草火一样；有漏法也可称为有诤，以烦恼损害自他，故是诤，它有漏法以所缘或相应的方式得以增长；有漏也名痛苦，它与三苦中的任何一种相关联之故；也称为集，由彼产生痛苦的缘故；也叫世间，原因是有漏法刹那坏灭并能被违品毁灭；又称见处，因其依靠见解通过所缘的方式增长；也叫三有，因为生死接连不断流转。

甲三（广说蕴界处）分三：一、蕴界处之自性；二、摄他法之理；三、界之分类。

乙一（蕴界处之自性）分五：一、真实宣说蕴界处；二、蕴界处各自含义及必要性；三、单独安立受想蕴之理由；四、蕴界处次第确定之理；五、二处决定之理。

丙一（真实宣说蕴界处）分四：一、色蕴之理；二、中间三蕴之理；三、识蕴之理；四、遣除实法之疑虑。

丁一（色蕴之理）分二：一、真实宣说色蕴；二、根境与界处之关联。

戊一（真实宣说色蕴）分二：一、略说；二、广说。

己一、略说：

所谓之色即五根，五境以及无表色。

"色等之五蕴"中的色蕴指什么呢？色蕴的事相：是眼耳等五根、色声等五境与无表色共十一种。色蕴的法相：色法内部相接触使前后发生不同的变化并且可以插入。

己二（广说）分三：一、以法相之方式宣说五根；二、以事相之方式宣说五境；三、宣说无表色。

庚一、以法相之方式宣说五根：

彼等均是识所依，眼等诸根清净色。

所谓的五根是指什么呢？是指毫不混杂地认知色等一切对境之形象的诸识所依或处所的清净色法，即眼等五根。其中，眼根的法相：作为取自对境色处之眼识的增上缘的一种清净色法。同样，耳根是指作为取自对境声音之耳识的增上缘的一种清净色法，五根都可依此类推。

庚二、以事相之方式宣说五境：

色有二种或二十，所谓之声有八种，
味有六种香分四，所触分为十一种。

所谓的五境究竟指什么呢？是指色、声、香、味、触。

其中对于成为眼根之对境的色法，如果加以归纳，则包括在显色与形色两种之中。如果详细分析，则有十二种显色与八种形色共二十种。第一，十二种显色：蓝、黄、白、红四种根本显色；影、光、明、暗、云、烟、尘、雾八种支分显色。绿、黑、栗色、黄绿色、淡蓝色等其余所有颜色均可包括在根本与支分显色当中。第二，八种形色：长、短、高、低、方、圆、正、歪。其中尘由起风而成；雾是由空气中的水蒸气形成；影是对现见其笼罩中的形体不作障碍的黑色；明暗是相违的；光是指能照明一切的色法；方是指四方形；圆指圆形物；正指平整、宽敞；与正相反凹凸不平为歪。

声境有八种，即有执受大种声与无执受大种声。其中第一种有执受大种声分有记别声与无记别声两类，有记别声又分为如说法那样的悦耳声与粗语那样的刺耳声两种；无记别声也有如小钹发出的悦耳声与如拳击发出的刺耳声两种。无执受大种声也分有记别与无记别两种，有记别声又有如幻化人的传法声与如幻化人所说的粗语声两类；无记别声也有如铜鼓那样的悦耳声与如岩塌那样的刺耳声两种。

味有六种：甜、酸、辣、咸、涩、苦。

香有四类：妙香、恶香、平等香与不平等香。

所触有十一种，分为因所触与果所触两种。因所触也就是四大，果所触有柔软、粗糙、轻、重、冷、饥、渴。其中冷是因水与风过多而形成想得到温暖的所触；饥是腹内风过多而形成的想得食物的所触；渴是由于火界过多而形成的想饮品的一种所触。

庚三、宣说无表色：

散乱以及无心时，善不善法及随流，

一切大种作为因，彼即称为无表色。

所谓的无表色是指什么呢？无表色具有五种特点：（一）阶段心之状态与发心的特点：心在散乱时也有无表色，因此与有表色不同；（二）在诸如无想定与灭尽定等无心的状态中无表色也存在，它有别于心与心所；（三）本体之特点：是善与不善法中的一种，不会是无记法；（四）时间之特点：所谓的随流也就是说乃至没有出现毁坏之因期间一直持续存在；（五）因之特点：依靠四大种而生，并且四大种作为其所依、处所、增长之因。对于具足以上五种特点而且形象或自己的动机他人不能觉知的法，有部宗的上师们称之为无表色。

大种地水火与风，成立执持等作用，
特性硬湿暖动摇。世间界之名言中，
显色形色称为地，水火与风亦复然。

那么，何为四大种呢？能产生各种各样的果色，即是大种。也就是说，执持各自法相与因的色法，即地、水、火、风界。它们各自有什么作用呢？地大能不舍而持受果色；"等"字中所包括的水大有令不散、聚合的作用；火大能成熟；风能增上。它们的法相（指本身的特征）是什么呢？坚硬是地大的法相；湿润是水大的法相；暖热是火大的法相；轻、动是风大的法相。

若有人问：那么世间人说见到地、（水、）火，这不是与此处所说的坚硬、湿润等所触相违吗？虽然经论中说所触，但世间的人们只是在名言中将显色与形色随心所欲地说成地大而已，比如，人们通常说这块地是白色的、四方形的……而且，世人还共称碧蓝的河水缓缓流淌，红红的火焰向上盛燃。也有将风说成是所触的，因为风可接触身体，这与有些世人将显色与形色说成地一样，因为"蓝色的风、狂风四起"是世人常说的。

戊二、根境与界处之关联：

承许五根与五境，唯是十处与十界。

前文中所说的眼等五根以及色等五境，这些在讲十二处时被称为眼处等十有色处，因为它们能开启产生享用之门；在讲十八界时，许为十有色界，这是从执著或认识享用的角度而安立的。

丁二、中间三蕴之理：

受蕴即为亲感觉，想乃执相之自性。
行四蕴外有为法，彼三以及无表色，
加上一切无为法，即是所谓法处界。

受蕴的法相：心依靠自力而体验自之对境的差别；事相：有苦受、乐受与不苦不乐（即舍受）三种。

想蕴的法相：心毫不混杂地执著自之对境蓝、黄等相；事相：若从所依的角度来分，则为六想聚。

行蕴的法相：色、受、想、识四蕴以外的一切有为法；事相：除了受、想以外的一切心所相应行与得绳等不相应行两种。

若有人问：那么，心与心所是一体还是异体呢？是异体，以自力见到事物的本体为心；以自力见到事物的差别为心所。

那么，它们包括在什么界、什么处中呢？

受、想、行三蕴与无表色以及前面所说的抉择灭、非抉择灭与虚空，这七种法在讲处时称为法处，在讲界时称为法界。

丁三、识蕴之理：

识蕴分别而认知，意处亦属识蕴中，
亦承许彼为七界，因有六识以及意，

六种识聚已灭尽，无间之识即是意。

识蕴的法相：依靠自力分别认知对境的本体。分类：此《俱舍论》承认有六识聚。唯识宗认为在六识聚的基础上，再加上缘一切内外所缘境形象不明并不间断执著的阿赖耶识以及缘阿赖耶识执著我与我所的染污意识，共有八识聚。十二处中的意处也就是识蕴，因为它也是产生享用之门故，同时又承认识蕴也是七心界。（所谓的七心界是指）从眼识界到意识界之间共有六种，再加上意界共七种。那么，什么是意界呢？实际上它并不是除了眼识等六识之外的其他异体法，而是六识刚刚灭尽无间阶段的心识，即称为意界。

丁四、遣除实法之疑虑：

为立第六识所依，承许界有十八种，
一蕴一界与一处，可以包括一切法。
即以自之本体摄，不具其他实法故。

若有人说：界立为十八种是不合理的，因为意界与识界互相可以包括，这样一来，就只有十二界或十七界了。

根本不存在这种过失，一般说来，识所依靠的五根各不相同，意识没有增上缘的根，但实际上第六意识增上缘的所依根也是有的，就是为了建立这一点才将意界分开的，因而承许界有十八种。

蕴摄有为法，处与界摄一切法这显然是从多的方面而摄的，那么是否有能以最少的数量来涵盖一切法？当然有，一个色蕴、一个意处以及一个法界这三者就可以涵盖一切法。那么是如何涵盖的呢？色蕴包含色蕴、十有色界、十有色处以及法界的一部分无表色；意处包含识蕴、意处、七心界；法界摄法界的一部分无表色、受、想、行蕴、法处、法界。那么，能摄与所摄是一体还是异体呢？并不是异体，因为色蕴、意处与法界三种能摄是以自本体来含摄一切所摄法的，三种能摄以外的实法根本不存在，并非是像以四摄摄受眷属那样，而是如同声音摄所听内容一样。

眼等根虽有二数，然类行境与心识，

皆相同故为一界，为显端严而生二。

若又有人问：眼耳鼻各有两个，这样一来，不是成了二十一界了吗？绝对不会的。因为眼以及“等”字所包括的耳与鼻虽然各有两个，但是两只眼睛作为取自境之色法的眼识的所依色都是同类的，两只眼睛所享受的对境色法也是相同的，并且两只眼睛只是产生一个眼识的果，因此同为有色根，称为一个眼界。同样，耳与鼻也可依此类推。如果是这样，有两个难道不就无必要了吗？还是有必要的，为了使身体美观端正，才产生一对、一对。如何出生的呢？这是由于无始以来一切众生贪爱这些而积下如是之业才形成的，并非是无缘无故任意产生的。

丙二、蕴界处各自含义及必要性：

积聚生门种类义，即是一切蕴处界。

为断三痴依三根，三意乐说蕴处界。

为什么叫蕴、界、处呢？许多有实法聚集、积聚，故称蕴；作为产生心与心所之门，而称为处，眼等六根是以增上缘的方式产生享用之门，色等六境是以所缘缘的方式产生享用之门；“种类”的意义是说，就像有金银等多种宝物的山称为宝界山一样，此处就一个相续中具有十八种类而言，故称为界。此外，各自同类作为后面同类之因，因而称为种类。如是次第以积聚、产生享用之门以及种类或因的方式对蕴、处、界作了说明。

既然蕴、界、处每一法都能包括有为法与一切法，那为什么要说蕴、界、处三者呢？为了遣除三种愚痴而宣说了三者，即为了遣除执著心与心所为整体的愚痴而宣说了五蕴，原因是要分析受、想、识三者；为了遣除执著色为整体的愚痴而宣说了十色处；为了遣除执著色与识为整体的愚痴而宣说了十八界，因为要分析十色界与七识界。再者，按照利、中、钝三种根基或者根据喜欢简明扼要、喜欢不广不略以及喜欢详细说明的三种意乐也有必要宣说蕴等三者。

为什么决定有五蕴呢？这一点是确定的，因为色与非色二者一定能包括一切法，非色也决定有心与非心两种，而且非色与非心的受等三蕴也是确定的。

丙三、单独安立受想蕴之理由：

成为争论之根源，轮回之因次第因，
是故一切心所中，受想单独立为蕴。
蕴中不摄无为法，义不相应故未说。

为什么其他一切心所都摄于行蕴中，而受与想在行蕴以外又单独安立为蕴呢？受与想二者成为在家与出家僧俗二者争论的根源。所有在家人均贪图体验乐受，于是为了财产、田地、牲畜与女人而争论不休；出家人由于对自他宗派有好或坏的想法进而破立，展开辩论。而且，贪执乐受就会积累恶业，这也是由净乐等颠倒想所生，因此它们是轮回的主因，还有下文紧接着就要讲的粗等次第四因。为此，除了其他一切心所以外，佛陀将受、想单独安立为蕴。

为什么处与界中宣说了无为法，而在蕴中未说无为法呢？之所以在五蕴中未说无为法，是因为无为法不具备蕴积聚的这一含义；不具足蕴的法相；也不能安立为第六蕴；并且无为法也不是时间所摄，因而在五蕴中未说无为法。

丙四、蕴界处次第确定之理：

次第随粗诸烦恼，器等义界如是立。

那么，五蕴次第宣说有何理由呢？五蕴的次第是按照粗细的顺序而宣说的，大多数色法都是有阻碍并且粗大，因此最先宣说；从非色来说，所谓我的手感觉、脚感觉说明受是粗大的，因此其次宣说受蕴；之后执相而有粗想；再后愿我安乐，不要痛苦即是粗行；识只是觉知事物的本体，所以是细微的，故最后宣说。或者，依照产生烦恼的次第来说，无始以来众生由于喜色而首先看色，由色的美与丑而产生乐受与苦受，从苦乐的感受中产生颠倒想，由想中产生贪嗔行，从中生起烦恼识。或者，以盛所享用之饮食的器皿以及“等”字所包括的食品、厨师、烹调、食者诸喻依次说明意义，色如器皿，受如食品，想如厨师，行如烹饪，识如享用者。或者按照界的顺序来说，欲界以色为主，禅天（色界）以受为主，前三无色界以想为主，有顶以行为主，识蕴则在三界中都存在。

取现境故先五根，取大所生故四根，
他中最远速执故，或依位置之次第。

此外，六根中首先宣说眼等五根也是有理由的，因为五根是取自之现在对境的有境；最后说意根，因为意根是取三时的有境，而且缘于无为法，难以通达。前五根中的眼等四根最先宣说，其理由是此四根取四大所生的对境；后说身根是因为身体取四大与四大所生的两种对境。前四者中眼根与耳根最先宣说的理由：此二者可以取遥远的对境，鼻舌二根取较近的对境。眼耳二根中先说眼根，原因是眼根所取的对境最远。譬如，见到远处的河流但却听不到声音。鼻舌二根中先说鼻根的理由：因为鼻根可更快地取对境，例如，舌根尚未品尝到味道时鼻根已闻到气味。或者按照根所处的位置顺序来说，眼根居于首位，其余的几乎都位于下方。

通过宣说内六处的次第，就可以了知外六处的顺序，因为外境是按照有境的次第而宣说，依此也可成立界的次第。果六识界是按照因的顺序而宣说的，其原因是：如果成立六根的次序，那么也就自然成立了六境与六识的次序。例如，六位国王的顺序如果已确定，那么六位王妃与六位太子的次序也就自然确定了。

丙五、二处决定之理：

为分别境与主要，故唯眼境称色处，
为摄众多殊胜法，故唯意境名为法。

如果有人提出质疑：为什么只有眼根的对境才称为色处与色界，只有意根的对境才称为法处与法界，这是不合理的，因为眼等十种均是色，所有的处与界均是法。

作答：虽然五根与五境均是色法，但它们是分别的处，并不是总的处。除眼之对境外其余九者的对境都可通过各自的名称来表达，而眼根的对境没有其他的名称可表示，因此眼根的对境称为色法，这是为了凭借总名来了达别名，并且由于眼根是最主要的，所以才唯一将眼根的对境称为色处与色界，就像许多骑马者可以表示军队等一样。或者说，眼根的对境是有见有对（即有碍），因此是最主要的色法，如此才以色来称呼，比如说，人中最尊贵的是国王。另外，所有的处与界都是法，而单单将意根的对境称为法处与法界，其理由是意根的对境可包括受等多种法，并且法中最殊胜的涅槃抉择灭也包括在其中，故唯一将意根的对境称为法处与法界。

乙二（摄他法之理）分二：一、摄法蕴之理；二、其他依此类推。

丙一、摄法蕴之理：

能仁佛陀所宣说，所有八万诸法蕴，

无论词句或名称，均可摄于色行中。

若有人说：那么，其他经中也出现了蕴等其余名称，如果它们不包括在这里所说的内容中，那么就存在除此之外的他法了，如此一来，它们的数量就不确定了；如果包括，那么是如何包括的呢？

经中云：八万法蕴均是身语意无染之能仁佛陀所说。无论是按照经部而言成为耳根对境的词句还是依照有部的观点成为意根对境的名称，都可依次包括在色蕴与行蕴中。

有者称谓一论量，尽说蕴等每一句，

身语意行之对治，相应宣说诸法蕴。

若有人问：那么，每一法蕴的量有多少呢？有些人说：与对法论法蕴的量相同，有六千颂。这样一来，八万法蕴总共就有四亿八千万偈颂。或者，与圣者舍利子论典法蕴的量相同。还有些人说：圆满宣说蕴以及“等”字所包括的处、界、缘起等每一部的完整语句就是每一法蕴的量，而偈颂的数目是不确定的。又问：那么，为什么宣说这些法蕴呢？为了对治所化众生贪嗔痴以及三毒平等八万行为而相应宣说了八万数量的法蕴。

丙二、其他依此类推：

如是此外如所应，所有一切蕴界处，

详察细究自法相，应当摄于前述中。

八万法蕴可摄于五蕴中。同样，对于其他林林总总的经中所说的蕴、界、处的一切名称之各自法相，如果细致加以分析，都应当包括在此论前面所说的蕴、界、处中。包括的方式：戒蕴、定蕴、慧蕴、解脱蕴、解脱知见蕴这所有蕴的名称均可包括在色蕴与行蕴中，戒蕴是身语七断，被承许为色法（包括于色蕴中），其余四者均是解脱信解，属于心所的范畴，因而包括在行蕴中。

凡有处名称的法均可摄于十二处中，十遍处[1]中的前八种是无贪的自性，故为法处所摄。若具从属，则是五蕴的自性，因此为意处与法处所摄；因为空无边处与识无边处是四名蕴的自性，所以摄于法处与意处中。八胜处[2]也是无贪自性，与上相同（包括在法处中）。

凡有界名称的法均可摄于十八界中：能摄的十八界与所摄的三十六界依次对应，四大为所触界所摄。

孔隙称为虚空界，传说即是明与暗。

所谓有漏之识者，即是识界生所依。

空界并非是指无为法虚空与庄严虚空，而此处所说的门与窗等处的孔隙称为空界。因为孔隙在白天时呈现光明，夜晚时呈现黑暗，故而为色界所摄；又由于可损害自本体，因此是有碍法。此有碍法可在其他法的附近存在，所以是有碍之从属。

所谓的“传说”是指按照经部的观点而言（对有部宗空界是色法的说法不满的一种语气），经部宗认为，虚空是无有阻碍的法，它也可以存在他法的附近，因此是无碍从属。

若问：所有的识均是三十六识界吗？不是，有漏识界才是三十六识中的识界，所以并非是指无漏识界。为什么不是无漏识界呢？因为它是从入胎到

---

1 十遍处：观地水火风四大、蓝黄白红四显色、空无边及识无边之十法。称为遍处者，谓依定力、以地大为所缘，能变一切方位处所皆成地蕴，故名。余九者依此类推。

2 八胜处：四种形色胜处及四种显色胜处，为八胜处。凭依定力，随所乐观，形色显色，自在变化，故能胜他，自意不动，名为胜处。

死亡之间投生三有的所依。

佛经中所说的欲、害、恚以及无欲、无害、无恚六界为法界所摄，因为前三者是贪欲、嗔恨、损害众生自性的所断心所；后三者是无贪、无嗔、慈心自性的对治心所。所说的乐、苦、意乐、意苦、舍、无明六界，前五界是受，第六界（无明）是识，因而为法界所摄。所说的受、想、行、识四界，前三界为法界所摄，第四（识）界为七心界所摄。所说的欲、色、无色三界，欲界为十八界所摄；色界为除味香、鼻舌以外的十四界所摄；无色界为最后三界所摄。所说的色、无色、灭三界，色界为十四界所摄；无色界为最后（法界、意界、意识界）三界所摄；灭界为法界所摄，此处的灭界是指抉择灭与非抉择灭。所说的过去、现在、未来三界为所有十八界所摄。所说的劣、中、妙三界就是指欲界等三界。所说的善、不善、无记三界，其中的善、不善界为色、声、法与七心界所摄；无记界为十八界所摄。所说的有学、无学、非二（即非有学无学）三界中的有学界与无学界为最后三界所摄；非二界为十八界所摄。所说的有漏、无漏二界中的有漏为十八界所摄；无漏为最后三界所摄。所说的有为与无为二界中的有为界由十八界所摄；无为界由法界所摄。如果精通了这些内容，则可堪称为通达界的智者。

乙三（界之分类）分八：一、有见等五类；二、有寻有伺等分类；三、有缘等五类；四、三生之分类；五、具实法等五类；六、见断等分类；七、见与非见之分类；八、以二者了知等三类。

虽然详细分析，界可有二十种类别，但是为了方便宣说，而将其分为八种。

丙一、有见等五类：

有见即是唯一色，有对乃为十色界，

无记之法有八种，除色声外余三种。

若问：十八界哪些是有所见的，哪些是无所见的？所谓的“这个在这里、那个在那里”，以眼识可见的在十八界中唯有色界。这一句是别有否定[1]的用法，而并非是别无否定，否则就不包括无分微尘了。

若问：十八界中哪些是有对法呢？十八界中，任何一法不能被另一法占据位置有障或有对的法是十色界。有对共有三种，一个色法的位置上不能有另一法，此为障碍有对；执著一个所缘境便阻碍了执著此外的其他所缘境，此为所缘有对；诸如眼睛取色法时便会有碍于听声音，此乃境界有对。色法是其中的第一种障碍有对。

若问：那么，十八界中既不是善业也不是不善的无记法有多少种呢？有八种，即除了色界与声界以外的有碍法。因为色与声根据发心可以成为善、不善、无记法中的任意一种。并且可依靠是否为相续所摄而分类。除了此八种无记法外剩余的十界都相应存在善、不善、无记三种状态。其中色与声为身语有表色所摄，并根据发心而为善、不善、无记三者以及相续所摄，但不被无表色所摄。不为相续所摄的色声均为自性无记法。八种无碍界中七心界因为与贪不贪助伴等相应存在而具善、不善、无记法三者。此外，也要理解法界有些是本性善，有些是相应善，有些是等起善，有些是胜义善。

欲界具有十八界，色界之中十四界，

香味以及鼻舌识，此四种界未所属。

无色界中则具有，意法以及意识界。

彼三有漏与无漏，其余诸界为有漏。

若问：十八界中属于欲界范畴的有哪些，属于色界的有哪些，属于无色界的有哪些？欲界具有十八界，因为十八界皆能增长欲界的烦恼。

---

1 别有否定：否定他处有某一事物以说明唯此处有某一事物。如云：“唯声是所闻。”

色界中有十四界。是哪十四界呢？也就是除了香、味、鼻识与舌识界以外的十四界，香与味二者在色界中不存在，因为它们是段食性，正因为远离了对段食的贪执才能转生到色界（，所以，色界无有段食）。

若问：那么，色界中所触也不应当有了？所触既有段食也有非段食，色界中虽然不存在成为段食的所触，却具有根等色与衣物等的所触。而不存在香与味的段食，就算是有，在色界中也是没有任何必要的，如此鼻与舌识二者也就不存在了，原因是它们的对境不存在。

属于无色界的是意界、法界与意识界，因为它们可增长无色界的烦恼。远离对色界的贪执才能转生到无色界。由于无色界断除了色法，也就不存在十色界了，正因为无有十色界，当然就不会存在彼等所生的五识界了。

十八界中属于无色界范畴的虽然必定是有漏法，但一般而言，意、法、意识三界既有苦谛与集谛所摄的有漏法也有道谛、无为法所摄的无漏法，而剩余的十色界与彼等所生的五识界此十五界唯一是有漏法，它们是修断并且增长一切有漏烦恼之故。

丙二、有寻有伺等分类：

寻伺二者均有者，即是五种识界也。

最后三界有三种，其余诸界无寻伺。

十八界中有寻有伺者是眼识等五种识界，因为此五界向外观并与粗细相应。

最后的意、法与意识三界存在有寻有伺、无寻有伺、无寻无伺三种情况。一、有寻有伺：欲界与初静虑粗分正禅的意界、意识界与寻伺以外的所有相应法界必定存在寻和伺，因此为有寻有伺。二、无寻有伺：欲界的寻、初静虑粗分正禅的寻以及初静虑殊胜正禅的伺以外的所有相应法为无寻有伺。初静虑粗分正禅无有第二寻而必具伺，殊胜正禅断除寻思而必定有伺察，是故为无寻唯伺。三、无寻无伺：初静虑殊胜正禅的伺察无有第二伺，第二静虑以上的意等是断除寻与伺之地，不相应法界不具有寻伺二者，因此它们均是无寻无伺。剩余的眼等十色均是不相应法，绝对是无寻无伺。

五种根识无计度，以及随念分别念，

计度外散意智慧，随念一切意回忆。

若有人问：经中说“诸比丘，眼识了知蓝色而并非有蓝色之分别”，如果五种识界是有寻，那不是与经中根识无有分别的说法相违了吗？不相违，一般来说，分别有自性分别、计度分别与随念分别三种，经中的密意是说五根识无有计度与随念分别，并不是说远离了自性分别。

那么，到底三种分别是指什么呢？自性分别在下文心所中宣讲。计度分别是指与意识相应、散于外境的智慧。随念分别是指不观待名称而唯念及意义之一切入定出定与意识相应的忆念。

丙三、有缘等五类：

有缘即是七心界，以及法界之一半，

九无执受八与声，其余九界有二种。

若问：十八界中有缘法有哪些？无缘法有哪些？有缘即是七心界，彼等缘对境而执著之故。法界的一半即一切心所也是有缘法。剩余的十个半界是不相应法，因而成立无缘。

十八界中有执受的有哪些？无执受的有哪些？既是有执受又是无执受的有哪些？无执受即未被心执受的有九界，是哪九界呢？也就是所说的有缘七心界及法界的一半——无碍界八种以及声。眼等五根、色香味触其余九界既存在有执受又存在无执受，其原因是：当下的五根以及现在根群体中存在的色等四境是有执受，过去、未来存在的眼等五根以及为相续所摄并是现在之法的色等四境也是有执受，但除了根本身体之外的须发、指甲、血液等以及不被相续所摄的法是无执受。这里“执受”的意思是对根等色法作利害结果会产生苦乐的感受，并作为心与一切心所的所依，也就是世人所说的有心。因为眼等五根绝对是有执受，所以，（八无碍与声）九界唯是无执受，五界（即五根）唯是有执受，四界（即四境）既是有执受又是无执受。

所触大种大所造，剩余九种色法界，

大种所造无表色，十种色界即积聚。

若问：十八界中是大种与大种所造的有哪些？不是大种与大种所造的有哪些？所触是既有大种也有大种所造，因为所触中的地等四大是大种性，柔软等七种是四大作为因所造的。剩余的眼等九色唯一是大种所造，法界的一部分无表色也是大种所造，因为所说的“一切大种作为因，彼者称为无表色”已说明了无表色为果色。余下的七心界，除去无表色以外的法界既不是大种也不是大种所造。

那么，十八界中哪些是积聚的呢？眼等十色界绝对是极微积聚的。剩余的八界不是极微积聚的。

能断以及所断者，即是外之四种界，

如是所焚与能称，能烧所称说不同。

若问：十八界中如斧头般的能断有哪些？如木柴般的所断有哪些？如斧头般的能断与如木柴等的所断是外界的色香味触四界，而诸根则如光芒般清澈，因此既不是能断也不是所断。所谓的“断”是指截断有为法的相续，诸根的相续无法断开，声音无有相续，八种无碍界（法界与七心界）无有身体，也就不存在聚合了，因此它们既非能断又非所断。

如同外四界既是能断也是所断一样，被火所烧，能用秤称量的也是此四界。对于能烧与所称的问题，有些人说：能烧唯一是火，所称唯一是重量，能烧与所称二者唯一是所触。另有些人说：并不是唯一的所触，而是外四界。对此众说纷纭，莫衷一是。

丙四、三生之分类：

异熟生与长养生，即是内在之五根，
声者非为异熟生，等流生及异熟生，
即是八种无碍法，其余则有三种生。

若问：十八界中哪些是异熟生，哪些不是异熟生？眼等内五界是异熟生与长养生，原因是善趣与恶趣的根依靠善不善有漏法而产生（故为异熟生），并依靠长养之因的饮食、涂抹、睡眠及等持也可以增长（故为长养生）。声界不是异熟生，因为异熟被不相应法中断后就不会再继续产生，并且只是想一想也不能产生。而声界则与之相反（想发声便可以发声，故非异熟生），声界可有长养生与等流生，因为体力增强声音也会变得响亮高昂（故为长养生），并以语有表色具染遍行因所生，众生的一切声音都是以前面的同分、同类产生后者（故为等流生）。七心界与法界此八种无碍界是等流生与异熟生，它们是由同类因与遍行因以及异熟因所生的缘故。这八界无有长养生，因为它们不存在积聚，也就没有色法的长养。剩余的色、香、味、触界既是异熟生，也是等流生，又是长养生，凡是于长养生群体中存在的都是长养生，凡是于异熟生群体中存在的都是异熟生，凡是不为相续所摄的都是等流生。

丙五、具实法等五类：

具有实法唯一界，最后三界刹那性，
眼与眼识界各自，一同之中亦获得。

若问：十八界中哪些具有实法呢？十八界中具有恒常稳固实体的是法界的一部分——无为法，无为法是实法。实法有恒常稳固而存在、能起作用、自然而成以及此外他法四种，此处是就第一实法而言的。除了法界以外剩余的其他界均是有为法，无有恒常稳固的实体成立。再者，这些界中苦法智忍的第一刹那中具足的意、法、意识此最后三界是无漏法，因为世间胜法位以下均是有漏法，苦法忍的前面无有无漏法，由于不是同类因所生，因此它不是等流生的刹那性，却是时际刹那，苦法忍是成事刹那，它的第二刹那以后是等流生。所谓的“等流生及异熟生，即是八种无碍法”是就一般情况而言的，而这里显然是特殊情况，因为无漏第一刹那的意等三界与法界无为法不属于三生。

若问：本来不具备眼界而重新获得，眼识界是否也重新获得呢？关于这个问题，有四种类别。所谓的“眼与眼识界各自”是指前两类，其中第一类（先得眼识，后得眼根）：转生欲界后次第获得眼根，善法与有染的眼识在以前就已获得了。第二类（先得眼根，后得眼识）：二禅以上只有依靠现前一禅的眼识才能看色法，而色界本来即具足诸根，因此眼根以前就已获得。第三类（眼根眼识同时得）：眼根与眼识界也有一起获得的，诸如从无色界死堕后转生到欲界与一禅天，由于以前具足眼根与眼识而于转世中阴具足诸根；善法与染污性的眼识未来得绳也出现在那一阶段。第四类（眼根与眼识均不得）：“亦”字是指除了前面三类以外的情况（，诸如无色界转生于无色界）。

内在十二除色等，所谓法界为有依，

余者相应亦有依，不做与做自之事。

若问：十八界中有多少内界？内界有眼等十二界。都是哪些呢？即是除了色等六境界之外的十二界。由此可知，色等六界是外界。这里内外的意思是指是否为众生相续所摄，而并不是像外道由遍计执著所说的有我是内、无我是外那样。

十八界中哪些是有依？十八界中只有法界是有依，因为法界做自己之事，无论圣者还是凡夫，都做产生他们意识的事。此（有部）宗派不承认自证，（承认两刹那认识诸法，）因为对于诸法无我之心的对境，第一刹那照见除了自心识及与之一起出现以外的法，而第二刹那则认知自心识及与之一起出现的法，如果承认自证，那么一刹那间就可认识诸法了，所以法界恒常是有依。余下的十七界既是相应也是有依。其原因是相应法不做自己之事。“亦”字表明也具有依。

那么什么是有依，什么是相应呢？不做自己之事的法为相应，做自己之事的法为有依。眼已见、正见、将见色法是有依，直至身界之间均可如是了知。相应是指眼灭已见、灭正见、灭将见以及未生之法四者。上述是克什米尔派祖师的说法。西方有部宗祖师说：未生之有法有具识与不具识两种，（再加灭已见、灭正见、灭将见，）因此共有五种类别。同样，色等五界也可依此类推。心之七界中，所有已生之法均为有依，未生之法是相应，因为产生心识必定要缘自之对境。

丙六、见断等分类：

十色五识修所断，最后三界具三种，

非烦恼性非见断，乃色非六非为生。

十八界中哪些是修断，哪些是见断，哪些既不是见断也不是修断？眼界等十色界唯一是修断：因为它们是有漏法，故是所断；又由于对真谛不起颠倒执著，与之也无有关联，因此不是见断。由此可知，眼识等五识也是修断。最后的意、法、意识三界既有见断也有修断，还有非所断，下文中所说的见与疑等八十八随眠、与彼等相应法、彼等之法相、随行之法相及得绳这些是见断；其余的一切有漏法是修断；所有无漏法既不是见断也不是修断（故为非所断）。

对此，犊子部祖师说：异生凡夫与恶趣身语之业是见断，因为若生起见道，则此等灭尽之故。经中也云："预流果灭尽恶趣之生处。"

破斥上述观点：凡夫不是见断，因为它不是烦恼性。假设凡夫是烦恼性，则有欲界凡夫依靠世间道远离贪欲就成了非凡夫的过失。实际上，正如下文中所说的那样，依靠迁移才能舍弃凡夫，而只是远离贪欲并不能舍弃，因此凡夫不是烦恼性。如果凡夫是善法，那么断了善根就不再是凡夫，因此凡夫也不是善法，而是无覆无记法。同样，将转生恶趣的身语之业也不是见断，因为它们是色界（指十八界中的色界），并且于真谛不起颠倒执著，也不是彼之随行与得绳，所以是转生恶趣之因的不善业。非为第六意识的五根识既不是烦恼性也不是见断，于真谛不起颠倒执著并且不是其从属之故。

丙七、见与非见之分类：

眼与法界一部分，即说是见有八种，

五识相应所生慧，无计度故非为见。

若问：十八界中哪些是见，哪些是非见呢？眼与法界的一部分心所是见，因为眼根见色法，法界的一部分心所决定认知对境。何为法界的一部分呢？坏聚见等五见、世间正见、有学见以及无学见八种。其中前五见具烦恼性，世间正见是有漏善法，有学见与无学见分别是具种子之无漏法与无种子之无漏法。那么，根识见是正见吗？眼识等五根识相应产生的智慧不是世间正见，因为所谓的见是指计度分别，而五根识无有计度分别。

那么，眼根也应不是见了，因为眼根也无有计度分别？这里是从眼根能现见一切色法的角度而安立为见的，并不是因有无计度分别而安立的。

眼见诸色为有依，依彼之识非为见，

传说中间阻隔色，并非能见之缘故。

那么，所有眼根都能现见色法吗？有依眼根见色法，并不是指相应根见色法。

如此一来，依于眼根的眼识岂不也成了能见色法？不是依于眼根的眼识见色法。为什么呢？如果以眼识见色法，那么识是无有阻碍的，因此被墙等阻隔的色法也该能见到了，但实际上被墙等阻隔的色法并不能见到。所谓的"传说"是指作者持经部的观点破斥有部宗的观点。经部宗认为眼识虽然能见，但并不能取所有遮障之法，因为被能障法阻隔之因如果不具足，则不能生起眼识，即便是因具足，但被碱砆、水、玻璃、云母等阻断也能生起眼识。

双目均见诸色境，现见尤为明显故。

那么，两个眼根都见色法吗？两个眼根都同样见色法，因为双眼根看要比单眼看得明显。

许眼意根与耳根，不接触境余三触，

鼻舌身根此三者，同等执著于对境。

眼根等是与对境接触而取还是不接触而取呢？眼、耳、意三根是不与对境接触而取的，理由是眼根与耳根可取远处存在的色、声，意根不是色界。

鼻、舌、身三根与对境接触而取，因为观待取与自己极近的对境。

那么，眼根不是成了远处存在的色法与有阻隔的色法都能见到了吗？无有这种过失。就像吸铁石虽然可以吸铁，但只是吸引相应的对境，不相应的对境不能吸引。

鼻等三根取相同面积的对境，它们必须接触对境的微尘而取之故。眼根与耳根二者可取相等不相等各种各样的对境，意根是不一定的，因为它不是色法。

意识根依为过去，五根识依为俱生。
成为根依变化故，所依乃为眼等根，
乃为不同之因故，依靠彼等说彼识。

最后意识的根依增上缘是自时刚刚过去之意根，五根识的根依与彼等根识一同产生，也就是说，五根识既依赖同时的现在有色根也依赖意根。

那么，五根识是由对境与根二者所生，为什么安立根依，而不安立境依呢？五根识的所依是眼根等，因为眼根等变得明显不明显，眼识等也会随之变成那样，然而色等改变，眼识等并不一定改变。彼等根识是依靠眼等而称为识是有理由的，因为诸根是各自能依的增上缘，并且生起一个相续的识，所以是识的不共因。所谓的眼识等从以增上缘诸根而表示的角度称为眼识等，如同青稞所生的苗被称为青稞苗，鼓的声音被称为鼓声。色法并非如此，它可以作眼识与意识二者的因，因此是共同因，并且也作为不同相续的因。

身体不具下地眼，下眼不见上地色，
眼识亦见诸色境，身为识色之所依。

如果有人问：若依于身体而产生眼识等，那么身体、眼根等、色境等以及识等是一地所摄还是异地所摄呢？一地与异地所摄各种类别均存在。就最初的眼根而言，如果是欲界的人以欲界的眼根看欲界的色境，那么上述四者是一地所摄；如果欲界的众生现前一禅的眼根而看欲界的色境，则身、色二者是欲界所摄，眼根与眼识二者是一禅所摄；如果欲界的众生以二禅的眼根看欲界的色境，则身体是欲界所摄，眼根是二禅所摄，眼识是一禅所摄；若欲界的众生以四禅的眼根看三禅的色境，则四者完全是异地所摄。

眼根等五根与对境色、声、所触在欲界与四禅中均存在，因此属于五地。眼、耳、身三识只在欲界与一禅才有；香、味与鼻识、舌识唯在欲界才有。就特殊情况而言，上地的身体不会依赖下地的眼根，因为自地具有殊胜的眼根，所以无需下地的眼根。自地也是上地眼根的所依。下地眼根的对境不是上地的色法，上地的色法细微之故。自地与下地的色法却可作为上地眼根的对境。上地的眼识也不依赖下地的眼根，原因是上地殊胜的识不会依赖低劣的眼根。然而，上界却依赖于下地与自地之识。所谓的依赖下地之识也并不是说一禅的眼识依赖欲界之识，因为一禅自地有殊胜之识。所以，这里是就二禅以上自地无有五根识而言的，因二禅以上如果见色境必须要现前一禅之眼识。

那么，识依于何地、何身而见何色境呢？眼识见一切色境，即自地、下地、上地的色境均能见到，这是就一般情况而言的。这里就特殊情况而言，欲界的眼识只见自地的色境而不见上地的色境，因为它不能取超越了自己范畴的色境。所谓的见诸色境是就一禅而言的。眼识不仅能见一切地的色境，而且所依的身体也作为色与识二者的所依。色：依于欲界的身体而见自地与上地的色境；依于一禅至三禅之间的身体而见自地、下地与上地的色境；依于四禅的身体而见自地与下地的所有色境。识：依于欲界的身体能产生自地与一禅之识；依于一禅的身体只能产生自地之识；依于二禅以上的身体仅能产生一禅之识。因此，所谓的“身为色识之所依”也是就多数情况而言的。

耳等诸根亦复然，三根均取自地境，

身识取下与自地，意识则是不一定。

以上已详细地阐述了眼根，耳根也可同样依此类推，诸如：“身体不具下地耳，下耳不闻上地声，耳识亦闻诸声境，身为声识之所依。”鼻舌身三界的对境、识、所依都是自地所摄的，因它们要与根相接触而取，又不能取阻隔与远处的外境。这也是一般情况。特殊情况，就身体而言，身根与所触是自地所摄，而身识并非如此，转生于二禅至四禅之间者，如果取所触，则需要现前下地一禅之身识。转生于欲界、一禅者如果取所触，则唯一依靠自地之识。意、法、意识以及彼之所依身体是不一定的，有时一切均是相同地，有时是不同地。

丙八、二识等三类：

根意二识取外五，诸无为法为常法，

法界一半与所说，十二内界均为根。

十八界中根识与意识二者所了知的对境是色至所触之间的外五处，因为它们是凭借眼根与意根而认知的。剩余的十三界不是五根识的对境，因此唯是意识的对境。若问：十八界中哪些是常有的？十八界中法界的一部分无为法不是刹那性而是常法。

若有人问：十八界中哪些是根？法界的一半即身乐受等五根、命根、信等五根以及三无漏根共十四根；或者，前面所说的眼等内十二界都是根，眼等五根，男根女根由身根所摄，意根是七心界与三无漏根的部分。如此余下法界的一半与色等五境不是根。

俱舍论第一分别界品释终

第二品 分别根

第二分别根品分二：一、根之安立；二、有为法产生之理。

甲一（根之安立）分六：一、根之自性；二、此处所说根之本体；三、根之分类；四、根之得舍；五、沙门四果以几根而得；六、具根之理。

乙一（根之自性）分二：一、根之功用；二、根之定数。

丙一、根之功用：

传说五根四功用，余四各具二功用，

五根八根彼一切，分具染净之功用。

既然说："十二内界均为根"，那么到底什么是根呢？以下这些，结尾都加上"根"字：眼、耳、鼻、舌、身、意、男、女、命、乐受、苦受、意乐受、意苦受、舍受、信、精进、念、定、慧、未知当知、已知、具知共二十二根。

根的法相：对任何一法能起到不共的根本性作用，故称为根。

若有人问：那么，对何法起到根本性作用呢？眼等五根有四种意义的功用，即庄严身体、保护身体、产生各自相应之识以及名言不共因的作用。男根、女根、命根以及意根四者每一根都有两种根本性的功用。男根女根也各有两种作用，即起到区分众生中的类别以及互相之间差别的作用，因为通过男根与女根可辨别出众生的性别，并且能辨清乳房大小、声音高低等不同点；命根有两种根本性的作用，即能起到同类存在以及同类结生的功用；意根也有两种作用，即同类结生、与根之本体相同的功用。所谓与根之本体相同的作用，也就是指能起功用的作者以善不善等起引发而成为身语善不善业。其中的“传说”是作者对有部宗观点的一种不满语气，下文中对有部宗观点的不合理性有明确阐述。五受用根起到染污的作用，由身乐受与意乐受而增长贪心，从身苦受与意苦受中增上嗔心，由舍受中增上痴心，由此等五根增上烦恼。最后八根具有清净的功用，因为依靠一切有漏根能压制烦恼，所有无漏根能断绝烦恼的种子。

缘自境与缘一切，起功用故立六根，
身体具有男女根，由此立为男女性。
同类存在具染污，以及清净功用故，
承许命根与受根，以及信等为五根。
于获愈上涅槃等，起到功用之缘故，
立为未知当知根，已知根与具知根。

经部宗说：你们宗派所说的眼等五根具有庄严身体、保护身体以及名言不共因的作用是不应理的。实际上，五根只具有缘各自对境产生相应识的作用，意根具有缘一切所知产生相应意识的作用，因此才安立为六根的。男根与女根也并不能起到区分众生的类别与差别的作用，就像色界的补特伽罗一样，由于对男性、女性的本体起到根本性作用的缘故，而安立了此二根。若问：男性、女性的本体是什么呢？男根与女根是身根的一部分，而并不存在实法，因为它们是执著自境之所触的有色根。

经部自宗认为：男根与女根只不过作为执著所触之身识的所依而已。命根也不具有同类结生的作用，原因是意根自己就能起到同类结生后世的作用。由于依次能起到同类存在、染污以及清净的根本性作用才将命根、五受用根、信等五根承许为根的。由于对获得越来越向上的涅槃等起到根本性作用，而安立了未知当知根、已知根与具知根。其中，对获得已知根起到根本性作用而立为未知当知根，因对获得上面的具知根起到根本性作用而立为已知根，因对获得无余涅槃起到根本性作用而立为具知根。“等”字所包括的意思是，由对断除见断、断除修断及解脱烦恼起到根本性作用也可安立未知当知根、已知根与具知根。

丙二、根之定数：

心之所依彼差别，留存以及增烦恼，

资粮清净尽彼数，如是诸根亦复然。

若有人说：这么一来，无明、口、手、足、私处也都成了根，因为它们分别起到行、言说、取受、走以及排泄的根本性作用。根并不只是以作用而安立的，而是观待特殊必要烦恼与清净之基、本体以及果而确定有二十二根的，即观待众生实体的基而成为心识所依的眼等六根，观待辨认众生的类别而安立男根女根，观待众生存留而立为命根，此等九根是烦恼性的基，五受根是烦恼的本体。信等五根能积累资粮，因此是清净之基，未知当知根等三根是清净之本体。总而言之，根据烦恼、清净之基以及自本体的数量，也就宣说了二十二种根。

或漂轮回之所依，生存受用十四根，

如是灭尽诸轮回，诸根即是余八种。

或者，按照经部宗的观点，观待漂流轮回与灭尽轮回而安立了二十二根，流转轮回的所依是六根，因为它们是众生实体之基，并依靠中阴六处而结生。观待投生轮回而宣说了男根女根，原因是男女二根接触会真实产生意形身，而且眼根等也次第产生。彼等众生存留于轮回之因即是命根。因一切众生分别感受各自利害而安立五受根。如是从流转轮回的角度而宣说了十四根。漂流轮回有所依、投生、留存与受用四种，同样，灭尽轮回也有所依、投生、留存与受用四种。所有根中除了上述的十四种以外其余的信等八根是灭尽轮回之根。其中，信等五根是所依，依靠彼等能现前圣道之故。产生清净之法的是未知当知根，因其是最初产生无漏法的。安住于清净之法的是已知根，因为修道连续存在。受用清净之法的是具知根，因为它分别、感受解脱之喜乐。

乙二（此处所说根之本体）分二：一、宣说五受根；二、宣说最后三根。

丙一、宣说五受根：

身非乐受即苦根，快乐感受即乐根，
三禅之心为乐根，余者即是意乐根，
心非快乐意苦根，舍受中间无二故。

若问：那么，二十二根的本体是什么呢？眼等六根与男女根前面已经讲过。命根与信根等在下文有阐述。此处宣说五受根与最后三根。

若有人又问：那什么是五受根呢？身受是指依赖于有色根的感受，身体非为乐受而为苦恼的感受即是苦受根。感受快乐的即乐受根。三禅感受心乐的是心乐受根，其他二禅以下感受心乐受的是意乐受根，感觉心不快乐的是意苦受根。

舍受根既不感觉快乐也不感到痛苦。那么，它是身受还是心受呢？既有身受也有心受。既然舍受根不分别苦乐，那为什么它一者中包含身受与心受二者呢？这一点是有理由的，因为心的苦乐感受大多数都是由分别念产生，但身的苦乐感受并不观待分别念，而是源于对境，例如阿罗汉也会产生身苦乐，而舍受的苦乐是在无分别中自然而然出现的，苦乐二者分别享受利害，身受稳固，心受不稳固，而舍受没有这样的差别。

丙二、宣说最后三根：

见修无学道九根，即是无漏之三根。

见道、无漏修道、无学道中具有的信等五根、意根、心乐受根、意乐受根与舍受根此九根在见、修、无学道中依次是未知当知根、已知根与具知根，原因是这九根能生起此等道之本体。

乙三（根之分类）分四：一、观待助缘之分类；二、观待因果之分类；三、观待本体之分类；四、观待所断之分类。

丙一、观待助缘之分类：

最后三根为无垢，七有色根与命根，
及苦受根即有漏，其余九根有二种。

若问：二十二根中哪些是有漏根，哪些是无漏根呢？未知当知根等最后三根是无垢的无漏根，彼等是道谛之故。眼等五根与男女根七有色根以及命根、身苦受根、意苦受根是有漏根，因为彼等是非道谛的有为法。剩余的意根、意乐受根、乐受根、舍受根以及信等五根此九根既具有漏又具无漏，其中道谛中具有的是无漏，其他一切有为法是有漏。

丙二、观待因果之分类：

命根唯一是异熟，十二异熟非异熟，
除最后八意苦根，唯一意苦具异熟，

意余受及信根等，十根具不具异熟。

命根是异熟，因为处于恶趣是不善业的异熟，处于善趣是善业的异熟（即指异熟果之义）。

若问：那么，其他的一切根是不是异熟呢？其中的十二根异熟非异熟都有。是哪十二根呢？善法的信等最后八根及意苦受根以外的所有根。也就是七有色根、四受根与意根。其中七有色根由于具有异熟生与长养生二者，因此异熟非异熟均有；四受根与意根既有异熟也有非异熟，其中善不善不是异熟，诸如威仪与工巧是非异熟。为什么要除去最后八根呢？因为它们必定是善法的缘故。为什么除去意苦受根呢？因为它必定是善与不善中的一种。

二十二根中哪些是具异熟呢（即指异熟因之义）？哪些不是具异熟？唯有意苦受根能作为异熟因，故而是具异熟，因为它必定是有漏善法与不善法中的一种。意根、其余四受根以及信等五根，此十根既有具异熟又有不具异熟，意根与其余四受根中的有漏善业与所有不善业均是具异熟。此外，信等五根的无漏部分与无记法非具异熟，即信等五根的有漏善业是具异熟，一切无漏部分非具异熟。七有色根与命根非具异熟，它们是无记法之故。

丙三、观待本体之分类：

善法八根意苦根，即有善与不善二，
意余四受具三种，其余唯是无记法。

二十二根中哪些是善业、哪些是不善业、哪些是无记法呢？其中信等五根与无漏三根共八根唯一是善法，因为它们都是有记法并能成熟悦意之果。意苦受根既有善业也有不善业，因为对于做善事心不快乐是不善业，对于做不善业心不愉快是善业。按照尼洪派（西方论师）与经部的观点来说，对于做无记法，心不快乐，也同样成了无记法，因此意苦受根也应当具有无记法。意根与除意苦受根以外的其他四受根具有善、不善与无记法三种，因为与三者相应。其余的七有色根及命根此八根唯一是无记法，因为它们既不是善法也不是不善法。

除无垢根属欲界，男根女根苦根外，

属于色界有色根，乐根亦除属无色。

若问：二十二根中哪些属于欲界、哪些属于色界、哪些属于无色界、哪些不属于界的范畴呢？无垢三根与其群体中存在的一切根不属于界的范畴，因为它们是无漏法。其余诸根均属于欲界，原因是它们能增上欲界的烦恼。

无垢三根、男根、女根、身苦受根、意苦受根以外的所有根均属于色界的范畴，因为彼等能增上色界烦恼。男根女根不包括在色界中，因为远离贪恋淫行才能转生色界，加之男女根极不庄严。色界也无有身苦受根，因为那里不存在以因缘所造的痛苦。之所以不存在以因所造的痛苦是由于色界中无有不善业；无有以缘所造的痛苦成立的理由是色界众生的身体如光芒般透澈。色界也无有意苦受根，因为不存在以因缘所造的意苦受。之所以不存在以因所造的意苦受是因为断除了嗔根，对我曾经加害、正在加害以及即将加害三种，对我的亲友曾经加害、正在加害、将要加害三种，对我的怨敌曾经饶益、正在饶益、未来饶益三种，远离了此九种害心。这些根在一禅中均有，二禅无有乐受根，四禅与殊胜正禅无有乐受根与意乐受根二者。

在色界根的基础上，七有色根、乐受根、“亦”字包括的意乐受根以外的其他八根属于无色界，因为它们能增上无色界的烦恼。

丙四、观待所断之分类：

意三受根具三种，见修所断意苦根，

九根修断信五根，非为所断然三非。

二十二根中哪些是见断，哪些是修断，哪些是非所断？意根与心乐受根、意乐受根、舍受根三受根既有见断与修断，也有非所断，它们与见断相应的是见断，此外其他的有漏法是修断，无漏法是非所断。见道修道所断的是意苦受根，相应见断的意苦受根为见断，相应修断的意苦受根是修断。七有色根、命根、苦受根此九根是修断，它们是所断但不是见断之故。信等五根无漏法是非所断，因为它们是无漏的。“然”字的意思是说信等五根的有漏部分是修断。最后三根非为所断，因为它们是无漏法。

乙四（根之得舍）分二：一、得根之理；二、舍根之理。

丙一、得根之理：

欲界初得二异熟，化生并非是如此，

彼得六根或七八，色界六根无色一。

转世结生时异熟本体的根多少是重新获得的？欲界转生结生时异熟本体的二根重新获得，即身根与命根，当时没有眼根等，虽然有意根与舍受根，但它们不是异熟，因为此二者是转世烦恼性。所有的转世结生都一定是这样吗？化生并非如是获得。那么，它是怎样获得的呢？如果化生是像初劫的人那样无有男根与女根，则有异熟本体的六根重新获得，即眼等五根与命根同时获得。如果具有男根或女根其一，则有七根重新获得。若具有男女二根，则再加两个，共获得八根。若问：化生是善妙的生处，为什么会有两性呢？当然，善趣中是没有的，但恶趣中却是有的。色界结生时，获得眼等五根与命根共六根。无色界重新获得的异熟本体之根只有一个，那就是唯一的命根。

丙二、舍根之理：

无色界中死亡时，命意舍根同时灭，
色界之中八根灭，欲界十根或九八，
次第而死四根灭，善心中亡加五根。

既然根是如此获得的，那么死亡时有哪些根重新灭尽呢？无色界中众生死亡时命、意、舍受三根同时灭尽。色界中在前六根的基础上，加上意根与舍受根共八根灭尽。欲界中如果有两性，则在八根的基础上加上二根共十根；若具足其一，则加一根共九根；或者无有两性共八根灭尽。这以上是就顿时死亡而言的。次第死亡除化生外其他三生有四根重新灭尽，即身、命、意、舍受根。眼等以前已经灭尽，并不是在最后死有时才灭尽的。这以上是就在无记法与烦恼心中死亡而言的。从以善心死亡的角度来说，三界都要加上信等五根，如此无色界有八根灭尽，其余可依此类推而了知。

乙五、沙门四果以几根而得：

始终二果以九得，中二依七或八九，
因会故说有者以，十一根得阿罗汉。

在分别根品中要讲述根的所有特法，沙门四果也是以根获得的，那么沙门四果是以多少根获得的呢？始终二果即是指预流果与阿罗汉果，它们是四果的初始与终末，此二果由九根获得。是如何获得的呢？预流果是依靠九根而获得的，也就是说，心的前十五刹那是未知当知根，到了第十六刹那是已知根，此二根群体中存在的意根、信等五根以及由于欲界中尚未远离贪欲因而是一禅未至定所摄的舍根。这一点是成立的，因为未知当知根引出断除见断之离得，已知根作为断除见断之离得的所依，这两者依次可用驱除盗贼与关上门来比喻。

阿罗汉果也是以九根获得的，即依靠金刚喻定所摄的修道已知根、无学道灭尽智所摄的具知根以及此二根群体中存在的意根、信等五根以及乐受根、意乐受根、舍受根其中之一而获得的。如果阿罗汉是依靠初二静虑的正禅，则以意乐受根而获得；依靠第三静虑正禅，则以乐受根获得；如果依靠其他无漏定，则以舍受根获得。成立之理由：依靠已知根引无余断除修断之离得，以具知根来受执无余断除修断之离得，比喻如前。

中间二果是指一来果与不来果，此二果以七根或八根或九根而获得。无论是利根还是钝根的渐次一来果者均可依七根获得，如果以前行持寂止较多，则以世间道息粗相而获得，因此依靠信等五根、意根、一禅未至定所摄的舍受根而获得。而且渐次一来果钝根利根者也都可依八根获得，如果以前修持胜观较多，则因喜爱出世间道谛相而以已知根与前七根获得。也有以九根获得的，即离贪一来果是以九根获得的。彼等九根也就是能获得预流果的九根。不同点是见道前断除还是未断除六欲惑。

不来果有以七根获得的，即渐次不来果钝根者以世间道获得不来果时，是以信等五根、意根、舍受根而获得；也有以八根获得的，即渐次不来果钝根者以出世间道获得不来果时，是以前七根与已知根获得；还有以九根获得的，离贪不来果是以能获得预流果的九根而获得。然而不同的是，不来果如果依靠初二静虑正禅是以意乐受根、依靠第三静虑正禅是以乐受根、依靠第四静虑正禅是以舍受根而获得。再者，渐次不来果利根者如果以前着重行持寂止，则喜欢观世间道息粗相而以意根、信等五根、舍受根、意乐受根八根获得。利根者如果以前行持胜观较多，则因喜爱观出世间道谛相而以前八根加上已知根九根获得不来果。

若问：如果阿罗汉是以九根获得的话，不是与《入智论》中所说的“阿罗汉以十一根获得”相违了吗？不相违，以九根获得阿罗汉的说法是就一次性而言的。而有些钝根者反复退失，恢复时会以十一根而获得，因此说以十一根获得阿罗汉果实际上是指在这种情况下会以十一根获得，即以四禅的舍受等九根获得，如果从四禅中退失而依靠第三静虑正禅，则以乐受根获得；如果从三禅中退失而依靠第二静虑正禅，则以意乐受根获得。虽然多次退失，但绝对不会再以更多的根获得阿罗汉，因为除了这十一根以外再没有能获得阿罗汉的根。

乙六（具根之理）分二：一、必具；二、会具。

丙一、必具：

具舍受命及意根，其中之一必具三，

具身乐根必具四，具眼等根必具五，

具意乐根亦具五，具苦受根必具七，

具女根等必具八，已具知必具十一，

具有未知当知根，必定具足十三根。

若问：具足任何根时必定具足多少根呢？具足舍受根、命根、意根任何一者，必定具足此三根，因为这三根不可分割。如果具足乐受根，则必定具足四根，即在命根、意根、舍受根三者的基础上加上它本身。具足身根也必定具足四根，即命根等三者加上它本身。具足眼以及“等”字所包括的耳、鼻、舌根任何一者，则必定具足五根，也就是在身根以及命等三根此四根的基础上加上其本身。具足意乐受根也必定具足五根，即在具乐受根的基础上再加它自己。具足身苦受根必定具足七根，即除去意苦受根的四受根、身根、命根、意根。具足男根或女根，则必定具足八根，也就是在具苦受根的基础上再加它本身。“等”字的意思是说具足信等五根也必定具足八根，即在命根、意根、舍受根的基础上加上其本身。如果是具足已知根的修道者，则必定具足十一根，也就是具足已知根本身、乐受根、意乐受根、舍受根、命根、意根、信等五根。同样，具有具知根也必定具足十一根，即除了刚刚所说的已知根以外的十根加上具知根本身。具有未知当知根，则必定具足十三根，即在意根、信等五根、意乐受根、心乐受根、舍受根的基础上加上命根、身根、身苦受根与未知当知根本身。

丙二、会具：

无善之中具最少，具身受命意八根，

无色凡夫亦如是，舍受命意诸善根。

若问：最少会具有多少根呢？断绝善根者唯一是欲界的身体，在他们中诸如临终具最少根者也会具有八根，会具身根、五受根、命根与意根。转生无色界的凡夫者也同样会具足八根，即舍受根、命根、意根、信等五根。

具最多根十九根，不摄一切无漏根，

两性具贪之圣者，不摄一性二无垢。

若问：最多会具多少根呢？最多会具足十九根。那么，不包括哪些根呢？不包括三无漏根。什么样的补特伽罗具足十九根呢？欲界中两性、未断绝善根、诸根具全者，而且具贪圣者也具有十九根。那么他们所具的不包括哪些根呢？不包括男根女根其一以及二无垢根。意思是说，如果是见道者，则不包括后二无垢根，如若是具贪修道者，则不包括首尾二无垢根。

甲二（有为法产生之理）分二：一、真实宣说有为法产生之理；二、旁述因果及缘。

乙一（真实宣说有为法产生之理）分二：一、色法产生之理；二、非色法产生之理。

丙一、色法产生之理：

欲界无根无声尘，八种微尘一起生，
具有身根九物质，具有他根十物质。

一切有为法的法相均各不相同，那么不同的有为法是单独而生还是一起产生呢？是一起产生的。一般而言，一切法均为五事所摄，即色、心、心所、不相应行、无为法所摄。无为法是无生的，因此也就不存在与任何法一起产生了。其他所有法产生的方式分为色法产生方式与非色法产生方式两种。

色法产生的方式：欲界中既无根尘也无声尘的积聚微尘团，诸如日光尘那样最小的一个微尘也是有八尘一起产生，也就是四大、色、香、味、触一起产生。具足身根，则有八尘与其本身共九种物质一起产生，具足眼等其他任何一根，则有前九种与它本身共十种物质一起产生。在色界无有香与味，因此颂词可以改为：色界无根无声尘，六种微尘一起生，具有身根七物质，具足他根八物质。

丙二（非色法产生之理）分二：一、略说；二、广说。

丁一、略说：

心与心所定一起，有为法相或得绳。

若问：既然色法是如此产生的，那么非色法是如何产生的呢？心与心所必定一起产生，因为此二者互为俱有因。同样，无论任何法产生都与有为法的法相生住衰灭一起产生。属于相续的所得之法与自己同时的得绳一起产生。所谓的“或”是说一切不属于相续的所得之法不与得绳一起产生，原因是不属于相续的所得之法大多数无有得绳，二灭虽有得绳，但这两者无有产生，所以此处未加宣说。

丁二（广说）分二：一、相应法产生之理；二、不相应行产生之理。

戊一（相应法产生之理）分四：一、类别决定之分类；二、不定之相应；三、似相同之差别；四、似不同之一体。

己一（类别决定之分类）分二：一、略说；二、广述。

庚一、略说：

五种心所之地法，彼等各不相同故。

既然说“心与心所定一起”，那么，到底有多少心所呢？决定的心所共有五类，即遍大地法以及“等”字所包括的大善地法、大烦恼地法、不善地法、小烦恼地法，因为它们都是互为异体。

庚二（广述）分五：一、遍大地法；二、大善地法；三、大烦恼地法；四、不善地法；五、小烦恼地法。

辛一、遍大地法：

受想思欲以及触，智慧忆念与作意，
胜解以及三摩地，此等随逐一切心。

既然说“五种心所之地法，彼等各不相同故”，那么遍大地法究竟有多少种呢？有十种，即受；于对境动摇之思；想；希求对境之欲；对境、根、识三者聚合而享用对境之触；辨别诸法之智慧；不忘所缘之忆念；心专注分别所缘境之作意；将所缘境执为功德之胜解；心一缘专注之等持。此等即是遍大地法，因为它们是随从一切心而产生的心所。

辛二、大善地法：

信不放逸与轻安，舍心知惭及有愧，

二种根本与无害，精进恒时随善生。

那么，大善地法有多少种呢？也有十种，即从烦恼心与随眠烦恼中得以清净的信心、珍爱功德的不放逸、内心堪能之轻安、心不随沉掉所转获得自在的舍心、恭敬功德与具功德者之知惭、畏惧罪业之有愧、二根本即无贪与无嗔、不损恼他众之无害以及喜爱善法之精进，此等即是大善地法，因为它们恒常随从一切善心而生之故。

辛三、大烦恼地法：

痴逸不信怠沉掉，恒随烦恼性而生。

那么大烦恼地法有多少种呢？有六种，即不懂得业因果等道理的愚痴无明、不放逸的违品放逸、精进的违品懈怠、信心的违品不信、神志不清的昏沉以及向外散乱的掉举，此等是大烦恼地法，原因是它们恒时随从一切烦恼心而生。

辛四、不善地法：

不善地法有两种，即是无惭与无愧。

若问：不善地法有多少种呢？有两种，即无惭与无愧，因为此二者随从不善心产生，而不随从其他心产生。

辛五、小烦恼地法：

忿恨谄嫉恼覆吝，诳骄害即小烦恼。

那么，小烦恼地法有多少种呢？有十种。即见到作害的对境而生嗔或苦恼心之怒、愤怒后屡生恼心之恨、心术不正狡猾之谄、不能忍受他人圆满之嫉妒、紧紧执著罪业之恼、隐瞒罪过之覆、不向他众施予法财等与布施相违之心态的吝啬、明明无有功德反装作有功德而欺骗他众之诳、自高自大之骄、损恼他众之害，此等是小烦恼地法，因为它们是所断种类渺小、相应助伴渺小、所依来源渺小的心所。所断种类渺小是成立的，因为它们都是修断；相应助伴渺小成立的理由是它们仅与意识相应；所依来源渺小成立是因为它们只依靠意根。

己二、不定之相应：

随逐欲界之善心，具有寻思伺察故，

共有二十二心所，有者加上后悔心。

若问：既然类别决定的心所有五种，那么类别不定的心所有多少种呢？类别不定的心所有八种，如世亲论师言："所谓寻伺悔，睡眠嗔怒贪，我慢与怀疑，此八称不定。"若又问：那么，不定心所随从哪种心而生呢？所随从的欲界善心有二十二种心所，因为是心而有十遍大地法，因为是善地而有十大善地法，因为是欲界心而有寻伺产生。由于欲界心中有些要加上悔心，因此有二十三法产生。

不善无杂二十生，具见亦有二十种，

四烦恼与嗔怒等，后悔其一二十一。

所随从的不善心是与其他根本烦恼不相混杂的无明相应则有二十种，即十遍大地法、六大烦恼地法、二不善地法以及寻伺二者。坏聚见、边执见以外最后三见相应的也是此二十种。若问：如果加上见解那不是成了二十一种吗？不会成二十一种，因为见解是烦恼性智慧，它已算在遍大地法中了。剩余的贪、嗔、慢、疑四种烦恼、怒等十种小烦恼地法以及后悔这些不善法中具足任何一者，都将有二十一心所产生，即在前二十种的基础上加上它本身。

有覆无记具十八，无覆则许有十二，

睡眠不违一切故，任何之法皆加彼。

所随从的坏聚见与边执见相应之有覆无记心有十八种，即十遍大地法、六大烦恼地法以及寻伺二者。所随从的有覆以外的幻心等四种无覆无记法有十二种，即十遍大地法以及寻伺二者。睡眠是由于身体疲劳、饮食充足而使心不由自主内收的一种状态，它从属于善、不善、无记一切法，与彼等均不相违，因此任何一法均可加上睡眠。如此，颂词可改为：随逐睡眠之善心，具有寻伺之缘故，共有二十三心所，有者加上后悔心。具见亦有二十一，四烦恼与嗔怒等，后悔其一二十二。有覆十九无记法，无覆则许有十三。

后悔睡眠诸不善，第一静虑中无有，

殊胜正禅寻亦无，二禅以上伺亦无。

除去欲界中所具有的这些以外，后悔、睡眠一切不善法在一禅中均是不存在的，之所以在一禅中无有悔心，是由于悔心与意苦受相应；一禅无有意苦受，也无有睡眠，因为睡眠是心内收之状态，而一禅心内收时就变成了等持；在一禅中也不存在不善，因为如果不断除不善法就不会转生到一禅。寻在第一静虑殊胜正禅中也没有，原因是一禅远离了对寻的贪心。二禅以上也无有伺，因为远离对伺的贪心而断除了伺。“亦”字的意思是说二禅以上也不存在谄诳，因为何处有主尊眷属，主尊为了摄受眷属，才有谄诳，而二禅以上无有主尊与眷属，一禅以下有主尊与眷属，如佛经中云：“国王之眷属、婆罗门之眷属、施主之眷属、沙门之眷属、四大天王之眷属、三十三天之眷属、魔之眷属、梵天之眷属……”

己三、似相同之差别：

无惭即是不恭敬，无愧则是不畏罪。
喜为信心敬知惭，此二欲色界中有，
寻为粗大伺细微，我慢胜他之贡高，
骄傲即是于自法，生贪之心至极点。

在世间中，人们经常将无惭无愧合在一起来说，那么这二者是一个意思还是有不同的意思呢？意思是不同的。所谓的无惭是指不恭敬功德与具功德者，而无愧则是指不畏惧罪业。

又问：喜爱与恭敬二者是一个意思还是不同的意思呢？意义也是不同的，喜爱是指信心，而恭敬则是指知惭。一般来说，喜爱有染污性的喜爱与非染污性的喜爱两种。所谓染污性的喜爱，诸如爱自己的儿子、妻子；非染污性的喜爱，诸如对佛陀、上师、具功德者的欢喜心。那么，缘补特伽罗的喜爱与恭敬在哪些界中存在呢？在欲界与色界中存在，而无色界中是没有的，这是由于无色界的所有补特伽罗相互不是对境。

若问：寻与伺二者有什么差别呢？寻是指心对事物本体的粗大认识，而伺则是心对事物差别的细微认识。慢与骄又有何不同呢？慢是指认为种姓与功德等已高人一筹、胜人一等的傲气，而骄则是对自己的相貌、勇敢等法贪执之心已达到极点。

己四、似不同之一体：

心意与识实一体，心与心所及有依，
有缘有形与相应，相应亦有五种也。

心、意、识此三者人们说起来好像是分开的，那么实际上它们是一个意思还是有不同的含义呢？心、意、识是一个意思，只是名称不同罢了。心即辨别善不善等法，意了知色等法，了知所缘即是识。正如心等三者意义相同一样，心、心所、有依、有缘、有形、相应也都是一个意思。原因是心与心所依靠六根、缘于外境、蓝色等相，以五种相应平等而住。那么什么是五种相应呢？即根依相应、所缘境相应、蓝色等相相应、时间刹那相应与每一物质相应。

戊二（不相应行产生之理）分三：一、略说；二、广说；三、摄义。

己一、略说：

一切不相应行者，得绳非得与同类，

无想二定命法相，名称之聚等亦摄。

不相应行有多少种呢？不相应行共有十四种，即得绳、非得、同类、无想、二定、命、法相以及名称等。所谓的“亦摄”意思是说也包括所谓的破和合僧不相应、自性不相应之法。

己二（广说）分七：一、得绳非得；二、同类；三、无想；四、二定；五、命；六、法相；七、能说。

庚一（得绳非得）分二：一、真实宣说得绳非得；二、宣说彼之特法。

辛一、真实宣说得绳非得：

得有新得与具得，得绳以及非获得，

均为自相续所摄，二种灭法亦复然。

既然说“一切不相应行者，得绳非得与同类”，那么什么是得绳与非得呢？所谓的得绳是指所得之法对于补特伽罗来说能具有之物质。如果分析，则有新得与第二刹那以后持续的具得两种。其中新得也有两种，一、未得新得：即以前从未曾得过之新得，如生起见道无漏的第一刹那时之得与得之得；二、失后新得：以前得过失毁后重新获得，诸如欲界的补特伽罗相续中生起禅定与无色地所摄的善法时，彼之得与得之得。具得也分两种：一、持续具得是指诸如彼等从第二刹那以后的得绳持续产生（分为未失新得之具得与失后新得之具得）；二、本有之具得：诸凡夫未曾生起摧毁有顶烦恼的对治而本有的具得。（共五种）

非得：所得之法对于补特伽罗来说是不具有的物质。非得也有两种，即未得之非得与不具之非得。未得之非得：诸如生起无学道第一刹那时有顶之烦恼的非得。不具之非得：诸如从禅定中退失的第一刹那时的非得。从第二刹那以后与凡夫未生起无漏道时彼之非得即是不具之非得。这些都是有部宗的观点，但世亲论师并不承认。

得绳是指属于自相续并非是他相续的法，如果他相续的得绳除他以外也会出现，这样一来，则有圣者也具有凡夫相续的太过。得绳是相续所摄的，而相续未摄的衣饰等有为法不存在得绳，因为这些是自他的共同之法，而得绳则不同于任何法。那么，所有的法都必定是这样吗？以上是就有为法而言的，无为法却不一定，二灭虽然不为相续所摄，但此二者的所破是相续所摄，因此二灭的得绳存在，并且为相续所摄。非得也包括在相续中，是相续所摄的法，“任何法不存在得绳也就无有非得”的说法实际上只是有部宗自己的立宗而已。

辛二（宣说彼之特法）分二：一、得绳之特法；二、非得之特法。

壬一、得绳之特法：

法有三时得三种，善等得绳为善等，

摄彼得绳属彼界，不属三界有四法。

所得之法有三时，得绳也有三时，诸如过去所得之法一个，彼之得绳也有过去、未来、现在三种。有部宗的观点承认三时为成实物，因此也安立为三时得绳。即过去得法的过去得绳、过去得法的现在得绳与过去法的未来得绳；现在得法的过去得绳等；未来法的过去得绳等。就阿罗汉而言，过去得绳：昨天获得阿罗汉前一时的得绳为过去法的过去得绳，彼之第二刹那为过去法的现在得绳，第二刹那以后为过去法的未来得绳；现在得绳：今日成为阿罗汉前一时为现在的过去得绳，与自己同时为现在之现在得绳，第二刹那以后为现在之未来得绳；未来得绳：明日将成为阿罗汉与彼同时为未来之现在得绳，迁移到现在位置的第一刹那为未来之过去得绳，彼之第二刹那以后为未来之未来得绳。这主要是由承认三时现在即存在成实物所致。

那么，这些得绳是善、不善、无记法何者的得绳呢？善法以及“等”字所包括的不善与无记法的得绳也依次是善、不善、无记法。同样，属于欲界、色界、无色界的得法之得绳也属于各自之界，也就是说，欲界得法的得绳包括在欲界中等。再者，欲界的身体获得上界之法，得绳也是上界的。所得之法不包括在界中的二灭、道谛的得绳有属于欲界等三界的有漏法与不属于界的无漏法，共有四种。非抉择灭无论是任何界所得之法，欲界中的法得绳则属于欲界，色界中的法得绳属于色界，无色界的法得绳属于无色界，这是因为非抉择灭的得绳以由获得非抉择灭的补特伽罗之身体属于何界所决定的。抉择灭有凡夫的抉择灭与圣者的抉择灭两种，凡夫若仅以世间道获得抉择灭，彼之得绳也属于色界、无色界，圣者有以世间道与出世间道获得抉择灭的，如果是以世间道获得，则离得也有两种，有漏离得属于色界与无色界，无漏离得以及出世间道获得的离得与道谛的得绳是无漏法，因此不包括在界中。

有学无学非三种，所断非断许二种，

无记得绳一起生，不摄神通与幻变，

有覆色法亦如是，欲界色前无有生。

有学道之法的得绳属有学道，无学道之法的得绳属无学道，所得之法既不属有学道也不属无学道的是二灭与一切有漏法，它们的得绳存在有学道、无学道、既非有学道也非无学道三种，即有学道的抉择灭的得绳属有学道；无学道的抉择灭的得绳属无学道；抉择灭的有漏得绳、非抉择灭的得绳以及一切有漏法的得绳既不属有学道也不属无学道。见断的得绳是见断、修断的得绳是修断的说法容易理解，故于此未加说明。所得之法非为所断的是二灭与道谛，彼之得绳有修断与非所断两种。非抉择灭的得绳与以世间道获得的抉择灭之得绳有漏部分是有漏善法，因此是修断，彼等之无漏离得、以出世间道获得的离得以及道谛的得绳是无漏法。

若问：一切法的得绳都决定有三时吗？不一定，也有特殊的情况，非为善与烦恼性有记法的无覆无记法的得绳与所得之法一起产生，并无有前后产生的，因其力量薄弱。那么，所有的无覆无记法都是这样吗？这也有特殊的情况，不包括天眼与天耳通的无记法以及化心无记法之外的一切无覆无记法的得绳都决定与所得之法一起产生，而此三者的得绳有三时，因为此等加行的修法力量强大。同样，诸如技艺娴熟的能工巧匠以及马胜那样的威仪调柔者，得绳也会有三时。不仅无覆无记的得绳与得法一起产生，而且色界中的有覆无记法的有表色的得绳也与得法一起产生，并非前后产生，因为它是无情法，愚昧无知，而且发心微小、力量薄弱。欲界中的善不善有表色之前得绳是不生的，彼等是无情法并且不是心的随行之故。

壬二、非得之特法：

非得无覆无记法，过去未来均三种，
非得摄于欲界等，无垢非得亦复然，
圣道非得许凡夫，得彼移地将退失。

既然说“善等得绳为善等”，那么非得也一定是这样吗？并非如此，非得均是无覆无记法，而不是善法，如果是善法，那断了善根者的相续中也存在善法了。非得也不是烦恼性，如果是烦恼性，则远离贪欲者的相续中也存在烦恼了。

若又问：既然说“法有三时得三种”，那么非得也必定有三时吗？不一定，过去与未来所得之法的非得有三时，而现在所得之法无有现在非得，其原因是所得之法无论力量再如何微弱，也是与其得绳一起产生的。比方说，过去别解脱戒之过去非得是指那位补特伽罗相续中未得到别解脱之前；过去之现在非得则为过去破戒之时；过去未来之非得是指破戒第二刹那以后。现在别解脱无有现在非得，与现在未得相违的缘故；现在之过去非得指将得到别解脱戒的补特伽罗相续中尚未得到之前；现在破戒第二刹那以后为现在之未来非得。未来之过去非得指与自己同时；未来之现在非得是指移到现在的位置上；未来之未来非得则指它的第二刹那以后。此等也可举例说明，例如：迦叶佛时有的法，在拘留孙佛时未得，此为过去之未来非得；弥勒佛时有的法在狮子佛与光明佛时未得，此为未来之未来非得。

那么，非得属于哪些界中呢？法包括在欲界等三界中，彼之非得也属于同一界，无漏法的道谛、灭谛的非得也属于彼三界，若是欲界的身体，未得的三界之法与无漏法任何一者的非得也属于欲界。上两界之法也同样以身体迁移到下地而舍弃，上地之法、自之功德以及无漏法的非得也均属于那一界

（所迁之界），因为身体起到根本性作用。

为什么无漏的非得也包括在三界之中呢？由于无漏圣道的非得承认是凡夫，因此决定唯一是有漏法，这样一来，各自的非得也就属于身体所属的那一界了。那么，通过什么舍弃这些异生凡夫呢？三界的凡夫通过获得圣道而舍弃，从欲界迁移到一禅而舍弃欲界的凡夫，直至有顶之间均可依此类推。从有顶转生到无所有处，则将失去有顶的凡夫，直到欲界也同样可依此类推。

庚二、同类：

所谓同类不相应，即指众生皆相同。

既然说“得绳非得与同类”，那么到底什么是同类呢？所谓的同类就是能使一切众生行为、意乐、本性相同的物质。如果分析，它们有异体与一体两种。一体：能使众生相同的物质，通过所谓的众生总相便可理解三界的众生都是一样。每一个众生均有一个同类的物质，由此可说是异体物质，但因为种类是相同的，所以说是一体。异体：能使天、人、沙弥等内部相同的物质，如同类的人即是所谓人的总相。那为什么同类存在物质呢？这是有理由的，因为心可以相同执著、声音可以同样代表。但这也只是有部宗假立的观点，阿阇黎并不承认。

庚三、无想：

无想天灭心心所，彼之异熟广果天。

既然说“无想二定命法相”，那么究竟什么是无想呢？无想也就是指转生无想天的补特伽罗相续中能灭尽一切心与心所的物质。那么，它能灭多久呢？能灭五百大劫。所有无想天都必定是这样吗？不一定，因为除了北俱卢洲以外都有非时死亡的现象。在这样的补特伽罗相续中根本无有心吗？有，初生与命终时心会现前。无想天是属于三生中的哪一种呢？无想天是修行的异熟，原因是通过修行可转为无想天的众生。那些众生住在何处呢？住在广果天的一方，而其他地方是无有的。无想天的众生以后转生到何处呢？转生到欲界，因为在当时以前修行无想天者的力量已灭尽，并由于即生无心而不会重新积业。之所以他们后世转生到欲界，是由于彼之相续中存在后世转生欲界的顺后生受业。

庚四（二定）分三：一、无想定；二、灭尽定；三、此二共同之所依。

辛一、无想定：

如是所谓无想定，欲依四禅而出离，
故善顺次生受业，非为圣者同时得。

如无想天一样，所谓的无想定也就是于入定至出定之间能灭尽心与心所的物质，因为它是无想天之因。

若问：无想定以何地所摄呢？它属于第四静虑，因为通过修此无想定而转生到四禅的广果天。那么，它是以什么作意与发心而入定的呢？想出离轮回、得到解脱的作意，因为入定者认为无想天是解脱、无想定是解脱道而入定的缘故。

它是善、不善、无记法中的何者呢？从发心方面来说，是善法，因为入定者认为无想定是解脱道。

它属于三种生受业中的顺次生受业，因为通过修持无想定来世转为无想天的众生。

无想定是哪种补特伽罗的禅定呢？是凡夫的禅定，而不是圣者的禅定，原因是修此无想定将转为无想天的众生，而圣者将此视为如恶趣之处。

既然圣者相续中生起四禅所摄的善法时，彼之得绳有三时，那么无想定的得绳也同样有三时吗？无想定的得绳同时获得，而无有前后出现，因无想定不存在心并且需要通过勤作修持之故。

辛二、灭尽定：

所谓灭定亦复然，现法乐住转有顶，

彼善二种生受业，以及不定之受业。

所谓的灭尽定也同无想天一样，是能灭尽相应法的物质。那它是以何作意而入定的呢？是以厌恶受、想的作意而入定的，入此定的补特伽罗想到依此可息灭受、想，于是便修现法乐住。灭尽定是何地所摄呢？转生有顶之地所摄，因为修此灭尽定可转生到有顶。三界最细微的心就是有顶的心，当补特伽罗的心达到最细微时才开始入灭尽定。它是善、不善、无记法中的何者呢？就发心而言是善法，因是为了现法乐住而入定的。它属于三受业中的哪一种呢？它有顺次生受业、顺后受业与异熟不定受业三种：修持灭尽定时，修者后世转生到有顶；修持时，来世的来世以后转生到有顶；今生也有解脱的。有此三种。

圣者依靠勤作得，佛以菩提而获得，

非如初者所承许，因以卅四刹那得。

那么，灭尽定是凡夫还是圣者的禅定呢？是圣者的禅定，而不是凡夫的禅定，因为需以出世间道的力量而获得。那么，它以什么方式获得呢？通过勤奋而获得，而不是离开向往之心而获得的，因为它是一种无心的禅定，也是以前在轮回中未曾感受过的法。然而，佛陀的灭尽定是依靠获证菩提尽智同时而获得的，并不是以勤作而得的，因为佛陀无有少许以勤作所生的法。

有些人说：获得了有顶之心的菩萨首先依靠第四静虑正禅而生起见道，之后现前有顶之心，再入灭尽定，出定后又依靠第四静虑正禅而生起灭尽智。实际上，这些菩萨并非是尚未成佛首先现前灭尽定的，他们是通过不间断地生起无漏道的三十四刹那而获得菩提灭尽智的。那么，什么是三十四刹那呢？现证四谛的十六刹那、能断除有顶烦恼的无间道九刹那与解脱道九刹那。

辛三、此二共同之所依：

此二依欲色界身，灭定最初为人中。

若问：无想定与灭尽定二者是以什么身体而现前的呢？此二定是以欲界与色界的身体而现前的，无想定不是以无色界的所依身份而现前的，其为四禅地所摄之故。灭尽定也不是以无色界的所依而现前的，原因是在无色界中无有色法，如果已遮止了一切相应法，那么唯以不相应行不能存在。否则，有刚刚开始就成了涅槃的过失。

那么，此二定有何差别呢？灭尽定首先要在人中才能生起，这是由于人的受、想粗大，容易生起出离，并且心思敏锐，之后也有以色界身体生起的。而无想定首先依靠色界的身体就能生起，因为入定者不是为了息灭粗大的受、想，而是认为无想定是解脱道而入定的。

庚五、命：

所谓命不相应行，即寿温识之所依。

既然颂词中说“无想二定命法相”，那么究竟命是指什么呢？所谓的命就是寿，《施设论》中云："何为命？三界之寿也。"那什么是寿呢？寿是作为体温与心识存在之所依的不相应行成实物，它在欲界与色界是体温与心识二者的所依，在无色界中只是心识的所依。那么，只是寿尽就会死亡吗？关于这一问题有四类：一、寿已尽福报未尽而死，诸如寿异熟业已尽，受用异熟业未尽；二、寿未尽福德已尽而死，诸如寿异熟业未尽，受用异熟业已尽而死；三、寿与福德均已尽而死，诸如寿与福德异熟业二者均已尽而死；四、寿与福德均未尽，诸如，寿异熟业与受用异熟业二者均未尽的横死。

庚六、法相：

所有法相不相应，即是生衰住与灭，
彼等具生之生等，彼生八法与一法，
无有因缘聚合时，依生非能生所生。

什么是法相呢？一切有为法的法相即是生、衰、住、灭。因为能表明有为法的特征，所以称为法相。生是指能使产生之物质，衰是能使衰败之物质，住是指能使存在之物质，灭即能使坏灭之物质。

若问：生等也是有为法，那生等也有生、衰、住、灭吗？有，生等也有生之生等。若又问：生之生等也是有为法，因此生之生等也应当有生等，如此一来，不是成了无穷无尽吗？不会成为无穷的，诸如瓶子产生时，他本身与根本法相的生等四法以及随顺法相能产生根本生的生之生等四法，此九种未来法现在一起产生，当时生能产生不包括它本身的八法，生之生只产生唯一的生。那么，行的相续中怎么具有生等呢？具有，相续的最初为生，随后趋入相续为住，前后的差别为衰，灭尽相续为灭。以上的这种说法也仅是有部宗假立的观点。

若问：如果未来的生也能产生彼法的话，那不是成了一切法都同时产生了吗？在各自因缘没有聚合的情况下，单单依靠生并不能使一切未来所生法现在产生，只有因缘完全具足才能于现在产生。那么，生不是成无有意义了吗？并非无有意义，就像根等一样。

庚七、能说：

名聚等不相应者，名称语言文字聚，

属欲色界众生摄，乃等流生无记法。

前面略说中云“名聚等”，“等”字所包括的词聚与字聚是指什么呢？名是指能宣说事物的本体，如所谓的色法或所说的瓶子。多种文字组合起来的色就成了眼处之对境的不相应行成实物。语言或词句：以“呜呼诸有为法皆无常”为例，能说的词句是指可完整地表达所说内容的不相应物质。文字是组成名称与句子的根本或部分，如嘎等。其定义：梵语“阿加绕”，意为不变，也就是说，当地当时的一种表示自之本体不会变为他法。事相是指在心中显现出的嘎字等。文字是名称与句子之根本的不相应行物质。聚指的是像念珠等那样许多聚合一起的意义。

这三者（名称、言词、文字）属于哪界呢？属于欲界与色界，而不属于无色界，因为无色界没有语言等。它们也是众生所摄的，由于是通过勤作而生的，并且为相续所摄。

那么，它们属于三生中的哪一生呢？由于是同类相续产生，因此是三生中的等流生，而不是长养生与异熟生，因为不是微尘积聚的，所以也就无法长养，并且随心所欲而生，因此也不是异熟生。

它们是善、不善、无记法中的何者呢？它们不是善与不善有记法，原因是断绝善根与断除烦恼者也存在，所以是无覆无记法。

己三、摄义：

同类亦尔亦异熟，三界所摄得绳二。

一切法相亦如是，二定非得等流生。

如同名称、言词、文字是众生所摄、等流生、无覆无记法一样，上面所说的“同类”也具有这三种特点，不仅如此，同类也是异熟生，因其是能使异熟生的眼等相同的物质，所以是异熟。同类属于三界，因为它是能使一切众生都相同的物质或者每一众生都具有一个同类物质。得绳也有等流生与异熟生两种，之所以为异熟生，是由于异熟生的眼等的得绳为异熟。一切法相也都是等流生与异熟生。二定与非得是等流生，而不是异熟生，因为二定必是善法，非得是自然产生而并非以心为前提的业所生。

乙二（旁述因果及缘）分二：一、宣说因果；二、宣说缘。

丙一（宣说因果）分三：一、宣说因；二、宣说果；三、宣说二者共同之法。

丁一（宣说因）分三：一、略说；二、广说；三、摄义。

戊一、略说：

能作因与俱有因，同类因及相应因，

遍行因与异熟因，承许因有此六种。

既然说“无有因果聚合时”，那么因有多少种呢？有六种，即能作因、俱有因、同类因、相应因、遍行因、异熟因，承认因有此六种。

戊二（广说）分六：一、能作因；二、俱有因；三、同类因；四、相应因；五、遍行因；六、异熟因。

己一、能作因：

除已之外能作因。

既然说“能作因与俱有因”，那么到底什么是能作因呢？一法产生时，除自己以外其他对自生不作障碍的一切有为法与无为法即是能作因，例如，仅仅因为国王未加害民众，他们便会说国王让我们安居乐业。那么，光明黑暗、冷热是如何成为能作因的呢？光明等能障碍黑暗等未生之有法，并不能障碍已生之有法，因此安立为能作因。

己二（俱有因）分二：一、法相；二、事相。

庚一、法相：

俱有因即互为果。

俱有因的法相：同时产生的任何法与自己的果相互成为因果，这是从起到帮助作用的方面安立的。

庚二（事相）分二：一、总说；二、别说心之随转。

辛一、总说：

如大种及心随转，与心法相及事相。

若问：因果同时怎么应理呢？如一类的地等四大种互为俱有因，心之随转与心相互也是俱有因，有为法的法相生等也是事相瓶子等的俱有因，事相也是法相的因，这是由于一个有为法产生时，根本四法相随顺四法相与事相会同时产生。

辛二、别说心之随转：

心所以及二律仪，心与彼等之法相，
此等即是心随转，时间果等与善等。

若问：那么，心之随转法是指什么呢？一切心所、禅定戒与无漏戒以及心心所、彼等律仪的生等所有法相是心之随转，因为心心所与二律仪的所有法相生、住、灭时间相同，果也是同样，士用果、离系果都是一个，“等”字所包括的异熟果与等流果也是一个。如果心为善，那一切心所也是善法，“等”字是说心是不善或无记法，心所也与之相同。

若又问：那么，任何一心能作为多少法的俱生缘（即俱有因）呢？心中从属最少的无覆无记法能作为五十八法的俱生缘，即能作十遍大地法、彼等之法相生等共四十法、自之根本四法相以及随顺四法相的俱生缘。之所以能作随顺四法相的俱生缘，是由于与之接近，心具有力量。反过来说，除了随顺四法相以外的五十四法能作为无覆无记法的俱生缘，之所以不包括随顺四法相，是因为它们心力微弱。

己三、同类因：

同类因即因果同，自类地摄前已生，
九地之道相互间，平等殊胜同类因。
加行生慧唯二者，闻所生慧修慧等。

前相同之法产生后同类之果。有漏善法、一切无漏有为法、烦恼性诸法、无覆无记法均是前后相同。因此说，五蕴是同类因。若问：同类的一切法均是同类因吗？五类所断中与自己一类的一切法为同类因，而不同类的法非为同类因，譬如，苦谛见断是苦谛见断的同类因，但不是集谛见断的同类因。自地相同的一切法是同类因，而不同地的法非为同类因，如欲界的苦谛见断是欲界苦谛见断的同类因，但并不是色界苦谛见断的同类因。

那么，一地的法全部是同类因吗？过去与现在之法是同类因，而未来不是同类因，原因是未来无有次序。过去是过去、现在、未来的同类因，现在是现在与未来之同类因。若问：只有一地才是同类因吗？有漏法必定是，而无漏法不一定，依靠一禅的未至定、殊胜定与四正禅、初三无色此九地的一切无漏道虽然不是同类，但也是与自己平等、胜过自己的同类因。苦法忍是自己后面同类的平等同类因，是苦法智等以及修道无学道谛的殊胜同类因。同样，钝根是产生自己后面同类的平等同类因，如果通过修行转变为利根，则是殊胜同类因。此等地不是比自己下等的同类因。不仅是无漏法，而且加行所生的一切有漏善法也唯是平等与殊胜同类因，因为闻慧是自己同类的平等同类因，是修慧的殊胜同类因，“等”字所包括的思所生慧是自己与修所生慧的同类因，修所生慧只是自己的同类因。

己四、相应因：

相应因即心心所，一切所依相应生。

什么是相应因呢？相应因也就是指俱有因、心、心所以及所依相应根，以及从所缘、形象、时间、相应物质（皆相同）的角度相互立为因的。

己五、遍行因：

所谓遍行烦恼生，自地所摄遍行前。

什么是遍行因呢？所谓的遍行因是一切烦恼性自果的共同之因。遍行因有十一种，即苦谛见断的五见、怀疑、无明以及集谛见断的执胜取见、邪见、怀疑、无明。同样，上两界的遍行因也有十一种，三界总共有三十三种遍行因。这一切遍行因均能产生自果烦恼。那么，遍行因能增上所有地的烦恼吗？不，只是增上属于自地的烦恼而并不能增上其他地的烦恼。遍行因是在果前产生的。

己六、异熟因：

异熟因即唯不善，以及一切有漏善。

异熟因是指什么呢？异熟因是指自之本体具有力量并具爱的湿性，无记法虽具爱，却如腐烂的种子一样无有力量，无漏法就像无有爱之湿性的优良种子一样，因此异熟因只是不善与有漏善法。

戊三、摄义：

遍行同类因二时，其余三因具三时。

六因中哪些有三时呢？遍行因与同类因只有过去与现在二时，无有未来，因为未来无有次序。俱有因、相应因、异熟因三者具有三时。能作因中的有为法有三时，无为法不为时间所摄，因而不固定。

丁二（宣说果）分二：一、略说；二、广说。

戊一、略说：

果摄有为及离系，无为法则无因果。

因果是互相观待的，既然因有六种，那么果有多少种呢？有为法有异熟果、等流果、增上果、士用果（半个）三个半以及无为法得绳的士用果（半个），加上有漏对治的离系果抉择灭。

如果有人提出质疑：这样一来，岂不是有抉择灭存在因的过失，是果之故，也有存在果的过失，是因之故。

无为法无有这些因果，原因是它不存在六因与五果。不存在六因成立，无为法无有能作因，因为能作因是指不障碍产生，所以无为法无有产生。不存在五果成立的原因是它无有增上果，增上果唯是有为法的果。但抉择灭是果，因为它是以道谛之力而获得的，它也是能作因，因为它不会障碍他法产生而存在。

戊二（广说）分二：一、果是何因之果；二、宣说各自之法相。

己一、果是何因之果：

异熟果因为最后，增上果因为第一，

等流同类遍行因，士用果因余二者。

此等果是什么因的果呢？异熟果是最后异熟因的果，增上果是第一能作因的果，等流果则是同类因与遍行因的果，因为它是通过与此二者相同的方式安立的。士用果是俱有因与相应因二者的果。

己二、宣说各自之法相：

异熟无覆无记法，有记所生众生摄，

等流果与自因同，离系果为心灭尽。

依何因力所生果，士夫作用而产生，

非为前生有为法，唯一有为增上果。

异熟果为无覆无记法，而不是善法，因为断绝善根者的相续中也存在；也不是烦恼性，原因是断除烦恼者的相续中也存在。如果仅此而已，则由于外界的四大也包括在内，所以为了抛开无情法而说是众生相续所摄的法。如果仅此两种法相，那么长养生与等流生也有异熟果了，因此为了抛开它们，而说是善不善有记法产生的。如若仅此而已，那么依靠等持长养的根、大种与等持中的化心也有这些特点，为了除去它们，故说它由善不善后时之业的能力成熟而产生。由于它既是业的异熟又是果，因此称为异熟果。事相：异熟所生的一切法。

等流果的法相：于自相续同类后来产生的法。事相：除去初果圣者以外的一切有为法。对于有漏法来说，本体、种类与地均是相同的；遍行因产生的等流果地与烦恼性相同；同类因产生的等流果地与种类一致；无漏法仅仅本体相同。

离系果的法相：通过智慧力灭尽所断有漏法。事相：抉择灭。

士用果有产生之士用果与获得之士用果两种。一、产生之士用果的法相：依靠任何因的力量所生的任何果，无论是与彼因一起或无间或后来产生，其果均是通过士夫作用而产生的，因而称为士用果。与诸如士夫之作用产生相同，依靠因做事而生，故而得名，如同黑色的药叫做乌鸦声。事相：由因如是所生的一切有为法，若分析，则有三类：（一）无间生士用果：诸如依靠下地加行心而产生上地的等持，依靠世间胜法位无间获得见道，无间即连续不断的意思；（二）同时生士用果：诸如由俱有因所生的果；（三）间断生士用果：有些是断断续续而产生的士用果，诸如农民的庄稼。二、获得之士用果：抉择灭得绳仅仅是靠获得而产生并不是通过因的作用而产生。

增上果的法相：如若果在前，则有因成了无意义的过失，因此观待因，非为前生的新生有为法与因同时以及后来产生的一切法是一切有为法的增上果。所谓的“唯一”表示除开无为法，原因是无为法不会有增上果。事相：与自因一起或后来产生的一切有为法。若问：如此一来，那不是与士用果无有差别了吗？士用果唯是作者的果，而增上果是指不障碍自生之所有法的果。这是有部宗的回答。还有其他的论师说：增上果是总果，士用果为别果。

丁三（宣说二者共同之法）分二：一、执果与生果时；二、由几因生果。

戊一、执果与生果时：

五因现在执自果，俱有相应二生果，

同类遍行今过去，异熟过去方生果。

能作因以外的五因只是在三时中的现在以种子或能力的方式执果。其中有二因同时产生现在之果，原因是现在因成立，果就会产生。现在因与过去因产生果的是同类因与遍行因，现在因产生果是无间产生的，过去因产生果是间断产生的，而不是同时产生。这些果是等流果，是同类前后之果的缘故。异熟因一者唯有过去才能产生果，而没有同时与无间产生的。

戊二、由几因生果：

烦恼性与异熟生，余法初圣者次第，

除异熟因遍行因，同类因外余三因，

即是心与心所法，相应因外余亦尔。

若问：任何一果由几个因产生呢？一般来说，果必定有相应心心所与无情法两种，其中相应果有烦恼性、异熟生、初圣者以外所有剩余的相应有为法以及初圣者无漏第一刹那四类。按照顺序，第一、不善与有覆烦恼性相应心心所之果是除异熟因以外的五因所生，不会由异熟因产生，它不可能是烦恼性异熟因的果，如果是异熟因所生的果，那必然是无记法。第二、一切异熟生的果均是由遍行因以外剩余的五因所生，它不会是遍行因所生，因为它不是烦恼性。第三、除了烦恼性、异熟生以及初圣者以外的无覆无记法威仪、工巧以及幻心三者再加上一切善法是除了异熟因与遍行因以外剩余的四因所生，不会由异熟因与遍行因产生，原因是任何善心都不是异熟生与烦恼性。第四、初圣者是指苦法智的无漏第一刹那，它的一切心与心所是除异熟因、遍行因、同类因以外剩余的三因所生，异熟因与遍行因不会产生，初圣者是善法之故。同类因也不能产生，因为胜法位以下是有漏法，圣者前无有同类。这些是就心与心所而言的。

非心产生的一切色法与不相应行是无情法，因此不包括相应因以外其他的一切因也同样可分为四类而推断。不包括同类因的色法安立为无漏戒第一刹那，烦恼性是指恶戒无表色，异熟生是根群体中具有的色法，余者是外色与得绳等。

丙二（宣说缘）分四：一、略说与各缘之法相；二、何缘对三时何果起作用；三、任何法由几缘产生；四、广说等无间缘。

丁一、略说与各缘之法相：

经中说缘有四种。其中因缘为五因；
一切心与心所法，除最后刹等无间；
所缘缘为一切法；能作因称增上缘。

佛经中说“缘有四种”，是哪四种呢？即因缘、等无间缘、所缘缘与增上缘。这是略说。

既然说因缘，那么什么是因缘呢？所谓的因缘是指除去能作因以外的五因任何一种。原因是它们对自果产生起到帮助的作用。事相：一切有为法。

一切心与心所是等无间缘，而不相应行与色法都不是等无间缘，它们因果不同时而是错乱存在之故，欲界的色法当下产生欲界、禅色与无漏法。色法一个未灭第二个又产生，多因产生少果，少因产生大果。而且它们只是过去与现在产生，而不是未来产生，因为未来无有次序。那么，所有心与心所都是等无间缘吗？不包括阿罗汉的最后心与心所，因为它们无有其他后面相联的。为什么叫等无间缘呢？由于平等，故为等；同类未被他法阻断，故称无间；又因为是外缘，故称缘。特殊情况下也会被他法隔断，例如，灭尽定心与出定心之间虽然被他法中断，但入定心也是出定心的等无间缘。

所缘缘是指一切法，因为一切法均可作为缘自心识的对境。

所谓的能作因被称为增上缘，因为不障碍一切法产生的果有很多。

丁二、何缘对三时何果起作用：

俱有相应此二因，于正灭法起作用，

三因生法起作用，此外二缘则相反。

此四缘对三时何果起作用呢？俱有因与相应因二者对正在灭的现在之果起作用，因为因果同时。同类因、遍行因、异熟因三者对即将生的未来果起作用。因为同类因与遍行因当时无有间断便能生果，而异熟因则是后来才生果。除了因缘以外，等无间缘与所缘缘生果的方式与前相反，即等无间缘对未来产生的果起作用，所缘缘对正在灭的现在之果起作用，等无间缘提供机缘、所缘缘为心与心所执著之故。

丁三、任何法由几缘产生：

四缘生诸心心所，以三缘生二种定，

他法则由二缘生，非自在等次第故。

若问：任何法由多少缘产生呢？以四缘能产生一切心与心所，能作因以外的五因任何一因作为因缘、前面的心心所作为等无间缘，五境或一切法作为所缘缘，除自之外的法作为增上缘而产生。除了所缘缘以外的三缘产生无想定与灭尽定，依等无间缘可以产生，加行入定依赖于心之故。除了心心所与二定以外剩余的其他不相应行以及一切色法是由因缘与增上缘产生的，而不是由等无间缘与所缘缘产生，因为它们的行不依赖于心或者说是无情法。所以，以四缘产生的数量是确定的，而不是由自在天和“等”字所包括的主尊与相续常有产生的，因为万法次第产生或者偶然产生。

作大种因有二种，为大种造之五因，
大种所造三互因，作诸大种之一因。

此外，若有人问：如果说“他法则由二缘生”指一切色法是由因缘与增上缘所生的话，那么色法必定有大种与大种所造两种，大种作为其他大种、大种所造作为大种以及其他大种所造的因缘与增上缘的方式是怎样的呢？大种作为大种的俱有因与同类因，即大种作自己同时的大种的俱有因，前面大种作为后面大种的同类因。它不会作为遍行因，不是烦恼性之故；也不会作为异熟因，既不是善法也不是不善法的缘故；又不会作相应因，是无情法之故。大种如果产生大种所造色，则作为因缘的方式无需观察。

能作因作为增上缘的方式有五种：即大种作为大种所造之生因、住因、相同因、所依因、增上因。作此五因的理由分别为：大种新生大种所造；大种能使大种所造不间断；大种所造随着大种增减而增减；大种所造依靠其他大种；大种使大种所造愈加增上。

如果大种所造产生大种所造，则是俱有因、同类因与异熟因三者，俱有因：在四大群体中产生的禅定以及无漏戒之七断互相为因；同类因：色法所摄的前后同类善法等；异熟因：诸如以有表色无表色的有漏善法与不善法分别产生善趣与恶趣的眼等与身体。

如果大种所造作为诸大种之因，那么只是唯一的异熟因，因为即生的善不善有表色产生后世异熟生之根群体中存在的大种。

丁四（广说等无间缘）分三：一、分析十二心；二、分析二十心；三、观察十二心中何者新得。

戊一（分析十二心）分二：一、真实宣说十二心；二、对应缘与具缘。

己一、真实宣说十二心：

欲界善与不善心，有覆以及无覆心，
色界以及无色界，除不善外二无漏。

既然说“心与心所一切法”那么到底心有多少种呢？心有十二种，即欲界中善、不善、有覆与无覆四心，色界与无色界中除了不善心以外各有其他三心，加上有学无学二无漏心。

己二、对应缘与具缘：

那么，哪一心的后面立即产生具无间缘之心呢？这要通过八时来了知。八时即相续时、同地时、结生时、入定时、出定时、染污定所逼恼时、入化心时、出化心时。

相续时：同类前面的心生后面的心，如善心生善心。

同地时：心的种类不同，地却相同，也能产生其他心，诸如欲界无间地产生除自地欲界的化心以外的善等一切心。

结生时：从死有结生到中有、从中有结生到生有，死心有除去二无漏、加行善、工巧、化心以外的俱生善，诸如十大善地法；不善法，如坏聚见；有覆无记法，诸如根识；无覆无记法，如威仪。生心：是所转生的那一地的烦恼性心，如果是从下界转生到上界，则死心为俱生善与无覆无记心，生心是有覆无记法。从上界转生下界，死心是善、有覆无记法以及不包括工巧与化心的无覆无记法；生心为烦恼性。从自地转生于自地，则死心是善法，生心如前一样为烦恼性。有学与无学二无漏不可能有生死二心。

入定时：下界的加行善产生上界的加行善，欲界的善心产生色界的善心与二无漏心，色界的善心产生无色界的善心与二无漏，无色界的善心只产生二无漏。欲界的善心不会产生无色界的善心，因为它们二者的所依、所缘、形象与对治四个方面有很大的差距。

出定时：上界的善心产生下界的善心，二无漏心产生无色界的加行善，无色界的善心与二无漏心产生色界的加行善，色界的善心与二无漏心产生欲界的俱生善心与加行善心。

染污定所逼恼时：上界的有覆无记法产生下界的善心，无色界的烦恼心产生色界的善心，色界的烦恼心产生欲界的善心。例如，无色界的等持若被烦恼所毁，则此众生心想：现在已失毁了等持，下面禅定的善心是殊胜的，以此强烈想法的牵引而在烦恼性等持的最后无间生起禅定的善心。从禅定中退失，现前欲界的善心也是同样。

入化心时：色界的加行善之后会出现欲界与色界的两种无记化心。

出化心时：欲界的化心中产生色界的加行善心。

这以上的内容铭记于心后，接下来宣说哪一心后无间产生哪些心的道理：

欲界善心生九心，彼唯由八心中生，

不善心由十心生，彼中产生四种心。

有覆无记心亦尔，无覆五心生七心。

欲界的善心无间产生九心，即相续时欲界的善心；同地时欲界的不善心、有覆无记法与无覆无记法，欲界共有四心；入定时色界的加行善心、有学无学二无漏心；结生时上两界的两种有覆无记心。反过来，欲界的善心只能由八心中产生，即相续时与同地时自地的四心；出定时色界的加行善心、二无漏心；染污定所逼恼时色界的有覆无记心。

欲界的不善心由十心产生，即相续时与同地时自地的四心；结生时上两界的善心，个别的有覆与无覆无记心，每界各三共六心，再加上前四心，可由此十心产生。反过来，欲界的不善心只产生自地的四心，即相续时与同地时自地四心。

欲界的有覆无记心也与欲界的不善心由十心产生、产生四心一样，可依此类推。

欲界的无覆无记心由五心产生，即相续时与同地时自地的四心，加上入化心时的加行善心。欲界的无覆无记心无间产生七心，即相续时与同地时自地四心；出化心时色界的加行善心；结生到上两界时两种有覆无记心。

色界善心生十一，彼由九心无间生，
有覆由八心中生，彼心产生六种心，
无覆无记三心生，彼中产生六种心。

色界的善心产生十一心，即相续时自地的善心；同地时自地之加行善心中的三种无覆无记心，俱生善心中出现化心，化心中出现工巧与威仪心，有覆无记心由工巧与威仪心中产生，这是自地的三心；出定时欲界的两种善心；入化心时欲界的无覆无记心；结生时欲界的不善心、有覆无记心、无色界的有覆无记心；入定时无色界的加行善心以及二无漏心。色界的善心由九心无间产生，即相续时的善心；同地时由化心所生的加行善心、异熟生与威仪心二者所生的俱生善心，这是自地的三心；入定时欲界的加行善心；出化心时欲界的无覆无记心；出定时无色界的加行善心、二无漏心；染污定所逼恼时无色界的有覆无记心。

色界的有覆无记心是由八心产生，即相续时与同地时自地的三心；结生时欲界的善心、异熟生与威仪的无覆无记心、无色地不包括加行善心的三心。色界的有覆无记心中产生六心，即相续时与同地时的善心、无覆无记化心，即自地三心；结生时欲界的不善心与有覆无记心；染污定所逼恼时欲界的二善心。

色界的无覆无记心由三心产生，即相续时自己产生的化心，威仪与异熟二者互生；同地时的加行善心，它产生三无覆无记心；俱生善心；它与化心产生两种有覆无记心。色界的无覆无记心产生六心，即相续时自己所生的化心，威仪与异熟生互为产生，同地时自地的善心与有覆无记心，这是自地三心；结生时欲界的不善心与有覆无记心、无色界的有覆无记心。

无色无覆亦同彼，善心产生九种心，
彼由六心中产生，有覆七心生七心。

色界的无覆无记法由三心产生，它产生六心。同样，无色界的无覆无记心也可依此类推，即由相续时与同地时自地的三心产生，由它产生的六心为结生时欲界的二烦恼性心（不善心与有覆无记心）、色界的有覆无记心。相续时自地的异熟生，同地时的善心与有覆无记心。

无色界的善心中产生九心，即相续时与同地时自地的三心；入定时的二无漏心；出定时色界的善心；结生时欲界的二烦恼性心与色界的有覆无记心。无色界的善心在六心之后产生，即相续时与同地时自地的三心；入定时色界的善心；出定时二无漏心后产生无色界的加行善心。

无色界的有覆无记心中产生七心，即相续时与同地时自地的三心；结生时欲界的二烦恼心、色界的有覆无记心；染污定所逼恼时色界的加行善心。

如同无色界的有覆无记心产生七心一样，它也由七心产生，即相续时与同地时自地的三心；结生时欲界色界的二善心、异熟与威仪无覆无记心。

有学之心四心生，彼中产生五种心，
无学五心中产生，彼中产生四种心。

有学心由四心产生，即入定时三界的三种加行善；相续时有学心本身。有学心中产生五心，即出定时欲界的二善心、上两界的加行善心；相续时有学心本身；入定时于有学金刚定末际无间生起无学灭尽智。

无学心由五心产生，即入定时三界的加行善心、有学金刚定心；相续时无学心本身。无学心中产生四心，即出定时三界中欲界的二善心、上两界的加行善心；相续时无学心本身。

以上十二心的等无间缘已宣说完毕。

戊二、分析二十心：

十二心亦分二十，生于三界分二心，
俱生加行之善心，许异熟生威仪心，
工巧化心四无记，色界之中除工巧。

上述的十二心也可以广分为二十心，那么是如何分的呢？三界中有或以前转生到何处与生俱来的俱生善心、观待现前得绳本体的加行善心，三界各有两种，这样一来，十二加三，就有十五心了。若想：只有这十五心吗？不是，还有不观待士夫勤作而由异熟因自然而生的心（即异熟生心），也就是说六识聚任何一者均可，它的所缘是六境。同样，缘外界之坐垫等与自己之肢体的香、味、触与威仪的威仪心；缘色等对境的工巧心，它有四种，包括缘声学工巧而分的心；缘色等四对境而幻化出的化心。如是欲界中的无覆无记心可分为四种，如此便有十八心。那么，就只有这十八心吗？不是，色界有工巧以外的其他三种无覆无记心，之所以无有工巧，是由于色界的住所与资具等远离勤作。无色界只有异熟生一个无覆无记心。

戊三、观察十二心中何者新得：

三界烦恼性之心，六心六心二心得，
转色界善三心得，有学四心余本身。

若问：现前十二心任何一种时，有几心是新得的？三界的三烦恼性心中欲界的烦恼性心现前时可有六心重新获得，即从无色界与色界转生到欲界时欲界的二烦恼性心、俱生善心，欲界烦恼心使阿罗汉果退失时的无色界色界的二烦恼性心与有学心。

色界烦恼性心现前时有六心可重新获得，即从无色界转生到色界时色界的烦恼性心与俱生善心、二化心，色界的烦恼性心使阿罗汉果退失时无色界的烦恼性心与有学心。

无色界的烦恼性心现前时可有二心重新获得，即无色界的烦恼性心使阿罗汉果退失时无色界的烦恼性心与有学心。

转生色界的善心现前时可有三心新得，即以一禅未至定远离对欲界的贪欲时色界的善心，以世间道远离对欲界的贪欲时二化心。

有学心现前时，可重新得四心，即第一无漏时的有学心，以无漏道远离对欲界的贪欲时二化心，以无漏道远离对色界的贪欲时无色界的善心。

剩余的六心，即欲界、无色界的善心、无学心、三界的无覆无记心现前时它们本身重新获得，其他都不产生。

俱舍论第二分别根品释终

第三品　分别世间

第三分别世间品分二：一、生者众生世界；二、生处器世界。

甲一（生者众生世界）分三：一、分类；二、法之特点；三、广说自性。

乙一（分类）分二：一、三界之分类；二、五趣之分类。

丙一、三界之分类：

地狱饿鬼与旁生，人类以及六欲天，
即是欲界分二十，由地狱洲之差别。

如果通过“三界烦恼性之心”等三界的方式来说明心与心所等分类，那么何为三界呢？即欲界、色界及无色界。欲界都有哪些呢？有地狱、饿鬼、旁生、人类与天界。地狱：由于以非福德的业力牵引或者心不欢喜，故称为地狱，梵语“那绕嘎”，其中“绕嘎”是欢喜之义，“那”是否定词。饿鬼：心里挂念着饮食或者前去寻觅它，一去不复返，为此被称为饿鬼。旁生：因为头横着行走而被称为旁生。人类：所有世间都被称为作意，原因是意识占主要部分，由此被称为人类。天界：梵语“得瓦”，意为拥有喜乐或安乐而尽情享受快乐，故被称天界，天界包括四大天王天、三十三天、离诤天、兜率天、化乐天与他化自在天，此六天是欲界天。如果对此等详细分析，则地狱分为八热地狱、人类分为四大洲（再加上饿鬼、旁生、六欲天），共有二十类。寒地狱与近边地狱都是热地狱的从属，因此未单独计算。天界在下文中还有阐述。以上包括地狱等一切处为欲界，因为它们能增上不善业烦恼界。

此上住所十七处，即为色界于其中，
初三静虑各三处，第四静虑有八处。

那么，何为色界呢？在功德与住所等方面都远远胜过了欲界，因此上面的十七处是色界，因为超离了欲界并能增上自地烦恼、色相善妙的界。若问：假设色界以四禅所摄，那如何成为十七处的呢？转生色界之因分别为四禅，其中因修持初三静虑上、中、下品禅定的不同而转生的禅天分别是梵众天等三处禅天，其中梵众天、梵辅天及大梵天为初静虑三处；少光天、无量光天与极净光天是第二静虑三处；少净天、无量净天与遍净天为第三静虑三处。由于修第四静虑有漏的上、中、下品四禅以及轮番无漏下、中、上、极上、最上品四禅的不同而转生到无云天、福生天、广果天、无热天、无烦天、善现天、善见天与色究竟天，前三处是凡夫住处，后五处唯是圣者的住处，又名净宫地。

无色界则无住所，由转生而分四种，
彼处同分与命根，即心相续之所依。

何为无色界呢？如前所说，无色界并没有单独的其他处所，原因是获得无色界等持未退失的补特伽罗无论死于何处，立即就在那里形成四名蕴而转生于无色界。然而，根据修持禅定的贤劣程度不同，所转生的无色界也有空无边处、识无边处、无所有处、非想非非想处四种差别。若问：如果无色界根本无有色法，那无色界众生的心依靠什么呢？在无色界，众生的心相续依于同类与命根不相应法。“亦”字是说还依靠凡夫、非具、得绳以及生等。下两界不观待色法的心难道不也是依于同类与命根吗？欲界与色界有情是不依靠同类与命根的，因为他们不离色法之想，并且力量微弱；而无色界众生的心不观待色法，原因是他们依靠等持力已远离了色之想，而且力量强大。

丙二、五趣之分类：

彼中地狱等五趣，经中宣说各名称，
非烦恼性非有记，所谓众生非中有。

什么是五趣呢？也就是三界中的地狱以及“等”字所包括的饿鬼、旁生、天界及人间这五趣，《宣说三有经》中宣说了各自的名称。那么，五趣的自性是什么呢？五趣的本体既不是烦恼性有覆无记法也不是不善法，又不是有记善法，假如是烦恼性与善法，那么就不包括圣者与断绝善根的众生了，因此五趣是无覆无记法。这些趣的众生被称为有情，但它们不是中有，因为经中说除五趣外之不同中有。

若问：如果决定有五趣，那非天属于哪一趣呢？按照阿阇黎圣者无著的观点，非天包括在天界中，其理由是非天的身体、受用可与天界相比，并且是天人联姻的友伴，但因失去了天法而被称为非天，这是对下劣加否定词的称呼。

乙二（法之特点）分四：一、七识处；二、有情九处；三、四识处；四、观察七识处与四识处所摄之义。

丙一、七识处：

身不同与识不同，身不同与识一致，
相反以及身识同，无色界中初三处，
此等即是七识处，余者非有彼能毁。

若问：既然经中说“七识处、心九处，有色众生身异、想亦异，如诸人与有天，此为第一住识……”其中所说的这些是什么意思呢？经中所说的意思是：（一）身与识二者都不同的众生是人类与诸欲天，它们的身体颜色、形状与行相均各不相同，识也是有苦乐等舍的不同之故。（二）身不同、识相同的是梵众天界的新生天人，原因是他们的身体、颜色、言语、衣裳等与大梵天相比都要小；而他们的心识均相同，大梵天认为这些天人都是我的意愿所造的，新生的所有眷属也觉得我们是由大梵天的意愿所生，因此他们的识是一致的。（三）与身体不同、识一致相反，身一致、识不同的是二禅天的天人，原因是他们的身体都同样是光的自性，而且颜色、相、形状也是相同的；而他们的心识却不同：如果对正行的意乐生起厌烦，则现前未至定，如若对未至定生起厌恶，则现前正行的意乐，因此他们的心识是不同的。（四）身、识二者均一致的是三禅天的天人，他们身体的颜色等相同的缘故。识：心乐相同之故。此外，无色界的初三处也是识处，因经中云："彼处无色界众生……"以上所说的即是七识处。

为什么叫识处呢？因为在这些地方识以爱的方式得以增上。若问：其他的心处也同样有，那为什么只将它们称为识处呢？除前面所说的这些以外剩余的三恶趣、第四禅、有顶不是识处，原因是这些能摧毁彼识。那么是如何摧毁的呢？所有恶趣是以痛苦摧毁，第四禅的无想天以因果无想定而摧毁，有顶则以灭尽定而摧毁。

丙二、有情九处：

有顶无想天众生，经说有情之九处。
因于不欲之中住，是故其余非称处。

什么是众生九处呢？刚刚讲的七识处，加上有顶、无想天众生即经中所说的有情九处。那么，恶趣以及无想天众生之外的第四禅为何不叫有情之处呢？三恶趣不叫有情之处，其理由是这些众生由业魔干扰而在不情愿中安住于此，如同关在监狱里一般。或者说，此二者之所以不叫有情之处是因为有情之处具有想从他处来此而不愿去往他处的心态，而恶趣不具备这两种特点。无想天以外的第四禅的一切凡夫想到无想天去，所有圣者想趋至上面的涅槃。

丙三、四识处：

四处有漏之四蕴，自地独识未说处。

识处也可以说有四种，即恶趣到有顶之间的有漏四蕴。那么，一切有漏蕴都是识处吗？不是，是自地的有漏蕴，而不是他地的有漏蕴与无漏蕴，原因是识处的含义是指识以爱而住留，而在无漏与他地现在未住之故。那么，识蕴为何不叫识处呢？单独的识蕴不能称得上是识处，因为此处是就住所与住者不同而言的，识是住者（而不是住处），譬如，国王不是他自己的坐垫。

丙四、观察七识处与四识处所摄之义：

如若归纳有四类。

那么，有没有为七识处所摄而不为四识处所摄等现象呢？对此问题如果归纳而言，则有四类。哪四类呢？一、为七识处所摄不为四识处所摄，诸如七识处中的识蕴；二、为四识处所摄不为七识处所摄，诸如四识处中的第四禅者、有顶以及恶趣的有漏蕴；三、既不为七识处所摄也不为四识处所摄，诸如第四禅、有顶及恶趣的识蕴；四、既为七识处所摄又为四识处所摄，诸如七识处中识蕴以外的有漏四蕴。

乙三（广说自性）分三：一、识入之理；二、识住之理；三、识去之理。

丙一（识入之理）分二：一、所入之处；二、入者中有。

丁一、所入之处：

有情具卵等四生，人与旁生具四种，
一切地狱与天界，中有唯有一化生，
饿鬼亦有胎生二。

三界有情有几种生呢？三界有情之生有卵生，以及“等”字所包括的胎生、湿生与化生四种。那么，任何众生有哪几生呢？人类有四生，诸如初劫的人是化生；我乳国王为湿生；卵生：诸如船只毁坏的商人与鹤交媾而生下的长老札与长老札雄；胎生，现在的大多数普通人。旁生也有四生，比如说四生的大鹏以四生的龙为食。一切地狱、天界以及中有的众生是化生，原因是他们的业力强大。大多数饿鬼都是化生，也有胎生的，其理由：一饿鬼对大目犍连尊者说：我晚上生了五个儿子，白天生了五个儿子，虽然将它们一一吃掉了，但我仍不满足。那么，这些生中何者是善妙的呢？化生、湿生、胎生、卵生中前前善妙，因为它们分别不害于自他二者、不害他者、自己一次受苦、两次受苦而生。

丁二（入者中有）分五：一、本体；二、能立；三、身相；四、法之差别；五、入生之理。

戊一、本体：

死有中有间蕴生，未至应至之境故。

既然说“中有唯有一化生”，那么中有的本体是什么呢？五蕴相续在死有与生有之间产生。那么，中有不是来世的理由何在呢？中有不是后世，原因是它尚未到达应到的目的地。

戊二（能立）分二：一、理证；二、教证。

己一、理证：

中有并非是后世，如谷相续同法故。

影像本体不成立，及不同故非比喻，

若一无有二共存，非相续因二法生。

大众部承许说：中阴不存在，理由是生有被死有稍稍中断便出生。

实际上，所谓的中有并不是被死有稍稍中断而产生的，就像种子生苗芽、苗芽生茎等是不间断产生的，粮食的相续与相续趋入是相同的缘故。

如果对方说：这是不一定的，如镜子里的面像是他面容的相续，但是由面容中断而进入的。

虽然你们认为镜子里的面像是面容的相续，生有是死有的相续，其实并不是中断而进入的，你们的这一比喻不恰当，因为镜中的面像本体并不成立，故而不是正确的比喻，在一位置上两个异体的色法不可能同存。再有，你们上面的立宗也不合理，因为镜中的面像是面容的相续与生有是死有的相续此二者是不同的，其实像并不是面容的相续，原因是彼像由面容与清洁的镜子两个主因产生，而中有是由死有产生，并不是由两个主因产生的。

己二、教证：

佛亲说故有寻香，说五众生经亦成。

应当承认中有存在，下面以教证说明，世尊亲口说的《宣说七有经》中云："有有七种，即地狱有……"（藏文原文即是如此，但以此无法说明中有存在，因此引原经文：有有七种，即五趣有、业有、中有。）这足可证明中有存在，又如经中云："若现前三处，则子住于母胎中，具足堪能、月经，父母贪爱交媾，寻香。"这里所说的寻香并不是中有众生以外的他者。

如果对方说：这种说法是不合理的，所谓的寻香是就五蕴灭尽而言的。

这一点并不成立，《达林之子经》中云："汝之寻香即刹帝利种姓或……"五蕴灭法不可能有种姓等。再者，中有存在的根据，经中宣说了不来果有中般涅槃等五种。

若对方说，那是针对天人种性而言的。

这种说法不应理，这样一来，生般涅槃等也成了是天人种性而言的。中有成立还有依据，《宣说七善士趣经》中亦云："中般涅槃有迅速涅槃等三种。"以上教证均可成立中有存在。

戊三、身相：

此一引业相同故，如当本有之身形，

本有即是死有前，居生有之刹那后。

中有身的形象是怎样的呢？中有身与未来的本有引业相同而生，因此是未来本有的身相与容貌。那么，何为本有呢？所谓的本有即指死有之前的有，也就是生有结生刹那以后的五蕴相续，因此死心最后刹那、结生第一刹那分别称为死有与生有，它们绝对是刹那性，而中有、本有是相续存在。那么，中有身是什么颜色呢？地狱中有身如被火焚烧的树干一样，旁生如烟，饿鬼如水，欲界天人与人类的中有身如金色，色界的中有身是白色，无色界不存在中有，因为无色界无有色法。中有身的体积是怎样的呢？欲天与人类的中有身如五六岁的孩童。由于色界众生绝大多数知惭有愧，因此身体圆满并着衣而生；因为欲界有情无惭无愧，所以裸体降生，然而，白衣比丘尼由昔日的愿力也是着衣降生，最后有者菩萨具足相好严饰的童子相，并着妙衣。

戊四、法之差别：

同类具天眼者见，具有业之神变力，

诸根具足具无碍，不可退转即寻香。

若问：以何眼可见中有身呢？中有身同类可以互见，通过修行而得具有清净天眼者可见，并不是俱生（眼根）所能见到的，这是由于中有身极为清净细微、并具有以业力所生的神变快速行于空中的特点，谁也无法阻挡。而且中有身五根均具全，并具有在山岩等处无碍穿行的能力，这是彼等在寻找世间之故，也是在山岩等处也可见到昆虫的缘故。然而，它们却不能穿过母胎与金刚座。中有形成后不会被他缘转变，原因是中有本有二者由同一业力所牵。欲界的中有身由于缘分的善恶而寻香气与臭气。

戊五、入生之理：

生起颠倒之心故，欲行淫往所去境，
湿生化生欲香处，地狱中阴头朝下。

那么，中有身是如何投生的呢？将要转为人的中有身从远处看见父母交媾，如果转生为男，则对父亲生起嗔心，对母亲生起淫欲的颠倒之心，想与母亲交媾而前往入胎，入胎后在母亲右侧面朝其背部蹲坐而生。如果转生为女，则因对母亲生起嗔心、贪恋父亲而在母胎的左侧面朝前而生。以上是胎生与卵生的入胎方式。此外湿生的中有众生希求清净或不清净生处的香而前往；化生中有身则看见生处而生起欲望、爱心而入。其中地狱中有身所显现的景象是，阎罗卒用绳索系上头朝下被带走，天人头向上，人等三类如人等一样。

一者明知而入胎，他者亦有知住胎，
亦有知生余均迷，卵生亦有恒不知。

那么，所有入胎者都是以颠倒心而入的吗？不一定，经中说有四种，经中云："一者明确知母胎而趋入，不知住胎与出胎；二者不仅知入胎且知晓住胎，然不知出胎；三者是不仅知入胎、住胎，亦了知出胎；除前三者外之众生则对入胎、住胎、出胎一无所知。"卵生成为独觉者也有恒时对此茫然不知的。这是指众部独觉，前面所说的是麟角喻独觉，因此它们互不矛盾。事相：比如近岩尊者等。

了知入胎前三种，轮王缘觉与佛陀，
福或智慧或福慧，广大之故次第知。

那么，了知入胎等是指何者呢？了知入胎前三种，分别是指转轮王、独觉与佛陀。原因是转轮王福德广大，缘觉由于在百劫中积累资粮并精通六事因此智慧广大，佛陀则于三大阿僧祇劫积累福慧二资，是故福慧极为广大，应当按照次第而推知。

丙二（识住之理）分二：一、住于何处心之缘起；二、依何而住食之缘起。

丁一（住于何处心之缘起）分三：一、略说；二、广说；三、摄义。

戊一、略说：

无我仅是蕴而已，烦恼与业作因缘，
转世中阴之相续，犹如灯火而入胎。

如果外道徒说：如此一来，就存在人我了，因为存在从前世到今生、从今生到后世的中有。

实际上人我是不存在的，原因是无有恒常自在的补特伽罗。

若对方又说：那么，舍弃前面的五蕴而受生后世的作者就不成立了，无有人我之故。

这也是不一定的，因为只不过是将蕴的相续被当作补特伽罗而已。

如果对方这样说：蕴是刹那性的，不能以相续而趋入。

无有此过失，因为前世的烦恼与业作因缘而产生中有之蕴相续，依靠中有的蕴相续而投生入胎，就像灯火虽是刹那性，但相续可去往他处一样。

如同牵引渐持续，转生后以业烦恼，

再次前往他世间，是故有轮无初始。

若问：那么，中有到生有等的相续是如何产生的呢？依靠业与烦恼的牵引而形成凝酪等住胎五位，从中出现六处，出胎后以孩童等在生五期的次第而产生五蕴的相续。如是出生后便以烦恼积业，接着出现死有，依靠今生积累的业与烦恼而前往他世的中有，之后又去往后世的生有，再到死堕，投生，周而复始，无有穷尽。因此说，四有之轮不断旋转，无始无终。

戊二（广说）分三：一、分位缘起；二、缘起之本体；三、以比喻说明三支。

己一（分位缘起）分四：一、自性；二、观察归摄；三、定数之理由；四、起生之差别。

庚一（自性）分三：一、分类；二、各自法相；三、彼等之定数。

辛一、分类：

此即缘起十二支，分为三份前与后，

各自均有二缘起，中间八种寿圆具。

如是前世、今生以及后世蕴的相续流转之轮即是指从无明至老死之间的十二缘起。为什么叫缘起呢？梵语“札德达雅萨莫巴达”，引申为因缘果聚合后真实出现，故称缘起。何为十二支呢？即无明、行、识、名色、六处、触、受、爱、取、有、生、老死。此十二缘起分为三部分，前世有无明与行二支，后世有生与老死两支，中间从识到有之间有八支。那么，一个补特伽罗具足十二缘起吗？胎生寿命圆满者具足，而其他生与中间死亡者不具足。

辛二、各自法相：

烦恼现时为无明，宿业诸识名为行，
识即结生之诸蕴，名色显露六处前，
六处三者聚前蕴，触能知苦乐等前，
淫爱之前乃为受，爱即行淫之贪者，
取为得财而奔波，有为能生后世果，
结生之蕴即是生，至受之间为老死。
传说此乃位缘起，主要之故称支分。

既然说“十二缘起”，那么它们的本体是什么呢？（一）无明：前世烦恼现行阶段的五蕴，也就是烦恼。（二）行：前世造善等三业阶段的五蕴，即业。（三）识：今生结生到母胎中刹那的五蕴。（四）名色：从结生刹那起到显露出六处之前的五蕴，名是指受想行识，只有名称无有阻碍故；色则指凝酪等。（五）六处：对境、根、识三者聚合到享受外境之前的五蕴。（六）触：从对境、根、识三者聚合后完全断定对境起到能了知乐、苦以及等字所指的等舍之境，并取舍为喜欢、不喜、中等以前的五蕴。（七）受：从能取舍三种感受起到不能行淫之前的五蕴。（八）爱：未真实享用欲妙、行淫欲事、寻觅对境之前的五蕴。（九）取：为了获得成为爱之对境的受用而到处奔波时的五蕴。（十）有：奔波者造产生后世苦乐等果的因善不善业阶段的五蕴。（十一）生：从此世死去而结生到后世时的五蕴。（十二）老死：位于中间的今世所留下的后世的名色、六处、触、受四者。经中云："诸比丘，名色之生为何？乃老死之生也，至受之间亦与彼同。"如是的缘起有刹那缘起、相续缘起、相联缘起与分位缘起四种。传说此处是分位缘起。关于"传说"下文还要讲解。若问：既然这些阶段都是五蕴，那为什么称无明支等呢？由于在那一分位无明是主要的，因此以主要的名称来称呼支分，如四大军队也说成国王来了。如是行等也可依此类推。

辛三、彼等之定数：

为能遣除前后际，以及中间之愚痴。

十二缘起分为三份来讲有何必要呢？大有必要。也就是为了断除前际、后际、中间三阶段我以前是否已生、生什么、如何而生，未来产生与否、产生什么、如何产生以及现在如何的愚痴想法。

庚二、观察归摄：

烦恼有三业有二，七事如是亦为果。
前际后际略因果，由中因果可推断。

十二缘起若归纳，则可包括在几法中呢？归纳而言，可包括在烦恼、业与事三法中。其中烦恼中有无明、爱、取三者；业中有行与有二者；事是指剩余的七者，彼等中产生业惑之故，七事是因同样也是果，因为它们既由业与烦恼中产生（又产生业与烦恼）。

缘起也有两种，即前际缘起与后际缘起，此二缘起每一种各有因缘起与果缘起两种，无明与行是前际缘起之因，识至受之间为前际缘起之果；爱、取、有为后际缘起之因，生、老死为后际缘起之果。

既然缘起因果无有特殊联系，那为什么前际之因包括两个，果分为五个，后际之因分为三个，果包括两个缘起呢？虽然按照前后际的次序略说的前际之因与后际之果，但没有中间两者不能如是分类的过失。中间或今生中果分五种，因有三种的比量中能推出后世的生及老死也有五种，并且也能推断出前世的无明与行同样有三种，爱是无明、至受之间为老死之故。同样，通过所说的前后略因果也能推出中间的略果与略因，因此是为了通达缘起因果分摄而如是宣说的，实际上无有差别。

庚三、定数之理由：

烦恼中生烦恼业，从彼业中产生事，
事中生事与烦恼，此乃有支之规律。

如果有人说：若无明有因，老死有果，那十二缘起的数目就不确定了；如果无明无因，老死无果，那无明就成了无因、老死就成了无作用了，这样一来，轮回也成了有始有终。

不会成为这种局面的，原因是烦恼中生烦恼即指爱中产生取。烦恼中生业则指从取产生有、由无明产生行。从业中生事是指行中生识、有中生生。事中生事则指从识中产生名色乃至从触产生受支，从生支产生老死。从彼等事中产生烦恼是指受中生爱、至受之间为老死，爱是无明，故由老死中产生无明。这就是十二有支的规律，因此摆脱了上面所说的两种过失，理由是无明之因其实就是老死，老死之果也是无明。所以说，无有前后际的十二缘起是轮回。《起生经》中云："三者（烦恼包括无明、爱、取）中生二（业中包括行、有），二（业惑）中产生七（七事），七中亦生三（三种烦恼），有轮复旋转。"

庚四、起生之差别：

此许缘起即是因，缘生承许为果法。

若问：经中所说的“缘起、缘生”到底是什么意思呢？正如论中已经讲述了二者是有为法的别名，故是因果，这是笼统而言的。按照经中所说，此处的缘起是指产生后世之因的支分，由此产生一切果支分之故。缘生是指以前所生之果的支分，彼由因支分中所生之故。虽然这一切支都成了因与果二者，但观待何法是因，则观待彼不是果，观待何者是果，则观待彼不是因，就像观待儿子的父亲不是彼儿子的儿子一样。经中所说的“若有无明，则有行；若有行，则生识等”与前际若有则生现今、现今已生则生后际的说法是一致的。对此，经部宗认为，无明等不是五蕴，原因是无明为无知心所，行则是思。无明等也并非是主要的缘故，否则只讲识就可以了。因此，无明与行应当依照本义来解释。

己二（缘起之本体）分三：一、宣说无明；二、宣说名与触；三、细述受。

庚一、宣说无明：

智慧违品之他法，无明如妄非亲等。

言说彼为结等故，恶慧则非是见故，

与彼正见相应故，宣说染污智慧故。

若问：无明的本体是什么呢？成为如实了达的智慧之违品，不明真谛、因果、三宝等道理的一种心所他法即是无明，而不只是无有觉知或非遮许。否则无实法与无情法也成了无明。譬如，一说非亲就应当明白唯一是指亲友的违品敌人，妄即不真实，也就是指真实违品的一种他法。“等”字还包括非法、非事、非义等。这些也要理解是各自违品的一种他法。若问：假设无明不是单单的无有觉知，那从何了知的呢？经中称为无明之结以及“等”字所包括的无明之缚、无明之随眠、无明之瀑流、无明之行。由此可见，无有觉知立为无明显然是不应理的。

若有人说：劣慧坏聚见就是无明。

坏聚见不是无明，因彼是见之故，见与无明相应，见也是智慧，两个智慧的实体相应是不可能的，而且经中也说无明能染污智慧，智慧自己染污自己自相矛盾之故。

庚二、宣说名与触：

名即非为色法蕴。触六聚合而产生，
前五乃为有碍触，第六仅能谓名称。
触分明与无明他，无垢烦恼其余者，
害心随贪相应触，感受安乐等三种。

所谓的名即受等非为色法的四蕴，随同名称而趋入意义之故，譬如依靠世间共称的色之名而明白色法。

触有六种，即眼触至意触之间，它们是由色等境、眼等根、眼识等三者聚合能断定美境等而产生的。其中眼等前五触是有碍触，原因是依赖有碍根而生。第六意触只能称得上是名称而已，是缘名称之触故。第六种触也有三类，即明之触、无明之触、二者以外之触。此三类依次是与无垢无漏智慧相应之触、与染污智慧相应之触、与剩余的有漏善法及无覆无记法相应之触。无明之触也有与害心相应及与随贪相应两种。所有的触若归纳，则有感受乐以及“等”字所包括的感受苦以及感受等舍的三种。

庚三、细述受：

从中所生之六受，前五身受余心受。

近心之因中而生，总共则有十八种。

从六触中产生的受也有六种，即眼触为缘的受到意触为缘的受之间。其中前五者是身受，依赖于根色法之故，原因是身即称为色法。心受依靠眼等以外的意，因为仅以增上缘的心而产生，根据心受根取对境意近因的差别，总共有十八种，也就是接近于悦意之境、不悦之境、等舍之境各有六种。

欲界缘自具十八，缘色界境有十二，

无色三种初二禅，十二种受缘欲界，

缘自八受无色界，则有二受余二禅，

六受则是缘欲界，缘自地则有四种，

缘无色界唯一种，无色未至定四受，

缘色上界仅一种，正行一受自对境，

十八种受均有漏。其余已说当说故。

那么，这些受在哪些界中存在呢？欲界中十八受均有，即缘自地的六对境，可有十八种；如果欲界的心受缘色界，则由于色界无有香味二者，因此意近因（受）只有十二种；如若以欲界的心缘欲界色界之上的无色界，则因在那里无有五境，是故只有缘法的三受了。

一禅二禅中有十二受，在一禅二禅无有意苦受之故，这十二受也是缘欲界的，而不是缘自地与上地的受，原因是自地与上地无有香味；这两个色界如果缘自界，则有八受，即缘色、声、触、法的意乐受与舍受；倘若色界缘无色界，那么只有二受，即缘唯一法的意乐受与舍受。三禅四禅有六种舍受，因无有意乐受，并且心乐也不会成为受。这六种受的所缘也是欲界，原因是欲界有六境；如果缘色界的自地，则有四舍受，自地无有香味的缘故；此二色界若缘上面的无色界，那只具有唯一的舍受了，因为所缘境仅有法。

无色界空无边处的未至定有四舍受，原因是入此定者视空无边处为寂灭、四禅为粗大，所以指的是缘色界的四禅有四舍受，彼有四对境之故。如果缘上面的无所有等处的未至定无色界，则只有一个舍受，唯有一法之故。无色界的四正行中也只有一个舍受，因为是缘自地的唯一法的有境。这十八种受均是有漏法，原因是能增上爱。

为什么宣说缘起时只广说无明、名、触、受而不说其他的缘起呢？因为色、识、六处在分别界品中已讲过，行、有、爱、取在第四品与第五品将宣说。所以其他的缘起在此未加细述。

己三、以比喻说明三支：

于许烦恼如种子，如龙根树与糠秕，

业如具皮果药花，事如成熟之饮食。

如何以比喻来说明十二缘起所摄的三部分呢？十二缘起包括在烦恼、业与事三法中，应当了知烦恼如种子，种子中生出茎、叶、果，同样，烦恼中产生烦恼、业与事。烦恼又如龙，因为有龙存在，大海就不会干涸，同样，有烦恼的龙存在，三有的大海就不会干涸。烦恼如树根，如果树根未断，就会长出树叶等，同样，若未断除烦恼之根，就会产生轮回。烦恼也如树木，树中能复生叶等，烦恼中也能再度产生业与事。此外，烦恼又如糠秕，犹如具糠秕的果实中能生出苗芽一样，由烦恼的得绳之业中生果。

业如具糠秕之果，理由如前。业也如药，药只能发挥一次性作用，同样，业也只产生一次异熟果。业又如花，花是果之近因，同样，业也是事之近因。

七事如烹调好的饮食一样，煮好的饮食是所享受的，同样七事也只是所享用的，而不会产生其他异熟果（这是从七事为果的角度而言的）。

戊三、摄义：

四有之中生有惑，自地根本诸烦恼，
其余三有具三种，无色界则无中有。

若问：既然说四有，那它们的本体是什么呢？四有中的生有是烦恼性。那么是以什么烦恼结生到生有的呢？以自地的一切根本烦恼结生的，而不是以他地的烦恼。除了生有外其他的中有、本有、死有具有善、不善、无记法三种。它们在何界中存在呢？欲界与色界中具有四者，无色界中有三种，无中有之故。

丁二（依何而住食之缘起）分三：一、食之自性；二、旁述中有之异名；三、彼等之必要。

己一、食之自性：

有情依食而存住，段食欲界三处性。
彼并非为色之处，不利自根解脱故，
触食思食与识食，均为有漏三界有。

众生依靠什么在三界中存留呢？众生是依靠食而住存的，经中云：“本师成佛不久，则恩赐一法，即众生以食而存。”

既然说有情依食而存住，那么食有多少种呢？有四种，即段食、触食、思食、识食。它们都存在于哪些界中呢？段食在欲界中有，而上两界中是没有的，原因是远离对段食的贪欲才能转生到上两界中。大地狱中怎么有段食呢？有，那里的段食就是铁球与铜汁，近边地狱与孤独地狱有像人的食物一样。

段食的本体是什么呢？香味触三处的本性。为什么叫段食呢？因为它们是依靠鼻、舌、身一口一口吞下（指分段享用之义）的食物，故而得名。米饭等色处也是一口一口吞下的，为什么不叫段食呢？因为食对根与产生所依起到帮助作用，而色处不利于自己的眼根，并且对产生所依也无利。那么，饥饿所逼者不是仅见到食物就有利吗？仅仅依靠看见食品而悦意只能成为快乐感受的触食，而不是色，假设仅是看到色法而如此，那么远离欲界贪欲的不来果与阿罗汉仅见到食就应满足，实际上仅仅见到色处尚且对从烦恼中解脱也无济于事，更何况说是具贪者了。

若问：触食等本体是什么呢？触、思、识均是有漏食，而不是无漏食。食的含义是指能令在世间生存之法，无漏法则能灭尽世间之故。那么它们在三界中哪界存在呢？三界均有。

己二、旁述中有之异名：

意成求生及寻香，中有以及现成名。

如果说食对求生者有利，那么求生者是指什么呢？所谓的求生是中有的别名。为什么叫求生者等呢？由于由意化生而不依赖父母的不净种子，因此称为意成；是寻觅本有的形象故称求生者；寻找食之香气而称寻香；住于死有与生有之间，故称为中有；即将现前来生之故，称为现成。

己三、彼等之必要：

前二食为利此世，增长所依及能依，

为引他世与形成，次第而说此四食。

为什么宣说四食呢？为使此世心与心所的所依包括根在内的身体增长而宣说了段食，为了增上能依的心与心所而说触食，也就是主要为了生存在世间而宣说了段食与触食前二者。为了引后世故说思食，依靠由业牵引之识而形成后世而说识食，主要是产生世间，因此宣说了后二识，如此按次第来说，决定有四食。这些食均是就主要而言的，实际上段食与触食也间接引后世，原因是依靠它们产生烦恼，由烦恼而积业。思食与识食也能使众生住留，据说遭遇严重饥荒的父亲为了不让两个儿子一起死去而指着装灰尘的口袋说这是面粉，并挂在梁下，两个儿子因为心里存着有面粉的念头而一直没有死，当（知道真相后）感到无有希望时便死去了。

丙三、识去之理：

断绝善根与结合，离贪退失死生心，

唯一承许为意识，死与生心依等舍，

一缘无心皆无有，涅槃为二无记法。

断绝的善根与结合等心是什么意识与根识呢？以邪见断了善根、以正见等接起的心、界地中远离贪欲的入定、以非理作意从入定中退失、死生之心都唯一承许为意识，因为这其中大多数是颠倒分别念，有些虽不是颠倒分别，但在根识中不存在这些。死心与生心依于等舍，原因是死心与生心不明了。死堕无有一缘等持之心，因为死堕有害于心，而等持有益于心。生心也无有等持心，等持是善法而生有是烦恼性的缘故。如果说有三种死有，那么阿罗汉最后的死心是什么呢？无余涅槃的心是无记法中的异熟生与威仪心二者。

恶趣天人阿罗汉，次第而死则于足，

脐与心间识灭尽，气息分解依水等。

圣者造无间罪者，必定趋入正邪道。

死亡之时，包括身体在内的根在身体的哪一方位灭尽呢？所有化生等顿时死亡者意与身根同时灭尽，下三恶趣、人、天界以及不转三有的阿罗汉如果是次第而死，则转生恶趣者在足下、转为人者在脐间、成为阿罗汉者在心间意识迁移。身根则如炽热的石头上洒水立即消失般，于身体的足下等处灭尽。那么，气息分解时是依靠什么因呢？气息分解是因为涎、胆、风成分多而使水以及“等”字包括的火风任何一者极度紊乱，致使身体的部分失坏而死。那么死后将变成怎样呢？圣者与造无间罪者必定趋入正道与邪道，也就是说圣者死后立即解脱，造无间罪者立即堕入地狱。除此二者之外，其他众生均不一定，因外缘是偶然性之故。

甲二（生处器世界）分三：一、次第与量；二、旁述众生之量；三、别说此二量。

乙一（次第与量）分三：一、宣说所依；二、宣说能依；三、别说众生之处。

丙一（宣说所依）分二：一、宣说风轮；二、宣说水轮与金轮。

丁一、宣说风轮：

器世最下风轮厚，十六洛叉广无数。

有情世界宣说完毕，接下来，应当阐述器世界。世间界无量无边，各种各样，说之不尽，在此对我等本师所化的娑婆世界作一简略说明。对法宗关于器世界的观点，下方之基最初时是一虚空，形成世界的前兆微风四起，多年之中狂风不断，从而形成了金刚也无法摧毁的风轮，它的厚度为一百六十万由旬（即十六洛叉），宽度为一无数（阿僧祇）。

丁二、宣说水轮与金轮：

水深一百十二万，尔后深度八十万，

剩余凝结成金轮，水轮金轮之直径，

一百二十万三千，四百五十周三倍。

在风轮的上方，雨流宛若车的主轴一般降下，依之形成深度一百一十二万由旬具有金子精华的水轮。它不直接流淌的原因是众生的业力牵引。在水轮的上方，依靠风搅拌这些水，致使变得极为坚硬，依此形成了金刚大地。其后，水轮的深度仅剩下八十万，其余的三十二万均已变成金子。那么，金轮与水轮的直径是多少呢？它们的直径是一百二十万三千四百五十，周围是圆形，因此是直径的三倍。

丙二（宣说能依）分三：一、宣说山；二、宣说海；三、宣说洲。

丁一、宣说山：

须弥山与持双山，持轴山与担木山，

善见山与马耳山，象鼻山与持边山。

尔后乃是一切洲，彼等之外铁围山，

七山为金彼为铁，须弥四宝之自性。

其后，由于众生的业力所感，水轮与金轮的上方水流如前一样降下，依此而形成具各种界的外海，又依靠其中最强有力风的搅拌而形成比其他庄严壮观的妙高须弥山王，又依靠中等风的搅拌形成了山顶美观如见而生喜之车轭般的持双山、如金轴般的持轴山、有沉香林严饰的担木山、山顶有见而生喜之饰的善见山、马耳形状的马耳山、山顶形如象鼻的象鼻山、山顶状如轮辐的持边山。这些山环绕须弥山。依靠下等风界搅拌而形成所有的洲，在它们的外面是铁围山。

若问：那么，九山的本体是什么呢？从持双山到持边山之间的七山是金子组成的，铁围山则是铁。须弥山是四种珍宝的自性，即东、南、西、北分别由银子、琉璃、红宝石、金子组成。须弥山的那一面是什么珍宝，那一方的虚空也显出它的颜色，由于南方是琉璃，因此南赡部洲的天空也呈现蓝色。

八万由旬没水中，如是上方亦八万，

八山高度半半减，彼等厚度亦等高。

那么，这些山的量有多少呢？九山有八万由旬没入水中，原因是所有的山均依靠金刚大地。如是须弥山在水面的上方也有八万由旬。后面的八山高度相当须弥山一半一半递减，即持双山露出水面四万由旬，铁围山是三百一十二点五由旬。这些山的厚度或宽度也都等同各自的高度。

丁二、宣说海：

彼等七间为七海，初者八万由旬宽，

彼为内海边三倍，余海半半而递减。

剩余水即外大海，三十二万由旬宽。

须弥山至持边山的七个间隔处是七香海，是所有龙王的游戏之处，故而得名。这些海中盈满具有凉、柔、轻、香、澄、无臭、饮时不损喉、饮已不伤腹八功德水。那么，香海的量是多少呢？这些海的深度都是八万由旬，第一须弥山与持双山之间的宽度为八万由旬。它们是内外海中的内海。持双山的东西两岸之间的海面各自宽度的三倍，即二十四万由旬。如是西北、东北、东南也可依此类推。持轴山到持边山之间的其他六海宽度后面的较前一半一半递减，即持轴山四万至持边山一千二百五十之间。第六海的东西等四边后后较前前距离越来越远。剩余的持边山至铁围山之间的所有水即外大海，它的宽度也就是持边山的中央至铁围山中央的量即三十二万由旬，周边有三亿六十万七百五十由旬，此海水充满了盐味等。

丁三（宣说洲）分三：一、宣说主洲；二、宣说小洲；三、宣说赡部洲之特法。

戊一、宣说主洲：

南赡部洲之三边，二千由旬马车形，
一边乃三由旬半，东胜身洲如半圆，
三边与此均相同，一边三百五由旬。
西牛货洲为圆形，周长七千五由旬，
彼之中央二千五，北俱洲八四边等。

既然说“尔后乃是一切洲”，那么一切洲是指什么呢？总共有四大洲。位于须弥山的南方，因赡部树果落入海中发出“赡部”的响声，故称赡部，边缘为水环绕的洲，因此称为南赡部洲，它的三边各有二千由旬，如马车形的最小一边有三点五由旬。由于位于此洲的东方，并且（彼处人类）身量超过（赡部洲人类）两倍，因此称为东胜身洲，形如半圆的三边与南赡部洲相同，各有二千由旬，另一边是三百五十由旬。在此洲的西方有一享用如意牛与珍宝、四边为水环绕的洲称为西牛货洲，圆形，周长为七千五百由旬。如果从它的正中央来衡量，则有二千五百由旬。由于位置在此洲的北方、那里的众生死时七日前出现难听的声音，因而称为北俱卢洲，它的周边距离有八千由旬，四方形，每边平等各有两千由旬。

戊二、宣说小洲：

彼等之间八小洲，身洲胜身声不美，
声不美对拂妙拂，胜道行洲及行洲。

在四大洲之间有八个附属洲，即身洲与胜身洲附属东胜身洲，声不美、声不美月洲附属北俱卢洲，拂洲、妙拂洲附属南赡部洲，行洲与胜道行洲附属西牛货洲。这是八小洲，这些洲除了拂洲是罗刹居住外其余都是人居住。

戊三、宣说赡部洲之特法：

此向北越九黑山，即是所谓之雪山，
复次香醉山之内，有水宽度五十海。

赡部洲的中央是印度金刚座，自此向北越过九座黑山的地方有雄伟的雪山，再向北有香醉山，在十由旬之内是无恼龙王居住的无热恼海，海中盈满八功德水，由青莲花、莲花、睡莲等掩映，水宽五十由旬的四方形海，周长二百由旬，它的东方流淌着恒河，南方流淌信度河，西方是缚刍河，北方为徙多河。这些河右绕无热恼海，汇入外海。在香醉山北方二十由旬的地方是金岩崖窠非天面，四方形，有许多由旬，它的周围有百千金岩崖窠。向北二十由旬处被枝繁叶茂名为极坚萨拉树王所压，再向东方二十由旬有一环绕成百上千水池的缓流河，点缀着各式各样的鲜花，在那里住有帝释天在沙场乘骑的极坚大象及其眷属百千象群。

丙三（别说众生之处）分二：一、真实宣说众生之处；二、彼等之广述。

丁一（真实宣说众生之处）分二：一、恶趣；二、善趣天界。

戊一（恶趣）分二：一、热地狱；二、寒地狱。

己一、热地狱：

此下二万由旬处，即是无间地狱处。
彼之上方七地狱，八狱之外十六狱。

四边煻煨尸粪泥，利刃原等无滩河。

在此南赡部洲下方二万由旬的地方有无间地狱的房顶，它的高度与广度各有二万由旬。那里的众生无间感受着无量痛苦，故此得名。在它的上方有七个地狱，即复合地狱、黑绳地狱、众合地狱、嚎叫地狱、大嚎叫地狱、烧热地狱、极热地狱。在八热地狱的周围有十六个从属地狱，八个地狱的四面各有火烬没膝的煻煨坑、利嘴昆虫刺身的尸粪泥、林中布满刀刃的利刃原，以及“等”字所包括的剑叶林。在剑叶林有具铁齿的杂色狗啃食。铁刺树林（铁柱山）上乌鸦用铁喙啄眼球，所有的荆棘刺身，还有难以逾越的热灰无滩河，这三者是一类，算为一个，狗、乌鸦是剑叶林与铁柱山特有的。这些地狱的前面有阎罗狱卒手持各种兵器阻止进入其他地狱。

己二、寒地狱：

其他具疱地狱等，即是八种寒地狱。

除热地狱外，另有具疱地狱等八寒地狱，即具疱地狱、疱裂地狱、紧牙地狱、阿啾啾地狱、呼呼地狱、裂如青莲花地狱、裂如红莲花地狱、裂如大莲花地狱。那么，此洲的下面如何能容纳无间等地狱呢？能容纳，因为所有的洲均如同谷堆一样，下端广大。

旁生的根本住所是外大海，在天界与人间居住的是散居旁生。

饿鬼的根本住处是所谓的王舍城，位于南赡部洲下间隔五百由旬的地方，在那里有阎罗法王，他是以不善引业所牵来到这里，以善满业而感为地狱众生显示业果。饿鬼有三十六种，或者归纳为外障、内障、食障三种。天界人间存在的饿鬼是散居的。

戊二（善趣天界）分二：一、与地相连；二、与地不连。

己一（与地相连）分二：一、四大天王天；二、三十三天。

庚一（四大天王天）分二：一、依无量宫；二、依山。

辛一、依无量宫：

日月位于山王半，五十五十一由旬，
午夜日落与正午，以及日初为同时。

首先是日月星辰。日月二者位于何处呢？日月从水界向上在须弥山的一半即四万由旬处。日月的量是多少呢？月亮的直径是五十由旬，太阳的直径为五十一由旬，它们的周长均是直径的三倍，厚度为五点五由旬加上十八分之一由旬。那么，它们是由什么物质构成的呢？月亮由水晶构成，具有清凉的作用，太阳由火晶构成，作用是发热，并对眼睛有害，其他方面二者均相同。在它的上方是金子的围墙，下方有五彩斑斓的颜色、妙宅、花园、如意树以及各种鲜花。星辰的量，《施设论》中云："大星辰十八闻距，小星辰三闻距，多数为十闻距与十二闻距。"

那么，太阳是以怎样的方式照耀四洲的呢？以北方午夜、东方日落、南方正午，西方日初同时的方式照耀。以此可推，西方午夜、北方日落、东方正午、南方日初同时，同样，南赡部洲午夜、西牛货洲日落、北俱卢洲正午、东胜身洲日初是同时，这是就昼夜相等而言的，昼夜不等则不一定。

夏季第二月之末，自九日起夜晚长，
所有冬季四月中，变短白昼则相反。
昼夜长为一须臾，日行南北方之时，
因与日轮极趋近，自之影子彼现亏。

那么，夏季冬季日回在何时呢？对于时节的观点虽有许多，但在讲《俱舍论》的此处，藏历九、十、十一、十二月为冬季；一、二、三、四月为春季；五、六、七、八月为夏季。

新年开始的时间也有许多说法，但这里，将藏历九月确定为八月，在此月的十六日到冬季一月为新年开始，因为室宿月（七月十五——八月十五）十五，在八月十五时以前已经圆满，八月十六日到九月十五即是九月。因此，八月下旬与九月上旬合起来即冬季第一月开始，五月下旬与六月上旬合起来即夏季第二月，它的下旬先过而上旬留在后面，因此称为末。在这个月（五月）的八日白天极长，达到十八顷刻，而晚上特别短，只有十二顷刻。

接下来讲夏季日回[1]，从九日起夜晚以二漏分（一小时的六十分之一，等于六十秒）三秒而变长，白天以二漏分三秒而变短，十一月下旬与十二月上旬合起来称为冬季的第四月，在它的最后十二月八日，夜晚长达十八顷刻，白日极短只有十二顷刻。下面是冬季日回：从九日起夜晚以二漏分三秒变短，白天则与之相反，以二漏分三秒变长。

那么，夏季日回在五月、冬季日回在十一月不是与此相违了吗？不相违，此论是相对印度而言的。另外，按照有些智者的观点，将藏历九月当作十月，从它的十六日起至二月十六日之间是冬季，至六月十六日之间为春季，从六月十六日至十月十六日之间为夏季。所谓的“夏季第二月”直接宣说了秋季昼夜相等的八月，而间接说明了此后过三个月交界时，从最后月的上旬九日起夜晚将变得越来越短，白天则与之相反，变得越来越长。因此，这种确定新年开始与时季的方式与戒律也非常吻合。

那么，长短的量是多少呢？白天与夜晚长短是指一日中以须臾变长变

1 日回：夏至白昼由最长转短、冬至白昼由最短转长的变迁。

短。须臾长短是一日的九百分之一。按照时轮金刚的观点，气息的入、住、出三者作为一，这样的二十四个时间为四分，四分之一为一须臾。

若想，如此作为长短的理由何在呢？太阳在南方于六个月期间运行时，越过五点半由旬加上十八分之一由旬的南赡部洲，即从海上运行快速，东西距离短，因此白天短，夜晚长。又由于太阳洒落海上，不照射洲，因此气候寒冷，运行南方完毕以后向北方移动时，则称为冬日回。六个月在北方运行时，越过大海，从南赡部洲上方行速缓慢，又由于东西距离长，因此白天长夜晚短，又因为阳光照到南赡部洲上，所以气候炎热，运行北方结束后向南方移动时称为夏季日回。

那么月亮为何有盈亏呢？当月亮与太阳最为趋近时，由于太阳光射到月亮上，自己的影子落到它的方向，从而将月亮全部遮住，因此月亮显现亏损；月亮与太阳的距离越来越远，月亮也就会变得越来越明显，达到最远时，月亮就会圆满显露出来。月亮的基底是澄清明亮的水晶，围墙由金子组成，当阳光照在围墙上时，围墙的影子便投到基水晶，于是见到月亮有盈亏，这一点通过在口朝上的曼茶盘边缘放一个酥油灯就可明白。

辛二、依山：

须弥山有四层级，间距一万一千也，
分别高出一万六，八千四千与二千。
居于彼处有持盆，持鬘常醉之药叉，
四天王天众天人，七山亦为彼之处。

此须弥山有四层，那么它们之间的距离是多少呢？中间的距离为一万一千由旬。那么所有的层级比外面高出多少呢？第一层向外突出一万六千由旬，第二层突出八千由旬，第三层突出四千由旬，第四层突出二千由旬，在这些层级处有何者居住呢？第一层级处，手持盛满甘露宝盆的持盆药叉，第二层级处，手持珍宝花鬘的持鬘药叉，第三层级处，恒时为美酒迷醉的常醉药叉，第四层级处四大天王天的诸天人居住。也就是说，在四层级的东方上面有持国天王的宫殿与持国天王，南方是增长天王宫与增长天王，西方是广目天王宫与广目天王，北方是多闻天王宫与多闻天王。不仅如此，而且七金山处也是四大天王的天界。

庚二、三十三天：

须弥山顶卅三天，彼边八万由旬也，
方隅四层之彼处，手持金刚护神居，
中央称为善见城，边长二千五由旬。
一由旬半金自性，大地庄严具弹性，
于彼处有尊胜宫，边长二百五由旬。
外众车苑粗恶苑，杂林苑与喜林苑，
彼等林苑之四方，距离二十为妙地，
东北之隅大香树，西南隅为善法堂。

须弥山顶是三十三天。为什么叫三十三天呢？因为那里有八财神、威猛十一天、日神十二天、娄宿二子，共三十三位天神，故而得名，或者由于有善法堂（帝释住处）等三十三处而得名。它的量是多少呢？它的每一边都有八万由旬，周长有三十二万由旬。在须弥山的四方四隅有四层楼的一边有二百二十五由旬，高度五百由旬。四层楼是手持金刚药叉为保护众天人放逸喜乐之处而居住的地方。

三十三天中央是善见城，每一边有二千五百由旬，周长二万由旬，高度一点五由旬，城面是金子的自性，地基由一百零一种染料美化，具有随足起伏的弹性。九百九十九门的每一门前各有五百身披盔甲、手持各种兵刃的守护神保护着三十三天的诸天人。

在善见城的中央有帝释天王的住处尊胜宫，它的每一边均有二百五十由旬，周长一千由旬，高度半由旬加上十八分之一由旬。有一百零一座宫殿，每一个宫殿有一百层楼，每一层有七个房间，每一个房间里有七位天女，每一位天女有七个侍女，每一个侍女有七个铙钹。

善见城外二十由旬处，东方有众车苑，南方是粗恶苑，西方是杂林苑，北方是喜林苑。这些林苑的四方间隔二十由旬处有四妙地，即东方众车苑妙地，南方粗恶苑妙地，西方杂林苑妙地，北方喜林苑妙地。

善见城的东北隅有大香树，向下插入五十由旬，一百由旬向上，枝叶遍及五十由旬，芳香顺风向飘散一百由旬，逆风向飘五十由旬。在此树前形如骰子的一合石，每一边五十由旬，周长二百由旬，高五点五加十八分之一由旬。在它的上方陈设着天王的狮子座以及所属三十二天的宝座。众天人于夏季四个月期间居于那里。在它的跟前有护地神象，它的身体数多由旬，幻化出的三十二头上能撑得起三十二天。善见城的西南隅隔十二由旬处是善法堂，直径为三百由旬，周边九百由旬，比善见城高出三点五由旬，那里也有天王与所属三十二天的宝座，众天人聚集于此后思维人天之事与正法。

己二、与地不连：

彼上诸天无量殿，如是欲天如是行：
二二相交抱执手，发笑目视而行淫。
如满五岁之孩童，直至达到十岁间，
转生彼处色界众，身体圆满著衣生。

在三十三天上方有离诤天至究竟天之间诸天人的无量殿，为什么叫离诤天呢？原因是在此以下都是具有争斗的，自此以上远离争斗，故而称为离诤天。这以下怎么有争斗呢？有争斗，诸天人尚且与非天作战，更何况说其他的众生了。离诤天也叫双胞天，因为天子天女是孪生的；由于是最后有者菩萨的国都，并具有殊胜喜乐，因此称为兜率天；依靠自己的幻变随心所欲地享受，故称化乐天；依靠他者的幻变而随心所欲地享受，因此称他化自在天。欲界诸天的颜色为白、红、黄，无量殿也有如三洲人间一样在故意不故意中而造的。

为什么叫梵众天等呢？诸罪已净，属于大梵天眷属，因此称为梵众天；大梵天前如婆罗门诵吠陀一样居住，故称梵辅天；大梵天是指在其他所有天的最初生，最后死，较其他梵天身材等高大，是故称为大梵天；与其他上界天相比，威光范围小，故称少光天；由于身体光芒无量无边，因此称无量光天；光芒无余遍及其他处，故称光明天；禅悦较其他上界天小，为此称为少净天；禅悦无量故称无量净天；在此色界诸天中禅悦最极净妙，所以称为广净天；由于此处诸天无有大地之云般障蔽，因此称无云天；由无动摇福德中生，故称福生天；在凡夫中，果报再无有大于此天的，因此称为广果天。在它的上方是五净居天，之所以称为净居，是因为那里无有凡夫，唯有圣者居住。何为五净居天呢？即无热天、无烦天、善见天、善现天、色究竟天。因功德小于上面诸天，故称无热天；由于无有烦恼的逼迫，因而称无烦天；所见均为清净，故而为善见天；见解善妙，故称善现天；在无有比此更高的其他色界天，故称色究竟天。

那么，所有的六种欲天如何行淫呢？四大天王天与三十三天通过二根双运而行淫。然而，他们的饮食中却无有不净的同类因，故不会出精，依靠出气行淫，远离苦恼而住。离诤天仅以拥抱行淫，兜率天仅以拉手行淫，化乐天仅以发笑行淫，他化自在天仅以目视行淫。既然不出精，那如何会有天子天女的称呼呢？四大天王天身材达到五岁孩童身量，到他化自在天满十岁之间在彼等处迅速化生，因为在他们的怀中出生而称为他们的天子、天女。色界诸天身体圆满，有惭有愧，因而着衣出生，死时也是着衣而死。

丁二、彼等之广述：

三种生起贪欲者，即指一切欲天人。
三种生起安乐者，三禅之中共九地。
犹如从彼至下量，尔后向上亦复然，
除依神变与他者，彼等不得见上界。
四大部洲与日月，须弥山王及欲天，
梵天世界一千数，许为小千之世界，
彼之千数承许为，二千中千之世界，
彼之千数三千界，同时坏灭一同生。

既然经中说“三生贪欲”，那么它们指的是什么呢？三种生贪是指欲界的天人。从欲界的人到兜率天的所有众生享用由异熟所生的欲妙；化乐天人享受自幻化的欲妙；他化自在天则享用自他二者所幻变的欲妙。又经中所说“三生安乐”的“三”是指初三静虑，它的每一种都有三天界，共有九地。一禅的梵众天等三处享受远离贪欲而生的安乐；二禅三处受用断除寻思之禅定所生的安乐；三禅三处享受无有喜心的安乐。

若问：从此到四大天王天之间的距离有多少呢？从四大天王天的根本住处四层级下至南赡部洲之间有四万由旬，四层级上至三十三天之间也有这么远的距离即四万由旬。此外，三十三天至离诤天之间有八万由旬，离诤天到兜率天之间有十六万由旬（此处藏文为十四万由旬，但是否应为十六万由旬，请读者观察）……依此类推。

那么，从下界能看见上界吗？除了自己获得神变或者依靠其他具有神变者以外下界下地无法到达或看到上界。这些处的面积有多少呢？离净天等四天与三十三天相等，四禅依次等同四洲、一千小千世界、二千中千世界、三千大千世界的范围。什么是三千世界呢？四洲、日月、须弥山、诸欲天、梵天世界一千个称为一千小千世界，千数的小千世界称为二千中千世界，它从四洲到梵天世界之间有一百万个，一千个中千世界称为三千大千世界，此世界从四洲世界到梵天世界之间有十亿数。为什么叫三千大千世界呢？三千大千世界能被火等同时毁灭，最初形成时也是同时产生的，（由一体性）而得名。

乙二（旁述众生之量）分二：一、身量；二、寿量。

丙一、身量：

南赡部洲众生量，四肘以及三肘半，
东胜身洲西牛货，北俱卢洲二倍增。
具有贪欲天人身，四分之一闻距至，
一闻距半之间增。一色界身半由旬，
彼上半半而递增，少光天众之上天，
身量均成两倍增，无云天减三由旬。

器世界的量是固定的，有情也同样有固定的量吗？恶趣众生的身量不固定，因此在此不讲。善趣众生寿量一百岁时，南赡部洲人类的身量高的为四肘，矮的三肘半。肘是指尘肘，东胜身洲、西牛货洲、北俱卢洲后者是前者的两倍，即东胜身洲众生身量八肘、西牛货洲十六肘、北俱卢洲三十二肘。

这些也是以南赡部洲为标准的，若按各自之洲而言则只有四肘。具有贪欲的六天的身量：四大天王天四分之一闻距，他化自在天一点五闻距。色界诸天中第一梵众天的天人身量半由旬，它的上面梵辅天、大梵天、少光天半由旬半由旬递增，少光天以外的无量光天以上天人身量两倍两倍增长。然而，无云天以两倍增长又减去三由旬，这是特殊情况。如是无量光天四由旬，光明天八由旬，直到色究竟天一万六千由旬之间。无色界不存在身体，也就无有身量了。

丙二（寿量）分二：一、真实宣说寿量；二、旁述。

丁一（真实宣说寿量）分二：一、善趣寿量；二、恶趣寿量。

戊一、善趣寿量：

北俱卢洲寿千年，二洲半半而递减。
此赡部洲不一定，最终十岁初无量。
人类众生五十岁，最下欲天之一日，
如是自寿五百年，上天二倍二倍增。
色界无昼夜时寿，劫数等同自身量，
无色界寿二万劫，向上依次而增长。
少光天起为大劫，彼之下天半大劫。

众生的身量是固定的，寿量也同样是固定的吗？北俱卢洲众生的寿量达千年，西牛货洲、东胜身洲减一半，所以西牛货洲众生寿量为五百岁，东胜身洲为二百五十岁。南赡部洲则不一定，递减的最后为十岁，初劫的人寿为无量岁，在这之间也有许多增减。

欲天的寿量：人类的五十年是欲界诸天中最下方的四大天王天的一天，

此天界三十天为一月，十二个月是一年，四大天王天的寿量为自寿五百岁。上方三十三天等日与年均是前者的两倍，三十三天自寿达千年，一直到他化自在天的一天相当于人寿一千六百年，自寿为一万六千年。

若问：假设三十三天以上无有日月，那么昼夜与寿量不是也不合理了吗？无有这种过失。根据时间花闭、鸟不发出鸣叫、打瞌睡则是夜晚，与之相反是白天。光明也是因为身体具有光芒。

那么，色界诸天无有瞌睡等，就不会有寿量了吗？色界诸天虽然无有昼夜的概念，可是寿量是通过将衡量自己身量的由旬数换为劫来计量的，颂词改为“一色界寿为半劫，彼上半半而递增，少光天众之上天，寿量均成两倍增，无云天寿减三劫。”除了“由旬”改为“劫”、“身量”换成“寿量”外无有其他差别。

无色界空无边处的寿量为两万劫，上面的三处后者比前者增长两万，即识无边处寿量为四万，无所有处为六万，非想非非想处为八万。那么，它们是中劫还是大劫呢？从少光天起为大劫，少光天以下大梵天以上为大劫的一半也就是四十个中劫作为劫。

戊二、恶趣寿量：

复合地狱等六狱，日渐等同欲天寿，
是故彼等之寿量，亦与欲天年相同。
极热地狱半中劫，无间地狱一中劫，
旁生最长一中劫，饿鬼月日五百年。
芝麻器中每百年，取出一粒至穷尽，
即是具疱地狱寿，余寿渐成二十倍。

应当了知，复合地狱等六热地狱的寿量一日依次与四大天王天等六欲天的寿量相等，即四大天王自寿五百年相当于复合地狱的一日，复合地狱众生自寿达五百年。因此，复合地狱等这些地狱众生的寿量与六欲界天年数基本相同。极热地狱寿量半中劫，无间地狱长达一中劫。旁生寿命短暂，没有固定，最长的可达一个中劫，如八大龙王。饿鬼一日相当于人间的一个月，如此计算它们自寿达五百年。寒地狱寿量：摩竭陀国八十克芝麻容器中盛满芝麻，每一百年取出一粒，直到取尽的时间为具疱地狱的寿量，疱生地狱等其他地狱的寿量以二十倍递增。

丁二、旁述：

除开北俱卢洲外，其余均有中死亡。

那么，这些众生中间有死亡的吗？除了北俱卢洲众生的寿量是固定的以外，其他众生均有非时死亡的，此处是就一般的寿量而言的。

乙三（别说此二量）分二：一、略说；二、广说。

丙一、略说：

色名时际分别为，极微文字与刹那。

在讲述众生之处与身量时以肘、闻距、由旬来说明，在讲寿量时以年、劫等来说明，这些是指什么呢？色法最小的是极微，由极微积聚而成闻距与由旬。名称最小的是文字，由文字合成偈颂、品、论典。最短的时间是刹那，由刹那积累而成日、月、年、劫。

丙二（广说）分二：一、境色之量；二、时间之量。

丁一、境色之量：

极微微尘铁水尘，兔毛羊毛象日尘，
虮虱青稞与指节，后后较前增七倍。
廿四指节为一肘，四肘乃为一弓量，
五百弓量一闻距，阿兰若八一由旬。

如何由最小的色法极微形成闻距等的呢？极微、微尘、铁尘、水尘、兔毛尘、羊毛尘、象毛尘、日光尘、虮子、虱子、青稞、指节，它们之间呈七倍递增，二十四指节为一肘，四肘为一弓，五百弓为一闻距，远离城区一闻距处为阿兰若。八闻距称为一由旬。

丁二（时间之量）分二：一、宣说年；二、宣说劫。

戊一、宣说年：

一百二十刹那间，乃为彼之刹那也，
六十彼刹一顷刻，须臾日月三十倍。
不足三十在内月，十二数量为一年。

若问：如何由刹那积累成年与劫的呢？正常男士弹指间为一时际刹那，一百二十时际刹那为一彼之刹那，六十个彼之刹那为一顷刻，须臾（一昼夜的三十分之一）、一日、一月以三十倍递增，所以一月为三十天，然而，所有的月无论是否为三十天，十二个月都是一年。

戊二（宣说劫）分二：一、真实宣说劫；二、旁述。

己一（真实宣说劫）分三：一、坏劫；二、成劫；三、住劫与大劫。

庚一、坏劫：

多劫坏劫无转狱，直至器世灭尽间。

劫有多种，即坏劫、成劫、住劫、大劫。

既然说劫有多种，那坏劫等到底指什么呢？所谓的坏劫是指从无间地狱的众生空无时起到器世界灭尽之间。也可以说，众生中断转生到无间地狱，南赡部洲的人寿上增到八万岁、住劫圆满、坏劫开始是同时的。尔时，无间地狱的所有众生寿终死亡，即便积累转生无间地狱的业，也是投生到其他世界的地狱。从无间地狱向上依次而空，其他一切地狱、海居旁生、饿鬼也次第变成这样，人间天界中存在的旁生与饿鬼也同样变成如此。之后南赡部洲的人依靠法性力而获得一禅。他众听到后均获得以法性力而得的一禅，转生到一禅天。再按次第，东胜身洲与西牛货洲也是如此。北俱卢洲众生由于有异熟障而在那一生中无法远离贪欲，因此后来转生到欲天，六欲天也都依次获得以法性而得的一禅，他众听闻此事而获得依法性力而得的一禅，转生到梵众天。之后一位一禅的众生以法性力获得二禅，他众听到此事而获得依法性力而得的二禅，转生到二禅天，这期间有十九中劫。当时，诸天人时时不降雨水，致使南赡部洲的草木森林均已干枯，又过了很久，出现了第二个炽热的太阳，使得所有的小河水塘均干涸，接着第三个太阳至第七个太阳之间依次出现，从而使江河、无热恼海以及外海之间均干涸，四大洲及须弥山冒出浓烟，燃起熊熊火焰，依此为缘，一禅所摄的火将一禅天的无量殿焚毁，它不是欲界的火，是异地之故，这期间经过一中劫。世间坏灭总共有二十劫，这也是就以火毁灭而言的。以水毁灭时，二禅天众获得以法性而得的三禅转生到三禅天；以风毁灭时，三禅天的众生获得以法性而得的四禅转生到四禅天。

庚二、成劫：

成劫即指从初风，至有地狱众生间。

所谓的成劫是指从最初的微风吹起至无间地狱一个众生出现之间。最开始一切成为一大虚空时形成世间的前兆和风吹起，当然仅以此也不足以形成整个器世界，只是使梵众天到离诤天形成了。在此之后，以前的风在数年中呼啸不止，从而使下基风轮到三十三天之间向上次第形成，这期间需要一中劫。随后，光明天的众生寿、福、业灭尽而转生到梵天无量殿中，因为最后灭尽就意味着最初的形成。自此向南赡部洲之间逐步形成。到那时南赡部洲的人类均是化生，以禅悦为食，身体发光，以神变行于空中，寿量长达无量岁，从此开始直至一个众生转到无间地狱之间历经十九个中劫。当时从无量岁下减到八万岁之间、一众生堕入无间地狱、成劫圆满与住劫开始是同时的。

庚三、住劫与大劫：

中劫即从无量岁，直至人寿十岁间，

最终上增为一次，彼等寿即八万间。

如是已成此世间，存住二十中劫也。

成坏空劫亦同等。八十中劫一大劫。

住劫有二十中劫。每一中劫的量：从人寿无量岁下减到八万岁之间，再到十岁之间为一中劫，之后上升到八万岁并下减到十岁之间也是一个中劫。如是上增下减算为一，如此有十八中劫，最后上增为一中劫，到底是如何上升的呢？是从寿量十岁到八万岁之间上升的。那么，初终二劫是单独的，中间是往返的，这样一来，不是有长有短了吗？无有这种过失，因为初终二劫时间过得缓慢、中间过得快速。如此形成的世间住存二十中劫。世间形成、毁坏、灭空也都同等有二十中劫。

八十个中劫称为一大劫。

己二（旁述）分二：一、大劫之旁述；二、坏劫之旁述。

庚一（大劫之旁述）分三：一、佛陀出世情况；二、缘觉出世情况；三、转轮王出世情况。

辛一、佛陀出世情况：

三无数劫现成佛，下减百岁间出世。

所谓的经过三无数劫积累资粮而成佛，这里的劫是指什么呢？是指在三大无数劫中积累资粮而成佛。如果是无数，那不是与三相违了吗？无有这种过失，此处的数并不是因为不可计数而说为无数的，而是以六十数位称做无数的。那么，佛陀在何时出世呢？上增时不会出世，原因是那时所有众生对轮回不生厌离。从八万岁下减开始到人寿百岁之间佛陀出世，这以后不会出世，因为五浊极为炽盛，众生不能堪为佛教之法器。

辛二、缘觉出世情况：

缘觉增减皆出世，麟角喻百劫得果。

若问：缘觉也只是在下减时出世吗？不是，所有的缘觉在上增下减时均出世，原因是他们主要不是为了利他，而主要是为了自利。那么，积累多少资粮才能得缘觉果位呢？麟角喻独觉在一百大劫中积累资粮才能得果。

辛三、转轮王出世情况：

诸转轮王现世间，不越人寿八万间。
金银铜铁转轮王，次统四三二一洲，
二不共存如佛陀，他迎自往布沙场，
预备兵器胜无害，能仁相正明圆胜。

转轮王出现于世不超越人寿无量岁至八万岁之间，原因是在这之后众生不能堪为他的圆满法器。为什么叫转轮王呢？因为依靠宝轮统治四洲，而得名。转轮王共有四种，即金转轮王、银转轮王、铜转轮王、铁转轮王。他们统辖几洲呢？他们依次统辖四洲、三洲、二洲与一洲，即铁转轮王统辖一洲等等。

一洲之中不可能同时有两位转轮王出世，因为他们是具有无与伦比的福报者，就像佛陀一样。

那么，转轮王如何胜伏诸方呢？在初十那一天，金转轮王受长净戒，当时金轮落入他的手中，与此同时空中传出“愿行以前的转轮王之事业”，接着金转轮王腾空而起，结果诸小国从彼土前来迎接，仅此而获胜。银转轮王仅以亲自前往他们的面前便大获全胜。铜转轮王只是凭借来到他们面前摆开战场即可得胜。铁转轮王仅是准备降下兵器而制胜，结果对方恭敬顶礼。这些转轮王虽然获胜，但不会伤害任何一个众生的性命，这是由于他们断除了十不善业。

另外，转轮王身体具足三十二相。若有人问，那不是与佛陀无有差别了吗？无有此过失，因为能仁佛陀的妙相在庄严、明显、圆满方面已远远胜过了转轮王。

先前有情如色界，尔后渐次贪执味，

懈怠者作积蓄后，具执著者封地主，

复次以造恶业道，寿命短暂为十岁，

劫以兵疾饥荒尽，次第七日月年止。

那么，最初就有转轮王，还是后来才出现的呢？先前的众生即初劫的人类如色界天一样化生，依靠神变行于空中，身体发光，当时出现了色如新鲜的酥油、味如熬开的蜂蜜般的地味，后来有一个人贪爱美味而用指尖取来放在舌头上品尝，其他人也跟着品味，渐渐地，人们由于贪执味道而使身体变得坚固沉重起来，身体的光芒也消失得无影无踪，正当他们感到忧愁之时，天空中自然而然出现了日月。由享地味的多少差别而使人们的色彩出现了好坏之分，于是相互之间开始侮辱，致使地味不复存在了。之后出现了地脂，人们享用地脂的同时依旧相互侮辱，结果地脂也如前一样隐没。尔后出现了一种早上割晚上显现、晚上割早上显现的苗圃，人们享用时又出现相互侮辱的现象，它又如前一样消失了。接着又出现了自然稻，人们享用它而使男女根显露出来，由于相互盯着看男女根而生起贪欲，开始做非梵行，其他人看见此种行为而口出恶语，于是人们说建造住舍来做非梵行，就这样出现了房屋的概念。住在房子里，早晨需要粮食早晨取，晚上享用晚上拿，当时有一个懒惰的人取了一份明天吃的粮食，其他人听到此事后觉得这是一个方便之举，于是取了七天的粮食积蓄起来，结果这些粮食也变成早上收割晚上不现、晚上收割早上不现，并具有皮壳、糠秕，人们便开始相互分配所有的粮食，各自的粮食堆积如山，如此一来，有些人开始偷盗，进而将田地执为我所的人们任命一位相貌端严的人做田地长官，就这样出现了众敬王。众敬王的太子光严王，彼之子善王，彼之子善胜王，彼之子长净王的顶上生出一个丝毫无损的肉瘤，从中生出顶生王。他们就是统治四大部洲的转轮王，也叫五先王。此后，由于人们过分造不善业而使寿命逐渐变短，最后人寿最长也只有十岁。

若问：中劫是依靠什么而结束的呢？中劫是以刀兵、疾疫、饥馑而结束的，依照次第，刀兵劫为七日、疾疫劫为七个月零七日，饥馑劫为七年七个月零七天。

出现此三劫的情况：人寿十岁时，人们的害心尤为增长，手中所持的东西全部变成兵器而相互残杀，死后全部堕入地狱。在七日里山中林间居住的人们来到城中，相互见而欢喜，仁慈相待，断除杀业更加奉行十善，如此一来，他们的儿女等寿命上增到二十岁，尔后逐渐上增到八万岁之间。此时的南赡部洲富饶昌盛，庄稼丰收，人城遍地，五谷丰登，禾穗硕大，女人们都在五百岁以后才出嫁。之后又下减到人寿十岁之间，人们造不善业极为严重，由于非天不悦而出现瘟疫，大多数人死后转生地狱，剩余的人们聚集后戒杀，他们的子女等寿量又上增，再下减，在人寿十岁时，极度造不善业，导致天人不降雨水，出现箧盒、木条、白骨三大饥荒。其中的箧盒饥荒：人们获得微不足道的粮食，马上就装在箧盒中为后代保存，以此得名。木条饥荒：当得到少量食物时，母子都用木条来吃，因此称木条饥荒。白骨饥荒：由于饥饿所逼，死人的骨头粗糙无有光彩。七日、七月、七年中所有死去的人都转生为饿鬼，余下的人们聚集后奉行十善，由此一来，他们的子女等寿量上增到二十岁，接着又如前一样渐次上增到八万岁之间。

庚二（坏劫之旁述）分三：一、坏劫之类别；二、身体之顶；三、坏灭之次第。

辛一、坏劫之类别：

坏劫有以火毁坏，与以水风毁三种。

坏劫如果分类，有多少种呢？有三种，即以火毁灭、以水毁灭、以风毁灭三种。

辛二、身体之顶：

第二静虑等三者，次第乃为彼等顶，

与彼过患相同故，四禅毫不动摇故。

无常彼之无量殿，与众生同生灭故。

被火等毁灭时，身体之顶是指什么呢？以火毁灭时二禅以及等“字”所包括的被水毁灭时三禅、被风毁灭时四禅此三者不被这些所毁，因此按照次第称为身体之顶。初三禅为何被火等毁灭呢？此三禅是以内在的过患而毁的，原因是初禅寻伺如火、二禅喜乐如水、三禅呼吸如风；四禅无有毁灭，因为四禅无有这些过患，毫无动摇。如此一来，四禅的无量殿不是成了常有的吗？不会成为常有的，因为四禅的无量殿与众生一起出现，也一同毁灭。

辛三、坏灭之次第：

以火七毁水一毁，如是七水毁灭后，
亦复以火毁七次，最终以风而毁灭。

毁灭的次第是怎样的呢？连续七次被火毁灭，接着一次被水所毁，随后又七次被火毁坏，之后被水毁坏，如此被火毁灭七次后，再被水毁灭七次，又被火毁七次后，最终以风所毁。如此一来，一禅以下成、住、坏、空加起来作为一大劫，如是二禅在八大劫中毁灭，三禅在六十四大劫中毁灭。

俱舍论第三分别世间品释终

第四品　分别业

第四分别业品分二：一、连接文；二、真实宣说业。

甲一、连接文：

形形色色世间界，皆由众生业所生。

若问：上述的器世间是谁所造的呢？并非是谁所造的，各种各样的苦乐与贤劣器世间等均是由一切众生善不善业产生的，这是承上启下的连接文。

甲二（真实宣说业）分二：一、业之本体；二、经中所说名称。

乙一（业之本体）分二：一、略说；二、广说。

丙一、略说：

彼分思业思作业，思业即是意之业，
思作业为身语业，彼等有表无表业。

既然说“形形色色世间界，皆由众生业所生”，那么业有几类呢？业有两类，即思业与思所作业。它们的本体是什么呢？思业是指与意识相应并能起动对境身语现行的心所，因此属于意业。思所作业是指身业与语业，是由思维引发的缘故。若对此等加以分析，则各分有表业与无表业两种。

丙二（广说）分三：一、业之自性；二、三业总法之差别；三、无表业之分类。

丁一（业之自性）分二：一、有表业；二、无表业。

戊一（有表业）分二：一、身之有表业；二、语之有表业。

己一、身之有表业：

身有表业许形状，并非是指行他境，
有为刹那坏灭故。若无灭因不应灭，
生因亦成坏灭者，成二所取尘无有。

既然说“彼等有表无表业”，那到底什么是身之有表业呢？有部宗承许说：身之有表业的法相即由自己的心思所引发的一种形状，并且通过此形状自己的发心能被他众了知。事相：在行走、顶礼、杀生等时候，异熟身与长养身以外不同身体的成实形状。

对此，犊子部的论师说：身体刹那不灭而前往其他对境即是有表业。

经部宗反驳说：有表业并不是身体刹那也不灭地前往他境，为何这么说呢？因为一切有为法均是刹那性的，自己形成即灭亡。

如果对方说：这一点不成立，因为灭法观待未来的因。

驳斥：如果不存在其他的灭因，那任何实法都不可能坏灭了，原因是实法坏灭观待未来之因，如果按照你们的说法，那么能将瓷瓶染为红色的火焰也成了瓷瓶的毁灭者，可是它非但没有毁坏瓷瓶的红色反而使它的红色变得更加鲜艳。但你们不能如此承认，因为一因产生二果是矛盾的。

经部宗又对有部宗说：如此一来，身体的长形也就成了两个不同根识的所取对境，因为可依靠眼根见到、依靠身体接触而了知。这一点你们也不能承认，原因是一个对境产生两个有境相违。

实际上，有表业并不是实有的，如果它是实有的，就必须是具有积聚微尘形状的一法，但它不具有，因为它是无分之法。

己二、语之有表业：

所谓语之有表业，即指语言之声音。

语之有表业是指文字之自性语言的声音。法相：通过自己发心而引出的任何语言，能使他者了知自己的等起。

戊二（无表业）分三：一、教证依据；二、因大种之差别；三、法之差别。

己一、教证依据：

经说三种无垢色，增上未作道等故。

既然说“彼等有表无表业”，那么无表色存在有何依据呢？这是有据可依的，如经中宣说了“有见有对色、无见有对色、无见无对色”三种，其中的无见无对色不外乎是指无表色。又所说的“无垢色”就是指的无漏戒，还有经中云：“实生福德恒时增上”，如果这里所说的实生福德是指有表色与心，那么自己处于睡眠状态等时就不会产生（，因此指的也是无表色）。所说的“自己未作之业道等”也同样是无表色，譬如唆使别人杀生等，当对方断命时，唆使者就造了不善业。因此它除了无表色外均不合理。“等”字还包括所说的见道入定阶段也具有八正道。如果不具有无表色，那正语与正业也就不应理了。再“比丘心思他散时也具戒”，这也证明如果不存在无表色，那绝对不可能。“戒如过河之桥梁”也意味着无表色不存在的这种说法不合理。“法处所摄色”也说明了如果无有无表色则不应理这一点。

阿阇黎世亲论师说：以上所说的这些教证作为无表色存在的依据是不恰当的。实际上，所谓的“无见无对色”是指以等持力显现的色法。“无垢色”真正的含义是以无漏的等持力而显现的色法。“七种实生福”与“七种非实生福增上”也是指依靠缘殊胜对境的心来世定生异熟果报的习气存于心相续中使得相续改变的差别。“自己未作圆满业”意为以前自己曾经差遣他人，对方真实造业，致使积累了定得报应的习气等。“法处所摄色”指的是以等持力而生显现色法。所说的“八正道”真正的含义是后得时不入邪语而获得趋入正语之因无漏法。“心思他散时也具戒”是就先依仪轨受戒之心来守戒，心思外散时对治的正念也存在而言的。“戒如过河之桥梁”也仅是指知惭而忆念承诺不造罪业从而不做破戒之事的意思。所谓的七种实生福，如云：“供养经殿堂，坐垫生活资，护理骤病者，劣境时布施，即七实生福。”关于七种非实生福，又如云：“于佛住预去，入途至见闻，听法与持教，欢喜生信心，即七非实福。”

己二、因大种之差别：

欲界所摄无表色，刹那大种中产生，

后由过去大种生。有漏身及语之业，

自地大种作为因，无漏随生处大种。

既然前文中说“一切大种作为因”，那么无表色是由与自己同时的大种产生还是由不同时的大种产生的呢？属于欲界的戒、恶戒、中戒所摄的所有无表色第一刹那是由与自己同时的四大种产生，这是指能产生本体的大种，就像轮子在地上转动要用手来推一样。此后是由过去的大种所生，因为身体群体中具有的现在所有大种只能作为已生之法存在的依处，如同轮子转动之地一样。

那么，到底是由与自己一地大种产生的还是他地大种产生的呢？有漏的身语有表业与无表业是由自地大种产生的，而不是由他地大种作为因而产生的，原因是被异地的爱所隔断。无漏的无表业由自己转生的所依身份之大种所产生，由于是大种所造而必须依于大种，又因是无漏法而不包括在（三）界的范畴内，所以必然不存在所谓由此地大种所生的说法，因为不会从无漏大种中产生。

己三、法之差别：

无表色为无执受，等流所生有记别。
等流执受大种生，由三摩地所产生，
大种则是无执受，长养同体中产生。

若问：无表色是有执受还是无执受，是三生中的哪一种？无表色是无执受，因为是无对法而非为苦乐之所依；是等流生，因为除了初圣者以外均由同类因所生；不是异熟生，因为它必定是善不善法之一；也不是长养生，因为它不是微尘积聚的色法；它也是有记别法，原因是为众生相续所摄。

那么，无表色的因大种是有执受、无执受等何者呢？欲界的无表色的因大种是等流与有执受大种所生，原因是它由同类与现在身体群体中的大种产生，这也是就欲界的七种身语所断而言的。等持中所生的无表色的因大种是无执受的，它是从长养与四大种相同因中产生的，原因依次是仅以入定而生；依靠等持而增长；生戒的心无有异体，大种也就无有不同。

丁二（三业总法之差别）分二：一、真实宣说三业总法之差别；二、旁述。

戊一、真实宣说三业总法之差别：

无表业无无记法，其余业则有三种。
不善欲界中存在，色界亦有无表色，
有表业于具寻处，欲无覆因无等起。

以上三业（指无表业、有表业与思业）是善、不善、无记法哪一种呢？无表业没有无记法，因为它必定是善不善中的一种。此外的有表业与思业均有善、不善、无记法三种，有表业从等起方面来说具有三种，思业以相应的方式具有三种。

那么，它们属于哪一界呢？不善业在欲界中有，而上界中是没有的，因为上界中无有三种根本不善以及无惭无愧。色界中也有无表色，原因是具有禅定无漏戒。"亦"字是说欲界中也有无表色。有表业在具有寻的一禅以下有，在此之上是没有的，因为（一禅以上）无有有表色等起的寻思。欲界中也不存在有覆有表色。为什么呢？因为与欲界之二见相应的有覆无记法是见断，它是内观之法不存在有表色等起。

戊二（旁述）分三：一、善等之分类；二、宣说等起；三、法之差别。

己一、善等之分类：

解脱即是胜义善，根本惭愧本性善，

相应彼等相应善，所作等为等起善。

相反不善有胜义，无记法即前所说。

若问：善等唯一是就发心而安立的吗？不是，因为善法有胜义善等四种。它们到底是指什么呢？解脱是胜义善，因为它远离一切痛苦最为安乐，就像人本身无病就称安乐一样。三根本善以及知惭有愧为本性善，原因是它们不观待他法本身即是善法，就像对症之药一般。与此等善相应的所有心与心所是相应善，因为相应善法而立为善，如同与对症之药配合的饮料一样。这些善法以发心引出的身语之举止言谈等是等起善，以发心是善法而安立为善之故，就像与对症之药配合的饮料中出的乳汁一样。

与上述这些善业相反的是不善业。也就是说，轮回是胜义不善，因为被痛苦所缚最不快乐，如病痛一般；三根本不善与无惭无愧是本性不善，原因是不观待他法本身为不善法，如不对症之药。与此等不善相应的所有心与心所是相应不善，以相应不善而立为不善法之故，如与不对症之药配合的饮料一样。以这些不善发心引起的身语之业为等起不善，以发心不善而立为不善之故，如与不对症之药配合的饮料中出的乳汁一样。胜义无记法是指前文中所说的非抉择灭与无为法的虚空。

己二、宣说等起：

所谓等起分二种：即因彼时之等起，

其一初心二正心。见断之识为加行，

意为修断乃二者，五根识则为正行。

若有人说：如果见断不能引发有表色，那么显然已与经中所说的“邪见中生邪分别、邪语、邪业”相违，因为邪见是见断。

等起有两种，即所谓的因时等起与彼时等起。其中第一因时等起是指最初的发心，如同加行一样；第二彼时等起是指正在行事时的心，犹如正行。这其中与见断意识相应的邪见是由彼邪见中产生想表现这一点的心识，邪见所引发的身所行、语所言是加行，因此经中指的也是因时等起，而不是就彼时等起而言的。意识是修断，既是因时等起又是彼时等起，因为它是有分别外观法。五根识则只是正行（彼时等起），因为它是无分别的外观之识。

己三、法之差别：

初心善等正心三，能仁初心正心同，

或初无记正心善，异熟生心非二者。

若问：初心是善法等，正心必定是善法等吗？初心是善法等，正心也有善、不善、无记法三种，佛陀的初心是善，正心是善；初心是无记法，正心同样是无记法；或者初心为无记法正心为善，而不可能有初心是善法正心为无记法的情况，原因是佛陀的心始终也不会变成低劣。异熟生的心不是初心与正心二者，因为它不观待现行而是自然出现。而两种等起则是现行。

丁三（无表业之分类）分二：一、略说；二、广说。

戊一、略说：

所谓三种无表色，即戒恶戒与中戒。

应当明确无表色有三种，即遮止破戒相续的戒、诸如屠夫长期造不善业之恶戒、暂时受持二戒其中任一的中戒。

戊二（广说）分四：一、宣说戒；二、具理；三、得舍；四、具戒之补特伽罗。

己一（宣说戒）分二：一、总说；二、详说。

庚一、总说：

戒有所谓别解脱，无漏禅定所生戒。

应当了知戒有三种，也就是所谓的别解脱戒、无漏戒与禅定所生戒。其中别解脱戒之法相：是包括在欲界中的一种出离戒。禅定戒之法相：属于色界的一种善法戒。无漏戒之法相：无漏法的戒律。

庚二（详说）分三：一、别解脱戒；二、禅定戒与无漏戒；三、旁述。

辛一（别解脱戒）分四：一、分类；二、本体；三、释词；四、具戒之补特伽罗。

壬一、分类：

所谓八种别解脱，实际戒体唯有四，
除名称外无变故，彼等异体不相违。

若问：别解脱戒有几类呢？所谓的别解脱戒有八种，即比丘戒、比丘尼戒、正学女戒、沙弥戒、沙弥尼戒，男居士戒、女居士戒、斋戒。斋戒不分男女有何原因呢？这是有原因的，因为斋戒是一日的戒律，时间短暂。实际上这八种别解脱戒可归纳为四种。比丘、比丘尼戒为一类，正学女、沙弥、沙弥尼戒为一类，优婆塞戒、优婆夷戒为一类，斋戒为一类，因为变性不舍戒体，只是名称改变而已。

那么，三戒依次得受时，诸如断杀生是增上其他戒律还是生起戒杀性质不同的三戒呢？生起异体的三戒，原因是还比丘戒后沙弥戒仍旧可以存在。若问：断杀异体的三戒存在于一个补特伽罗的相续中难道不矛盾吗？不矛盾，因为受后戒不是舍前戒之因。所以，依靠比丘具足断杀等五条的三戒（居士、沙弥、比丘戒）可以类推。

壬二、本体：

受持断除五八十，以及一切诸所断，
依次立名为居士，斋戒沙弥与比丘。

若问：这些别解脱的本体是什么呢？在有生之年受持断除四根本罪与饮酒五所断，即居士戒。为什么叫居士呢？应当作为比丘、比丘尼的仆人去承侍他们，故称居士。在此五戒的基础上歌等鬘等算作一条、高广大床作为一条、过午进食这八种所断于一日内断除，即斋戒。为什么称斋戒呢？由于只能受持一天的戒律，因此称斋戒。将斋戒中的歌等鬘等分开，再加上取金银，在有生之年断此十种所断是沙弥戒。为什么叫沙弥呢？勤勤恳恳为上师做事，故称沙弥。在有生之年断除身语的一切所断即是比丘戒，也叫近圆戒。为什么称近圆呢？圆是指远离轮回所有损害的涅槃，与之趋近，因此称为近圆。

壬三、释词：

俱得立名为律仪，妙行以及业戒律，
初者有表无表色，乃别解脱与业道。

为什么叫做戒律等呢？能消除破戒的酷热获得清凉，故称律仪；蒙受圣者的赞叹，故称妙行；是所作的自性，因此称为业；禁止身语的非事，故称戒律。这其中得戒第一刹那的有表色与无表色开始脱离恶业，故称为别解脱，由于是趋入业与心的因，而称为业，又因为是彼业的途径而称为道。所以说，是别解脱戒，但不一定是别解脱。

壬四、具戒之补特伽罗：

具有别解脱戒者，八种补特伽罗也。

具别解脱戒的补特伽罗有八种，即比丘、比丘尼、正学女、沙弥、沙弥尼、男居士、女居士以及受斋戒的补特伽罗。那么，所谓八种别解脱不是与这里所说的八种解脱戒者重复了吗？不重复，因为那里是宣说别解脱戒的分类，而此处是说具戒之补特伽罗的分类。

辛二、禅定戒与无漏戒：

生禅定者具禅戒，圣者具有无漏戒。

具足禅定所生之等持者即具足禅定戒，无漏戒是圣者有情具有的。

辛三、旁述：

最后二者随心戒，无间道中生彼二，

未至定中称断除，正知念二意根戒，

称为随心的两种戒是指什么呢？最后的两戒（禅定与无漏戒）是随心戒，因为它们随着心是否存在而变化并依赖入定。别解脱戒不是随心戒，因为它在散乱与无心的阶段也存在。禅定戒与无漏戒也得到所谓断除之戒的名称，那么它们是在何时获得的呢？是在无间道中生起禅定与无漏戒二者的。是所有的无间道吗？依靠一禅未至定的那些无间道称为断道。

若问：经中所说的“身之戒善妙、语之戒善妙、意之戒善妙……”以及“眼根以戒守护而住”，其中的意、根之戒到底指的是什么呢？正知正念二者从属于意识而产生，是意戒；随从根识而产生的是根戒。

己二（具理）分三：一、具无表色之理；二、具有表色之理；三、宣说四类具戒。

庚一、具无表色之理：

乃至守别解脱者，未舍间具现无表，

一刹那后具过去，守恶戒者亦复然。

守别解脱戒者乃至未出现舍因之前具足现在的无表色，第一刹那以后还具足过去的无表色。守恶戒者也是如此，只是名词转换而已。

具有禅定戒律者，恒具过去与未来，

圣者第一刹那时，不具过去无表色，

入定及住圣道二，具现在之无表色。

具有禅定戒者从第一刹那起恒时具有过去与未来的无表色，因为第一刹那时由以前禅定戒的得绳牵引。圣者无漏第一刹那时不具备过去的无表色，原因是以前未生起过这样的无漏戒。也就是说，于有漏的禅定中入定以及处于圣道中时，具足此二戒现在的无表色，出定时不具备，因为它只是跟随入定。

守中戒者如若有，初具中戒无表色，
此后具二无表色。守恶戒具善无表，
守戒者具恶无表，乃至净染强烈间。

守中戒者不一定存在无表色，如果存在，则第一刹那具有现在中戒的无表色，第一刹那以后具有过去与现在的两种无表色。

若问：那么，守恶戒者具有善法的无表色吗？守戒者具有不善的无表色吗？具有，守恶戒者顶礼等时具有善的无表色，守戒者诸如杀生时具有不善的无表色。无表色具足多久呢？在没有舍弃强烈的清净心与强烈的烦恼心之前一直具有。

庚二（具有表色之理）分二：一、真实宣说；二、旁述。

辛一、真实宣说：

有表色则于一切，正作现具未舍间，
后具过去无未来，有无覆亦无过去。

无论是戒、恶戒还是中戒的现在有表色，乃至身语现在与第一刹那的所为尚未舍弃之间一直具有。第一刹那以后具足过去有表色，未来有表色不存在，因为它不是随心者。有覆与无覆无记法不仅不具有未来有表色，就是过去的有表色也不具有，这是由于它的力量薄弱而不能与过去得绳相连。

辛二、旁述：

称为恶戒及恶行，破戒与业及业道。

既然说“守恶戒具善无表”，那么为什么称为恶戒呢？因为恶行不是戒律，故称恶戒；由于受到圣者呵责，故称恶行；因为是戒律的违品，故称破戒；因为是所作之自性，故称业；由于是彼业之途径，故称业道。

庚三、宣说四类具戒：

守中戒者心弱故，若作则具有表色，
舍弃有表尚未生，圣者则无有表色。

具有表色而不具无表色等有多少类呢？有四类。一、具有表色不具无表色：以前不具无表色守中戒者，如果由于现在的心微弱而只是身语行事，则具有表色而不具无表色，原因是以前不具无表色，现在也是不能引发出无表色。二、不具有表色具无表色：前世的有表色已舍，后世的有表色未生的圣者补特伽罗只具有无漏无表色，而不具有表色，因为前世的有表色在死亡时已舍，后世的有表色尚未产生。三、既具有表色又具无表色：如我等众生。四、既不具有表色也不具无表色：除前三种情况以外的无色界等众生。

己三（得舍）分二：一、得法；二、舍法。

庚一（得法）分三：一、戒之得法；二、恶戒之得法；三、中戒之得法。

辛一（戒之得法）分二：一、如何获得；二、从何获得。

壬一（如何获得）分二：一、禅定无漏戒之得法；二、别解脱戒之得法。

癸一、禅定无漏戒之得法：

禅定戒依定地得，无漏戒依圣道获。

若问：禅定无漏戒是如何获得的呢？禅定所生戒是依靠未至定与正禅而得，因为它与彼等一起产生。无漏戒是依靠圣者的无漏道而获得，原因是具有无漏静虑六地之一。

癸二（别解脱戒之得法）分二：一、真实宣说；二、旁述。

子一、真实宣说：

所谓别解脱戒者，依他有表色等得。

那么，别解脱戒是怎样得到的呢？所谓的七种别解脱戒是从亲教师等他人的有表色中得到的。"等"字的意思是指十种近圆。何为十种近圆呢？佛与缘觉是自然近圆，仅依靠证得自然智慧而生起比丘戒之故；五比丘以趋入真谛而得近圆；妙誉尊者等依靠善来而得近圆；大迦叶由承认导师而得近圆；善施由于答问心喜而得近圆；众生主母等由宣说八难断法而得近圆；供施女依僧传言而得近圆；中土十人、边地五人具行白四羯磨而得近圆；六十善群比丘由许三皈依而得近圆。这其中自然近圆与趋入真谛近圆不观待有表色，正是为了包括他们才说"等"字的。

子二（旁述）分三：一、戒恶戒时间固定；二、斋戒之特点；三、居士戒之特点。

丑一、戒恶戒时间固定：

即于有生之年中，及一日内真受戒，

无有一日之恶戒，传说彼无此受法。

有生之年真实受七种别解脱戒，一日内受斋戒。那么，恶戒时间也是确定的吗？无有一日的恶戒，据说是恶戒无有这样的受法之故。

丑二（斋戒之特点）分三：一、受法；二、分支固定；三、所依固定。

寅一、受法：

身居低处重复说，不佩装饰明晨前。

具足斋戒之分支，清晨于他前受戒。

既然“一日内真实受”，那么如何受斋戒呢？受戒者在较传戒者低的坐垫上蹲坐合掌，跟随传戒者所说而重复三遍。当时的装束应该如何呢？不能佩带华丽新颖的装饰品。受戒时间多久呢？至第二天日出之前。斋戒具足八分支。从何处受呢？在比丘等他者面前受。受斋戒时间是在早餐之前。

寅二、分支固定：

次第四为戒律支，一不放逸三禁行。

依彼则会失正念，以及成为骄傲者。

既然说“斋戒具足八分支”，那么数量决定为八支理由何在呢？断除四根本罪是戒律之支分，因为彼等断除非理作意。戒酒为不放逸的分支，原因是依靠酒会变得放逸无度。此外，歌舞等算作一条，高广大床作为一条，非时进餐一条，断除此三条是禁行的分支，因为依靠此等能处于厌离的心态中并随顺之。如果未能戒酒，就会放逸，饮酒会使忆念事与非事的正念丧失。若未断后三支，就会变得骄傲自满，过午不食可使想到自己在持斋戒，对其他在家人生起厌离心使他们随顺生起厌离。如果未断其余两条，便会傲气十足，如此也就离破戒不远了。

寅三、所依固定：

他者虽亦具斋戒，然未皈依者无有。

若问：只有居士才能受斋戒吗？虽然除居士外也有具斋戒者，但未皈依者是没有斋戒的。

丑三（居士戒之特点）分三：一、真实宣说；二、别说皈依境；三、支分固定。

寅一、真实宣说：

承诺即为居士故，宣说戒律如比丘。
设若一切均为戒，何言行持一分等。
传闻守彼而得名，下品戒等则随心。

经中云："身着白衣具根之在家男女诵'皈依佛、皈依法、皈依僧，祈请摄受吾为居士'而成居士。"那么是不是仅以此便能生起居士戒呢？经部宗对此问题回答说：仅仅如此是不能生起居士戒的。而克什米尔的论师说：先皈依再承诺为居士，则能生起戒体。

若问：这样一来，宣说学处不就成无意义了吗？无有此种过失，因为宣说学处的目的是让不懂学处者了知学处，例如比丘戒是通过白四羯磨而得，但也有必要宣说比丘戒的学处。

若问：假设说所有居士都是以五条戒律来约束，那么只行持一分等戒的居士怎么会合理呢？传说最初承诺守护所有学处，之后失毁（部分学处）而只护持一戒称为行持一分戒等。

若问：如何会成下品戒等呢？因为根据发心的不同，就发心微小等而言，也有下品戒等。

寅二、别说皈依境：

所谓皈依三宝尊，即是皈依能成佛，

无学法与有无学，僧众以及涅槃法。

若问：既然说“然未皈依者无有”，那么对何者皈依呢？皈依三宝，即皈依能成佛的无学法，也就是指尽智与无生智等，而不皈依佛的色身，因为色身与凡夫无有差别。那么，只皈依一佛还是皈依所有的佛呢？皈依所有的佛，原因是诸佛道相均相同。僧众也可依此类推，所皈依的僧众是有学、无学的僧众。皈依法是指皈依唯一的涅槃灭谛。

寅三、支分固定：

邪淫极受谴责故，易守不作得戒故。

依照承诺而得戒，并非于诸相续离。

倘若已违诸学处，则会言说妄语故。

佛制罪中唯戒酒，是为守护他戒故。

若问：在其他的戒中都安立为断非梵行，居士为什么不立为断非梵行而只是安立为断邪淫呢？这是有原因的：邪淫是指侮辱他人之妻且是堕落恶趣之因，极度受到谴责，而非梵行并非如此。又因为在家的身份容易断除邪淫，而非梵行并非易断。圣者在他世中获得不行邪淫之戒，非梵行并非如是。那么，如果居士后来再娶妻，也成了行邪淫吗？不会成为，由于承诺不以贪欲行邪淫，依此便可得戒，并非是承诺不与他相续做非梵行，也就是说不是断非梵行之义。

居士四语业中为何只将妄语安立为戒条？这也是有原因的，（如果未立此戒条，）有人违越了所有学处，当别人问是否犯戒了时，他就会说未犯，如此一来就成了说妄语，这就是断除妄语的目的所在。

若又问：居士的佛制罪只将饮酒立为戒条，原因何在？其原因是断除佛制罪的饮酒就是为了守护其他所有学处。

壬二、从何获得：

欲界所摄一切戒，依二者与现众得，
禅定戒与无漏戒，依靠正行诸时得。

若问：这所有的戒是从何而得的呢？属于欲界的别解脱戒是由所有加行、正行、后行断除不善业的所有加行、正行、后行中获得，即依靠断除自性罪与佛制罪二者之基众生与非众生而获得。依靠自性罪之基众生，诸如杀生，依靠自性罪非众生，诸如盗金。依靠佛制罪基众生，诸如接触女人，依靠佛制罪非众生，如割草。是依靠什么样的众生而得呢？是依靠现在的众生而得，并非是依赖过去与未来众生而获得，原因是过去与未来不能作为现在杀生之基的众生。

禅定戒与无漏戒是依靠断除不善业之正行而获得的，并非是依于断除加行与后行而得到的，因为它们不观待断除加行与后行。其原因是于此等中入定正行能生起断除下地之本体，加行与后行大多数都属于下地的本体。这也是指依靠断自性罪而获得，并非是依赖断佛制罪而获得，因为尚未承诺断佛制罪。它们依靠三时一切时间而获得，因为既依赖现在的众生也依赖过去与未来的众生而获得。

戒依一切有情得，支分与因有差别，
恶戒则依诸众生，及诸支得非诸因。

戒律是依赖一切众生而获得的，这是对一切众生均断除罪业的缘故。但分支与因则有差别，所有其他戒是从身语四所断中获得的，而比丘戒是从所有身语七所断中获得。如果三根本善作为因，则三者可以同时并存而获得，下、中、上品等起三者作为因，则此三因不可能共存，所以是从其中任意一等起中获得。

那么，恶戒也是依靠一切众生而得的吗？恶戒是依靠一切众生，并且分支也是由杀生等所有业道中获得，所不同的是，它并非从所有因中获得，因为三根本不善不会同时产生，三种等起也不会共生。

辛二、恶戒之得法：

恶戒则由行彼事，或由承诺而获得。

若想：恶戒是从什么中获得的呢？以屠夫为例，如果最初就转生到屠夫种姓中，那么开始从事杀业即获得恶戒。或者，最初未转生到其种姓中，到了对境主人面前以后便发誓说“我要以此维生”，如果生起颠倒意乐并真正着手做此事，则获得恶戒。

辛三、中戒之得法：

剩余无表则依田，承诺恭敬而获得。

除去戒与恶戒以外剩余的中戒无表色是由田中获得，诸如七种实生福；还有由承诺而获得，如发誓未顶礼佛就不用餐；由恭敬心中获得，诸如由猛烈发心而得。

庚二（舍法）分三：一、戒之舍法；二、恶戒之舍法；三、中戒之舍法。

辛一（戒之舍法）分二：一、别解脱戒之舍法；二、禅定无漏戒之舍法。

壬一、别解脱戒之舍法：

还戒以及死亡时，出现两性断善根，

抑或已经过一夜，则已舍别解脱戒。

有说犯罪亦舍戒，余说正法隐没舍，

克什米尔论师许，犯罪具二如债财。

如果在知言解义之人面前诚心还戒，则舍别解脱戒，因为已生起与受真实学处相违之有表色。死亡时也已舍别解脱戒，原因是它的所依已不存在。再者，顿时出现两性也会舍别解脱戒，因为已失去所依之故。断了善根也会舍别解脱戒，因为断绝了戒之根本。在这些基础上，过一夜则舍斋戒，因为承诺受戒的时间已圆满。

有些尼洪（西方）论师说：犯任何一条根本戒，所有的戒律均已舍弃。红衣部的其他论师则说：正法隐没会舍别解脱戒，原因是当时学处的界限与羯磨仪轨已经无有。阿阇黎世亲论师对此是这样说的：正法隐没时由于戒律的羯磨已不存在，因此不会重新得戒，而不是说以前已得之戒重新舍弃。克什米尔的论师们则认为，犯根本罪也有具戒与破戒两者，就像一个人既是负债累累又具有财产一样。忏悔堕罪而获得阿罗汉只是对具戒而言的，例如，欠债者只有将欠款还清，才会成为真正的富裕者。

壬二、禅定无漏戒之舍法：

禅定所摄之善法，由从转生退失舍，

无色所摄亦复然，得果修退舍圣戒。

对属于禅定的一切有色善法戒而言，在转生或从等持中退失时将舍彼地所摄之戒。此外，属于无色界的善法戒也是在转生或退失时舍。圣者在得（四）果时舍（四）向所摄的无漏戒，修练根时舍钝根所摄之戒，从果中退失时舍殊胜所摄之戒。

辛二、恶戒之舍法：

恶戒乃由得戒死，出现两性而舍弃。

若问：如何才能舍恶戒呢？恶戒在得戒时则舍，因为当时生起了与之相违强有力的对治；死亡时也会舍，因为死时所依已灭；顿时出现两性也将舍，原因是彼时已失去了恶戒的所依。

辛三、中戒之舍法：

中戒则由力所受，事寿根本中断舍，
欲界所摄非色善，由断善根转上舍，
失诸非色烦恼性，则依生起对治法。

清净、烦恼的力量中断；承诺如是做的时间已过而中断；虽然时间未过，但未按照诺言去做而中断；所依赖的佛塔或鱼网已毁而中断；因死亡而中断；断绝善根。以上这些情况都会舍中戒。属于欲界的非色善法在断绝善根或转生上界时舍，三界的非色烦恼性依靠生起各自无间道对治而失去。

己四、具戒之补特伽罗：

北俱卢洲二黄门，两性除外一切人，
可具恶戒戒亦尔，天亦具戒人三种，
转生欲色诸天人，具有禅定所生戒，
无漏戒除殊胜禅，无想众生无色具。

若问：什么样的补特伽罗具有恶戒呢？除了刚出生就无有两性的黄门、失去性根的黄门、北俱卢洲人、两性以外的所有人均可有恶戒，而黄门等是没有恶戒的，因为这些人善恶之心不稳固。

戒也是同样，除黄门、北俱卢洲人、两性以外的所有人均可具有，而黄门等没有。欲天也可具戒。

那么，任何补特伽罗能具有几戒呢？所有的人可具有别解脱戒、禅定戒与无漏戒三戒。转生于欲界与色界的诸天人具有禅定所生戒，原因是欲界可以具有禅定所生戒，转生色界的天人必定具有禅定所生戒。无漏戒，除了中定与无想天的众生以外，色界与无色界天人均可具有。

乙二（经中所说名称）分十五：一、以法相方式略说分类；二、以果之方式分类；三、以因之方式分类；四、以因果二者之方式分类；五、以所依方式分类；六、以作者之方式分类；七、宣说善行与恶行；八、以理非理生业之分类；九、引业与满业之分类；十、宣说三障；十一、宣说五无间罪；十二、宣说近五无间罪；十三、宣说三福业之事；十四、宣说三随分；十五、宣说如理而入之业。

丙一、以法相方式略说分类：

业乐不乐与其他，即善不善与他业。

若问：何为善、不善、无记业呢？赐予安乐的业为善业，带来痛苦的业为不善业，其他令感受等舍的业是无记业。

丙二（以果之方式分类）分二：一、略说；二、广说。

丁一、略说：

福德非福不动摇，将感受乐等三种。

业有三种，即福德业、非福德业与不动摇业。或者，三种业也可以是将感受安乐之业等三种。

丁二（广说）分二：一、宣说福德等业；二、宣说安乐等业。

戊一、宣说福德等业：

福德欲界之善业，不动摇业上界生，
因于彼等地之中，诸业成熟不动故。

若问：那么，什么是福德业等呢？所谓的福德业是指欲界的善业，不动摇业是指上两界所生的业。

若问：如果上界的业是不动摇的，那么不是与三禅以下为动摇的说法相违了吗？不相违，因为三禅以下为动摇的说法实际上是指以等持的过患所动摇，这里说的不动摇是指上界业的异熟不动摇。异熟为什么不动摇呢？因为在色界、无色界之地，将成熟于彼等之处的业异熟永远不会成熟于其他地，因此说异熟不动摇于他处。欲界的业是动摇性的，因为有本来转生天界但由于外缘而成为其他众生的情况。譬如，因发放布施而将转生天界的一位婆罗门看到庄严的大象而想如果我也能获得如此身相该多好，结果转生为护地神象。

戊二（宣说安乐等业）分三：一、三受业各自之事相；二、受业之分类；三、由何业受何果。

己一（三受业各自之事相）分二：一、自宗观点；二、他宗观点。

庚一、自宗观点：

至三禅间之善业，顺乐受业彼以上，

顺不苦不乐受业，顺苦唯此不善业。

既然经中说“顺乐受业等三种”，那么它们指的是什么呢？从欲界到三禅之间的善业是顺乐受业，三禅以上至有顶之间的善业是顺不苦不乐等舍受业，唯一顺苦受业即此欲界的不善业。

庚二、他宗观点：

有说下亦有舍受，因需承许殊胜禅，

彼由异熟业所生，无有前后成熟三。

有些论师说：四禅下面的三禅以下也有感受不苦不乐之业的。为什么呢？因为必须要承认第一静虑的殊胜正禅是舍受之地，并且它是由善业异熟之业中产生的，而且一个相续中无有前后同时成熟三果（享乐是色，受苦是心与心所所生诸法，感受不苦不乐即是不相应行）。

己二（受业之分类）分二：一、五种分类；二、别说异熟受业。

庚一、五种分类：

本性相应与所缘，异熟现前五受业。

受业总共有五种，即本性受业、相应受业、所缘受业、异熟受业与现前受业。本性受业：以自相而感受；相应受业：诸如所触是通过相应的方式而感受的；所缘受业：诸如色法是依靠所缘境而感受；异熟受业：诸如善不善业是以异熟而感受安乐等；现前受业：诸如乐受，除本身现前外其他两种受业是不存在的。如是有此五种受业。

庚二（别说异熟受业）分二：一、总说；二、别说定受业。

辛一（总说）分二：一、业之分类；二、何界与众生中有几引业。

壬一、业之分类：

异熟受业定不定，顺现法等三定业，

有谓五业余说四，能引同类有三业。

异熟受业有四种，即定业、不定业。其中定业又分今生中感受的顺现法受业以及“等”字所包括的来世感受的顺次生受业与后世中感受的顺后受业三种必定感受之业，再加上不定业，共有四种。以前的有些阿阇黎说：不定受业也可分为异熟决定、时间不定与异熟、时间均不定两种，如此总共有五种。喻显部的其他论师说：受业有四类。即时间决定、异熟不定，异熟决定、时间不定，二者均决定，二者均不定。（一）时间决定、异熟不定：有些业如果感受果报，则于现世等任意一者中感受，但由于力量微弱而不一定感受异熟果报。（二）异熟决定、时间不定：异熟果报确定无疑要感受，但今生、来世、他世三个时间是不一定的。（三）二者均决定：诸如现世中必定感受异熟。（四）二者均不定：时间不一定，感受异熟果也不一定。

若问：以何业而引蕴之相续或同类呢？顺次生受业等三种能引他世同类之蕴的相续，而顺现法受业不能引同类，原因是它只能成熟所起作用的蕴相续。

壬二、何界与众生中有几引业：

一切趣有四引业，地狱善引业有三，

何中离贪稳凡夫，不造顺次生受业，

圣者亦不造顺后，欲顶不稳者亦非。

所有五趣的众生总的来说有四种引业，然而，地狱中只有顺次生受善引业等三种，无有顺现法受善引业，原因是地狱中不会有悦意异熟。除了有顶以外的八地中离贪稳固的凡夫不会造转生离贪之彼地的顺次生受业，因为他后世不会转生于离贪之彼地中。中间七地离贪稳固的圣者不仅不会造顺次生受业，而且也不会造顺后受业，因为他永远不会投生离贪之彼地。欲界与有顶离贪尚未稳固的圣者也不会造转生欲界与有顶的顺次生受业以及顺后受业，原因是在欲界与有顶从离贪中退失的圣者是从果中退失的，在退失没有恢复之前不可能死亡。

结生欲界中有身，具有二十二引业，
皆属顺现法受业，彼等必定是一类。

若问：中有也有引业吗？有，中有身在结生到欲界胎卵中时有中阴、凝酪等住胎五期、儿童等在生五期共十一种引业，而且每一种都分定不定两种受业，这样一来共有二十二种引业。其中十一种定业属于顺现法受业，原因是这十一种定业在积业阶段的蕴与感受异熟时的蕴是由同一引业牵引的同一类。

辛二、别说定受业：

强惑净心功德田，恒造杀父母业定。
所谓顺现法受业，依田意乐之差别，
永离彼地贪欲故，必定感受异熟果。

若问：究竟什么是异熟定受业呢？极为强大的烦恼与清净心、依靠下文中要讲的功德福田三宝等、长期所做之事，如萨色巴地方的人以积累福德之心杀害自己的父母，这些业必定要感受异熟果报。

既然说“皆属顺现法受业”，那么到底它是指的什么呢？现世中所要感受的业是由田与意乐的差别而变成的。以田的差别而成为顺现法受业的公案：我等大师释迦牟尼佛曾经成为一名三藏比丘，当时僧众出现争论，结果由一位持藏比丘调解平息了。那位三藏比丘生起嗔心说道："女人平息了女人的争端。"由此而于现世中变成了女人，并且后来于五百世中投生为女人。以意乐的差别而变成顺现法受业的公案：从前，甘嘎国王的一位名叫龙瓦的太监问一个赶着五百头牛的人：你要做什么去？那人回答说：将这些牛阉割。他听后生起悲悯之心，将这些牛从那人手中救了下来。结果那一生中男根就恢复了。不仅如此，而且由于彻底远离了那一地贪欲的缘故，必定成熟于彼地的业也会变成现世受报的业，如同（欠债者）要迁往他乡时（债主）就会前来索债一样。

于从灭定无烦恼，慈无量心与见道，

罗汉果中出定者，作利害果立即受。

那么，田的差别是怎样的呢？对于从灭尽定中刚刚出定者作利害，果报会立即感受，因为他与从涅槃中出定相同。对从慈无量与无烦恼的等持中刚刚出定者作利害会立刻感受果报，原因是他与利益一切众生和无烦恼的清净心相联，并且已完全熏染上敏锐的无量福德。对于从见道中刚刚出定者做利害之事果报也将立即感受，因为他已经获得了断除一切见断的新转依无垢智慧。对于从阿罗汉果位中刚出定者做利害之事，也会立即感受果报，原因是阿罗汉已获得了断除所有修断的新转依无垢智慧。然而，对从一来果与不来果中刚起定者作利害之事不会立即感受果报，原因是他们断除见断的新转依无垢智慧已陈旧，但尚未获得断除一切修断的新转依无垢智慧。

己三（由何业受何果）分二：一、真实宣说；二、别说狂心。

庚一、真实宣说：

无寻善业之异熟，许唯心受不善身。

若问：如果说异熟主要是受，那么是身受还是心受呢？无寻的殊胜正禅至有顶之间的善业异熟承认是心受，唯一是意乐受与舍受，因为在此之上无有身受，其原因是身受绝对是有寻。这间接已说明了有寻的善业异熟是身受与心受两者。不善业的异熟唯一是身受，因为心苦受即是意苦受，而不善业不能成熟意苦受。

庚二、别说狂心：

所谓狂心唯意识，彼由业之异熟生，

依畏受害不调忧，除北俱洲具贪有。

若问：狂心或疯心是在意识中具有还是在根识中具有呢？狂心在意识中具有，而在根识中是没有的，因为根识无有计度分别与随念分别。狂心是从什么因中产生的呢？它是由他人的物咒等成为狂心之业的异熟中产生，还有见到非人的恐怖相而产生畏惧，受到非人加害，自之身体四大不调，产生忧愁等都可产生狂心。

若问：这样一来，不是成了不善业的异熟有心受了吗？因为狂心是由不善业异熟中产生的。无有此种过失，原因是虽然它是异熟生但并非是异熟果，这是由于从愚昧之心中出现身体四大紊乱，由四大紊乱而产生狂心，身体不调是异熟果，而狂心只是增上果。

那么，什么样的补特伽罗才有狂心呢？北俱卢洲以外具贪欲的人会有，天人尚且也有疯狂等现象，其他众生就更不言而喻了。除了佛陀以外的诸圣者有身体四大紊乱产生的狂心，而没有异熟生的狂心，原因是对圣者来说，所有定业都已成熟，不定业不会成熟。圣者也不会有害怕非人形象的狂心，因为不存在对他成为有害的不庄严行为。忧愁而生的狂心对圣者来说也同样无有，原因是他们已经现量见到了法性。

丙三、以因之方式分类：

经中所说曲秽浊，依谄嗔心贪心生。

经中云："曲、秽、浊业。"谄是指虚伪狡猾，由它引发的身语意业是三曲业；嗔心是指为重罪所染，由它引发的三种是三秽业；贪心如颜料之渣般心相续难以去除，因此称为浊，由它所引发的三业为三浊业。

丙四（以因果二者之方式分类）分二：一、略说；二、广说。

丁一、略说：

凭借黑白等差别，所说之业有四种。

佛经中云：白业异熟为白业，黑业异熟为黑业。"等"字所包括的白黑相杂之业异熟也为杂业，不白不黑、无有异熟、灭尽业之业为无漏业。以如是差别宣说了四种业。

丁二、广说：

不善黑业色善白，欲界摄善为杂业，
能灭彼即无漏业。四法智忍离贪欲，
八无间道十二思，唯能灭尽黑之业，
第九思灭杂白业，离贪禅无间末灭。

若问：那么，这些业的本体是怎样的呢？不善业为黑，其异熟也为黑，原因是自之本体为染污性，故为黑，能产生不悦意之异熟果，所以异熟也为黑。属于色界的善法为白，其异熟也为白，因为自之本体在一个相续中不杂烦恼，产生悦意之异熟果并且一相续中不杂痛苦。属于欲界的善业是杂业，异熟也是黑白相杂。由于自之本体非为染污性，故为白，一相续中杂有烦恼，故为黑，能产生悦意之果，故异熟为白，一相续中杂有痛苦，故异熟为黑。能灭尽、断除这三种业与异熟的是无漏业，原因是它非黑、非白，不生异熟果，并且不属于界的范畴，是对治法。

那么是通过什么方式灭业的呢？见道的四种苦法智忍与能远离欲界贪欲的修道八无间道的十二种思是能灭黑业之业，因为直接断除了欲惑。欲界修道中的第九无间道的思能灭尽黑白杂业，原因是它在断除欲界下下品烦恼时对所缘境善业也通过远离贪欲的方式予以断除了。那么，什么能灭白业呢？能灭尽色界白业的是四禅中生起离贪各第九无间道的末尾，原因是以离贪的方式断除对色界善法的欲求。

有说地狱受黑业，余欲受业有二种，

余说见断即黑业，欲界所生黑白业。

其他部的论师说：应当明白只有地狱的受业才是黑业，除此之外欲界的其他众生受业均是黑白二业。还有些部的论师认为，见断之业是黑业，欲界所生的其他修断之业为黑白二业。

丙五、以所依方式分类：

无学身语业意三，依次乃为三能仁。

经中云："能仁有三，即身能仁、语能仁、意能仁。"这些是指什么呢？无学道者称为能仁，完全胜过烦恼之故，彼之身语业与意是三能仁，与经中所说的顺序相对应。

丙六、以作用之方式分类：

所谓三种诸妙行，实则即是三清净。

经中云："清净有三，即身清净、语清净、意清净。"这些是指什么呢？三妙行实际上就是三清净，因为有漏妙行能暂时清净，无漏妙行则能永久清净。

丙七（宣说善行与恶行）分三：一、业道之安立；二、单说邪命之原因；三、何业具何果。

丁一（业道之安立）分二：一、略说；二、广说。

戊一、略说：

身之业等不善业，承许名为三恶行，
贪心等虽非为业，亦是意之三恶行，
与之相反为妙行，彼等笼统而归纳，
如应善与不善业，佛说各有十业道。

既然经中说"三恶行与三妙行"，那它们指的是什么呢？身业等不善业受到圣者呵责，产生不悦意的异熟果，因此被承许为三种恶行。贪心以及"等"字所包括的害心与邪见三者虽然不是业，却是三种意恶行，原因是贪心、害心与邪见的自性是烦恼，而意业是指思（心所之一）的自性业，它与烦恼互为异体。与之相反即是妙行。这些恶行与妙行如果笼统归纳，即是善与不善业道，经中说它们各有十种。那么不包括哪些呢？杀生等身业的加行与后行、嗔心等九种意业以及无惭无愧不包括在内，善业也不包括发放布施、喜爱言谈、知惭有愧等。

戊二（广说）分七：一、是否具有表色无表色；二、业道各分三类；三、别说不善业道；四、断善根与恢复方式；五、思与几业道俱生；六、何界何趣中有几业道；七、业道之果。

己一、是否具有表色无表色：

六种不善无表色，淫二彼自做亦然，
七种善业具二种，等持所生无表色，
所有加行具有表，无表不定后行反。

身语的善不善哪些具有有表色与无表色呢？不善业的杀生、不予取以及语四业必定具有无表色，而不一定具足有表色，因为委托别人也可成办。唯有邪淫既具有表色又具无表色，原因是它不观待委托别人而必须自己去做。前六种不善业如果是自己做，也具有表色与无表色两者。戒杀等别解脱戒的七善业也既具有表色又具无表色。等持所生禅定戒与无漏戒的善业有无表色，因为由入定力所生。善不善业的所有加行均具有表色，因为它们都观待身语之所为。发心力量强大者则具无表色，如果发心微弱则不具无表色。由此可见，是否具无表色是不一定的。后行与加行相反，必定具无表色，而不一定具有表色，若做与正行相同之事则具有表色，若不做则不具有表色。

己二、业道各分三类：

加行三根本所生，贪等彼后即生故。
善业加行及后行，均由无贪嗔痴生。

经中云：三杀生，即由贪心所生、由嗔心所生、由痴心所生。那么所有的业道是不是都以三根本来究竟呢？不是，经中所说的意思是指诸如杀生之加行是由三根本所生。那三不善业的加行是如何以三根本所生的呢？杀生的加行由贪心所生：诸如为了肉而杀生；嗔心所生：诸如杀害敌人；痴心所生：如以福德之心杀害父母等。不予取的加行以贪心所生：诸如因贪财而不予取；以嗔心所生：诸如偷盗怨敌的财物；以痴心所生：诸如婆罗门将盗窃说为正法。邪淫由贪心所生：诸如因贪恋而行邪淫；以嗔心所生：诸如为了侮辱她人而行淫；以痴心所生：诸如有些外道的说法，女人与花、果、烹饪好的食品、河岸、道路相同，所有人均可享用。贪心等意三业是由三根本所生，因为它们是在三根本的后面立即产生之故。十善业的加行、后行与正行均是由无贪、无嗔、无痴中产生。

己三（别说不善业道）分三：一、不善业道之作用；二、各自之法相；三、业道之词义。

庚一、不善业道之作用：

杀生害心与粗语，皆由嗔心而究竟，

邪淫贪心不予取，均由贪心而圆满，

邪见由痴而究竟，余者以三而圆满，

基为众生与受用，名色以及名称也。

若问：所有的不善业是以什么来究竟的呢？一、杀生、害心、粗语三者是以嗔心来究竟的；二、邪淫、贪心、不予取三者是以贪欲来圆满的；三、邪见是以痴心而圆满，因为邪见是由大愚痴中产生的缘故；四、剩余的妄语、离间语、绮语三者是以三毒而圆满的，诸如由贪心引发的这三种是以贪心而圆满的。

那么，这四类之基是什么呢？杀生等第一类之基是众生，因为杀生是断绝有情的生命，害心是对众生嗔恨，粗语是对众生说刺耳语言。邪淫等第二类之基是受用，因为由享受众生内在之所触中产生，并且对其执为我所而生。邪见第三类的基是名色，认为名色所摄的善不善不存在之故。妄语等第四类之基是名称，原因是妄语等依靠名称而来。

提前同时而死亡，因无正行生他身，

军兵等为同一事，一切人均如作者。

若问：以必致对方于死地的利刃来刺，结果杀者在被杀者之前死去，或二者同时死亡，那犯不犯业道正行呢？不犯，因为被杀者未死之前杀者不会造杀业，若与被杀者同时死亡，则已转为他身，已转的他身并未做杀对方之行。

若问：如果军兵等中只有一人杀了对方，那只有他一人出现业道吗？不是，由于军队里的人均为了同一件事，因此所有的人都与杀者一样具有业道。

庚二（各自之法相）分三：一、宣说四根本罪；二、宣说四名言；三、宣说六支分。

辛一、宣说四根本罪：

杀生即是故意中，无误杀害他众生；

不予取以力暗窃，他财据为己所有；

欲想前往非行处，所行邪淫有四种；

妄语即转他想法，词义明显被了知。

若问：四不善业各自的本体是什么呢？杀生是指故意无误杀害他者。所谓的“故意”已说明在无意中死亡是无有罪过的，“无误”是说如要采取杀天施的行动而误认为其他的供施，结果杀了供施，也不会出现业道的正行。颂词中的“他”已表明自杀不犯业道的正行。不予取是指故意无误中以暴力或趁人不备暗中窃取，未被发觉而据为己有。故意无误而想去往非应行处行邪淫，邪淫有四种，即于非基行淫、于非处行淫、于非境行淫、于非时行淫。所谓的非基是指他人执为我所的妻子，或者虽不是他妻，但是自己的母亲、姊妹、父母七代以内的亲属；非处：就算是自己的妻子，但在口、肛门非行淫处；非境：有光明、佛塔、佛堂前；非时：在哺乳期、妊娠期、受斋戒时。妄语是指故意无误改变他人的想法并且所说话语的意义对方已真正明白。

辛二、宣说四名言：

眼耳意识三觉知，次第说见闻知觉。

既然经中说：见、闻、知、觉四者说为未见等四种，未见等四种说为见等四种，即是凡夫八名言；见说为见等四种与未见说未见等四种称为圣者八名言。那么，见闻等四种究竟是指什么呢？眼识、耳识、意识与鼻舌身三者觉知，依次说为见、闻、知、觉。

辛三、宣说六支分：

离间即为分他者，染污性心之词语，
粗语则指刺耳语，所有染污皆绮语，
他许除此染污性，如妄歌戏与恶论。

离间语是指故意无误中为分开他人之间的亲密关系而以染污心所说的词义对方已懂。粗语是指故意无误的不悦耳之词义对方已理解。染污性的所有话语均是绮语。其他部的论师认为：除这三种以外的烦恼性语言也是绮语，例如比丘为邪命而说妄语，由贪心引发而唱歌，演员在表演时为了使别人欢喜而讲故事，贪执外道的恶论而念诵，这些都是绮语。

贪心颠倒图他财，害心即于众生嗔，
视善不善不存在，即是所谓之邪见。

贪心是指颠倒非理地贪执他人的财物而想据为己有。害心则是指以嗔心想害众生。认为善不善业不存在即是邪见。

庚三、业道之词义：

意三唯一乃是道，身语七种亦为业。

若问：为什么这十种称为业道呢？意之三业是趋入业、思之道，身语七业不仅是业，也是趋入思之道，因而名为业道。

己四、断善根与恢复方式：

唯以邪见断善根，所断欲界俱生善，
诽谤因果而断绝，所有均是次第断。

若问：以什么不善业断善根呢？认为无有业果的邪见能断绝善根。那么，是如何断绝的呢？它断绝属于欲界的善根，而不断色界、无色界的善根，因为上两界的众生相续中无有邪见。

属于欲界的善根也是断所有俱生善，而不断加行善，原因是在生起微乎其微的邪见时，加行善的得绳已变得微小而减退，最后已不存在了。邪见中也是仅以诽谤因果的邪见而断，并非是以诽谤圣者的邪见而断。虽然有不是以缘无漏与不同类的邪见而断的说法，但实际上缘同类不同类、有漏无漏的所有邪见均能断善根。

（对于何时断的问题，）虽然有些人说是如同见道断除见断一样同时断的，实际上是像断除修断那样次第而断的。

人中三洲男女断，见行断至不具善，
恢复则依疑有见，造无间罪非即生。

那么，以什么身份而断善根呢？以三大洲的人类断善根，其他众生不断，这是因为恶趣的众生染污性智慧不稳固；北俱卢洲众生的恶意乐不稳固；欲界、色界的天人由于现前三处而生后立即现前业果。人中也是断绝男人与女人的善根，而并非断二黄门的善根，原因是他们恶意乐不稳固。人类的见行者与爱行者两种当中是断见行者的善根，因为见行者的染污性智慧稳固。断善根直至其本体不具善根为止。

那么，断善根者依靠什么才能恢复呢？以可能有业果的怀疑或必有业果的正见而恢复。断善根决定是在今生中恢复吗？造无间罪者即生中不能恢复。那在什么时候能恢复呢？如果是以自己往昔因的力量断善根而转生地狱，则从地狱死迁时恢复，若是以他缘之力断善根，则转生地狱时即刻恢复。

己五、思与几业道俱生：

思与不善一至八，顿时一同而产生，

与善一至十之间，非与一八五俱生。

若问，思与几业道一起产生呢？思可与一至八个不善业一起产生，不会有与九或十不善业一起产生的情况，原因是意之三业不会同时产生。思与一不善业俱生，即处于意之三不善业任何一种中；与二不善业俱生：诸如处于贪心状态而不予取；与三不善业俱生：诸如以害心抢夺、杀生；与四不善业俱生：诸如以害心为分裂对方而说妄语、粗语。与五、六、七不善业俱生：自己处于意之三不善其一中而委托他人做四、五、六不善业。与八不善业俱生：诸如在行邪淫时委托别人造其他六种不善业。

对于善业，思则可与一至十之间的善业一起产生。然而也有特殊情况，即与一、八、五善业不能一起产生。之所以不会与一善业一同产生，是因为无贪心与无害心二者不可分割；与二善业同生：诸如处于意的无贪、无害任意一种状态中。与三善同生：如若处于意识善正见中，也有无贪无害。与四善同生：彼时等起处于无记状态中而受沙弥戒，则断身之三业与妄语；与五善同生是没有的，因为处于善心中而受戒，要么有六、要么有七善业。与六善同生：如果彼时等起处于根识善中而受沙弥戒，则有无贪、无害与断身语四业之善。与七善同生：诸如彼时等起处于无记状态而受比丘戒，则有身语七断之善；无有与八善同生的，因为以不善业受戒，则有七种，以根识善受戒，则有九种或十种；与九善同生：诸如彼时等起处于根识善中而受比丘戒；与十善同生：诸如，处于意识善中而受比丘戒。这些也是就戒而言的，如果对中戒而言，则与一、五、八善同生的情况也有。

己六、何界何趣中有几业道：

地狱绮语与粗语，及害心以二式具，

贪心邪见隐蔽具，北俱卢洲有三种，

第七明显亦存在，其余欲界十不善。

若问，何界与何趣中有多少业道呢？在地狱，绮语、粗语与害心全部是以明暗两种方式而具足，因为地狱众生会发出哀叫、恶言相骂、相互嗔恨；贪心与邪见二者是以隐蔽的方式而具有，无有显露，因无有所贪之物并且业果现前；也没有杀生，原因是如果业力未尽杀也不会死亡；不予取与邪淫也不存在，因为无有执著为我所的财物与女人；无有妄语，无有必要之故；无有离间语，因为相互之间本来就已分裂。在北俱卢洲意三业是以隐蔽方式存在，而不明显，原因是无有所贪之物与执为我所的女人，不存在令生损恼之心的事物，相续调柔；也无有杀生，寿命决定达千年之故；不予取与邪淫也无有，理由如前；无有妄语，因为必要不成立；无有离间语与粗语，原因是（彼处众生）相续调柔；第七绮语明显存在，因为存在以贪欲引发而唱歌的情况。除了地狱与北俱卢洲以外在其他欲界中十不善业均有。

若问：天界怎么会有杀生呢？有，虽说天界内部不会残杀，但杀其他众生的现象是有的。再者，经论中也说天人的头腰如果断了则会死亡。

三善业则于一切，亦以隐蔽现行式，

无色无想天众生，以隐蔽式具七业，

余处则以现行式，地狱北俱卢洲除。

意之三善业在一切趣中都是以隐蔽与现行的方式存在，转生无色界的圣者无漏戒所摄的七所断是以隐蔽的形式而存在，不显露在外。无想天的众生禅定戒所摄的七所断是以隐蔽方式存在，而无有现行，除这两者以外剩余的其他界与趣中身语七善是以现行的方式存在，原因是天、人具有戒所摄善，旁生与饿鬼具有中戒所摄善，然而地狱与北俱卢洲不包括在内，因为彼等之处无有真实受戒与等持。

己七、业道之果：

承许一切均产生，增上等流异熟果，

痛苦之故杀害故，无威严故果三种。

承认所有不善业道各能产生增上果、等流果与异熟果三种，原因是行上品十不善业异熟果下堕地狱，行中品者转为旁生，行下品者投生饿鬼。等流果：杀生者短寿，不予取者受用贫乏，邪淫者夫妻不合，以粗语所感而多传恶名等。杀生的增上果转生环境恶劣之地，不予取生于多害环境中等。

若问：所有的业各自都产生三果是何原因呢？诸如杀生的加行使对方受苦，正行断绝对方命根，后行使对方失去威严，因此每一业都产生三种果报。

丁二、单说邪命之原因：

贪心所生身语业，邪命难净故另说，

设若贪图资具引，与经违故非如是。

既然经中说“邪业、邪语、邪命”，那么前两者以外的邪命是指什么呢？贪心所生身语业即是三邪命。

身语业必定是邪命吗？不一定，嗔心与痴心所生的身语业只是邪业与邪语，而不是邪命。

若又问：如果除了贪心所生的身语业以外再无有其他的邪命，那么为何单独宣说它呢？这是有理由的，也就是为了明确邪命难以净除这一点，由于欢喜趋入而很难离开心相续。再说，僧众的生活是依赖他众，因此单独宣说了邪命。

若有人说：以贪图生活资具引发的身语之业是邪命，为了高兴而唱歌等等以贪心引发的身语业不是邪命。

这种说法不合理，因为与《戒蕴经》相违，此经中云：“比丘受用信士供养后若去观看斗象等，为邪命。”

丁三、何业具何果：

断道有漏业五果，无漏业则具四果，

余有漏善不善四，无漏余无记具三。

若问：那么，任何一业具几果呢？有漏断道世间修道无间道的业具五果，原因是有漏善业而具异熟果，以它的力量而使断除所断与解脱道等同时出现，无间生起即具士用果，不是在它前面产生的有为法是增上果，后面的所有同类是等流果，由于是无间道而具有远离下地烦恼的离系果。无漏断道具有四果，因为不可能有异熟果，有漏断道以外的善业与不善业都具有四果，不存在离系果。无漏断道中剩余的加行道、解脱道、胜进道以及非为善与不善的有覆无记法与无覆无记法这些业具有除异熟果与离系果以外的三果。

善业之果为善等，次第有四二三果，

不善业生善法等，依次具二三四果，

无记业生善法等，彼等具二三三果。

善业生善果虽然可成为异熟因，但它不可能有异熟果，因此具有四果；“等”字所包括的善业产生不善果，有士用果与增上果二果；此外，善业产生无记法也有异熟果、增上果与士用果三果。不善业的善果是士用果与增上果二果；“等”字所包括的不善业产生不善果，有士用果、增上果与等流果；不善业产生无记法，有除了离系果以外的四果，（之所以能生等流果）是因为不善遍行因能产生坏聚见、边执见的有覆无记法。这些都是按照次第上下对应的。无记法产生善法有增上果与士用果；“等”的意思是说，无记法产生不善法有士用果、增上果与等流果三者，（之所以产生等流果）是因为坏聚见能产生苦见断的不善果。无记法产生无记法，有士用果、增上果与等流果。

过去一切具四果，现业未来亦复然。

现业二果未生业，果未来则为三果。

过去的有漏法产生过去、未来、现在的一切法，各有四果，因为离系果不为界与时间所摄（因而不包括在内）。中间也就是现在之业产生未来之法也同样有四果，原因与前者相同。如果是现在之业产生现在之法，则有士用果与增上果二果。如果未生即未来之业产生未来果，则是不包括等流果与离系果的三果。

自地之业果为四，他地则为三或二。

有学有学等三果，无学业果有学等，

次第有一三二果，余有学等二二五。

若是自地的业产生自地的法，则是四果，由于离系果不为地所摄（因此不包括在内）。若是他地之业产生他地之果，则可能有三果，如果依靠无漏一禅而生起无漏二禅，则有士用果与增上果，又由于九地之道互为因，所以还加上等流果；也可能有二果，如果以有漏二禅生起有漏三禅，则无有等流果。若是有学业产生有学法，则有士用果、增上果与等流果三果；“等”字的意思是说，如果是有学业产生无学果，则与前相同；有学业产生非有学非无学法，则是除异熟果与等流果以外的三果。无学业之果若是有学法与“等”字所包括的无学、非有无学，则分别有增上果一果、士用果与增上果加上等流果三果、增上果与士用果二果。除此之外的业，其果如若是有学以及等字包括的无学、非有无学，则分别是士用果与增上果二果、同样的二果、五果。

见断彼等三四一，修断业生彼等果，

次第为二四与三，非断彼等一二四。

见断之业的果是见断以及“等”字包括的修断与非所断，则分别为士用果、增上果、等流果三果；除离系果以外的四果；增上果一果。修断之业的果是见断、修断、非所断，则依次为士用果与增上果二果；除离系果以外的四果；离系果、士用果与增上果三果。非所断的业，其果是见断、修断、非所断，则依次为增上果一果；士用果与增上果二果、除异熟果外的四果。所有这些均是按次第而对应的。

丙八、以理非理生业之分类：

非理业即染污性，有谓失轨亦复然。

论中云："非理所生业、合理所生业、非二者所生业三种。"这其中非理所生业是指染污性的自性罪不善与有覆无记业，因为由非理作意所生。前代的有些上师说：不仅是染污性自性罪，而且从佛制罪的衣食住行等世间共称的仪轨中退失，相违而行，也是非理业。合理所生业是指善业。

丙九、引业与满业之分类：

一业能引一生世，满业则可有多种。

无心之定非引业，得绳亦非为引业。

若问：一业只能引一世还是能引很多世呢？同样，许多业只能引许多世还是能引单单的一世呢？一业只能引一世，而不能引许多世，由于可以引同类，所以许多业也不会引一世。而一业所牵引的同类生世特法的满业却可以有多种，比如一位技艺高超的画家先进行素描，之后其他人用各种颜料来圆满完成。同样的道理，名称虽然相同，但有些众生以善满业而感相貌端正，诸根具全，受用丰富，健康无病，有权有势等。有些以不善满业而感相貌丑陋等。因此，引业与满业共有四类，即引业为善、满业不善；引业不善、满业为善；引业满业均善；引业满业均不善。其中引业为善、满业不善：诸如欲界中具有痛苦的人天；引业不善、满业为善：诸如阎罗法王以及财丰龙王之子等；引业满业均善：如帝释天王等；引业满业均不善：如地狱的众生。

经部等其他宗派的论师认为，一业也能引许多世，诸如此类有许多说法。也有承认一业可以引多世、多业可以引一世的。

若有人问：是不是所有的业都是引业呢？无心的状态即灭尽定与无想定，虽有异熟，但不是引业，因为它无有心而与心不俱生的业力微弱。但它是长寿天与有顶的满业，而此二者（指长寿天与有顶）的引业是四禅与有顶定。善不善业的得绳虽然也与业共存，却不是引业，原因是得绳是由无心状态中顺便产生而力量微弱，并且得绳如同树皮一样与业是异体的。然而，有漏善法与不善业的得绳均是满业。此外，圣者的相续中具有的有漏业与加行道四顺抉择分也只是满业。

丙十、宣说三障：

无间罪之诸业障，强烈烦恼与恶趣，

无想天众北俱洲，承许此等为三障。

若问：经中所说的业障、烦恼障、异熟障究竟是指的什么呢？杀父、母、罗汉，破僧和合，以恶心出佛身血五种无间罪业是业障；由于猛烈的烦恼由小到中、由中到大连续不断产生而得不到依对治法断除的机会，因此称为烦恼障，猛然涌现的烦恼容易断除，所以不是烦恼障；三恶趣众生、无想天众生以及转生北俱卢洲的众生具有的障碍称为异熟障，因为是依靠宿业牵引而成为恶相续者。如此承许三障。这是由于它们对圣道与暖相等圣道加行善起到遮障与阻碍的作用。

若有人说：这样一来，兰禅巴（即能乐）、指鬘、难陀等因为具有深重的烦恼而不应当生起圣道了。

无有此种过失，他们也是乃至未断除那些障碍之前没有生起圣道，因为得道时就不存在深重的烦恼了。

无间罪业三洲有，不许黄门等具有，

缺少恩德少惭故，余障五趣中皆有。

三障中的五无间罪在三洲中有，而在北俱卢洲与其他趣中是不存在的。在恶趣中虽有杀父母等的现象，但不会成为无间罪，原因是它们罪恶的意乐不稳固并已现前业果。天人无有杀害父母等情况，因为他们不具恶劣意乐而且也已现前业果。北俱卢洲也没有无间罪，这是因为他们自然具戒或者性情善良并且无有佛教。三洲中的随欲黄门、两性黄门等也不会造无间罪。这是为什么呢？因为从他们的父母方面而言，没有生出身根俱全的他们并且缺少对他们的慈恩。从晚辈的角度来说，也缺乏对父母的知惭有愧心。除业障外剩余的烦恼障与异熟障二者，无想天众生与北俱卢洲、所有恶趣具有的是异熟障，而烦恼障一切众生均有，所以五趣中都存在。

丙十一、宣说五无间罪：

破僧即令不和睦，自性不相应行法，
非烦恼性无记法，彼与所破僧众具。

五无间罪中前三种是杀生，第五种是杀生的加行，因此属于身业，第四是妄语，属于语业。所谓的破法轮僧是指使双方僧团不和睦关系实有存在的一种不相应行，这是有部宗的观点。由于这样的不相应行断除烦恼者与断绝善根者也具有，因此它的本体既不是烦恼性，也不是有记善法，而是无覆无记法。如是实有的不相应行与双方僧众真实具足，并不能构成无间罪。

彼之罪业为妄语，彼与破者真实具，
中劫成熟无间狱，造多无间害亦增。

破僧罪业之因实际上是能挑拨僧众的妄语，它才是真正的无间罪。这种妄语与破僧者提婆达多等真实具足，才能构成破法轮僧。破僧无间罪业的异熟果是破僧者在一中劫中感受无间地狱的痛苦。那么，再造其余的无间罪果报将如何呢？其他无间罪虽然必定转生地狱，但不一定绝对转生到无间地狱。

如果有人说：若造两种无间罪等只是一世中转生地狱，那么业大小就无有差别了，如果两世等也转生，则无间罪业就不是顺次生受业了。

有部宗对此问题解释说：造两三种等过多的无间罪虽然只有一世转生地狱，但根据业的数量将在无间地狱中身体成为两倍等变成庞然大物与柔嫩的身体，所感受的损害痛苦也成两倍等，因此已脱离了上面两种过患。所造的这些无间罪，前面的是引业，后面的是满业。

比丘见行具戒者，破于他处凡夫众，

堪忍他师与他道，破界彼住仅一日。

造无间罪的补特伽罗是比丘、见行者、持戒者，而不是在家人、爱行者与破戒者，因为造无间罪者要与佛陀抗衡并是利根，否则僧众对他不会相信。

在何处才能造无间罪呢？在佛所住之处以外的地方，而不是在佛面前，原因是破僧者无法堪忍佛陀的威严。破什么样的僧众呢？破凡夫僧众，而不是圣者僧众，这是因为圣者已现前了法性而对佛陀已生起坚定不移诚信。

破僧之量：何时已远离佛陀与佛陀制定的道，而亲近提婆达多，同时堪忍、接受提婆达多制定的不享用酸奶、断肉、不使用盐、穿著未裁剪衣与住于城内经堂中五条学处等，这时已破僧。

破僧和合持续多久呢？只会持续一日，时间不会再长，这是自然规律。

许彼为破法轮僧，赡部洲有九等成，

破羯磨僧三洲有，彼以八者以上成。

这里的破僧实际上指的是破法轮僧，原因是乃至僧众分裂未得以和解之前任何众生相续中都不会生起圣道。它是无间罪，而其他的破僧不是无间罪。其实，破法轮僧也仅仅是佛住世的南赡部洲有，而在其他洲是没有的。破法轮僧的补特伽罗，也需要九个比丘以上才能实现，因为每一方僧众各四位比丘以上，破双方僧众者也必须是比丘。这是就最低数而言的，最多数量则不固定。

破羯磨僧除北俱卢洲以外的三洲都存在。此种破僧是在一个界限内以不和之心作长净等羯磨而分开僧众。

若问，这种破僧涉及多少人呢？破羯磨僧不需要其他的挑拨者，因此八位比丘以上便可办到。

初末二大尊者前，佛已涅槃未结界，

于上此等六时中，破法轮僧不出现。

破法轮僧在以下六种时间里是不会发生的：一、破法轮僧在最初佛转法轮不久时不会出现，因为当时所有众生均生喜悦之情而和睦相处；二、佛陀接近涅槃时也不会出现，原因是认识到佛实在难遇、生起无常观念，由此普遍内心极度悲伤；三、在佛教见解与戒律没有出现损害之前也不会出现，因为佛教无损而住世之故；四、在二大尊者之前也不会出现，这是由于分裂局面不会持续很久，需要他们来调解，否则无有能调解者；五、佛陀涅槃后也不会出现，原因是所竞争的佛陀已不在世；六、未作大小结界也不出现，因为在一个界限内破法轮僧是不存在的。

于利益及功德田，舍弃令彼无有故。

变性杀之亦犯罪，月经中生者为母。

若问：为什么杀父母等也成了无间罪呢？因为父母生育了自己相合解脱的身体，所以是利益之田，而罗汉、僧众与佛陀是殊胜功德的福田，存心舍弃并以行动杀害他们，虽然无有能力杀佛陀，但也存心舍弃。

那么，杀害变性的父母犯不犯无间罪呢？父母变成他性，即父变女、母变男，杀害他们也犯无间罪，因为杀害的是已生育自己殊胜身体之人。假设说在一个女人胎中的凝酪注入另一女人的胎中从而出生，那这两个女人杀哪一个犯无间罪呢？由于两个女人中自己是从第一个女人的月经中产生，因此她才是此人的真正母亲，所以杀第一个女人犯无间罪，主要是生育相合解脱之身的缘故。

以打佛心非无间，击后得罗汉亦非，

造无间罪则无法，获得离贪之果位。

恶心出佛身血，如果是想杀佛陀而以利刃猛刺，才构成无间罪，若仅是想用兵器殴打佛陀而痛击，则不犯无间罪，原因是无有杀生的意乐。同样，用兵刃击中未得阿罗汉者，之后被击者获得了阿罗汉果位，由于先前击中而使阿罗汉死亡，也不构成无间罪，因为对阿罗汉没有采取行为。此外，造了任何无间罪，在未断除这种罪业之前能获得离贪果吗？造了无间罪者意乐极度相违，因此不可能获得离贪之果。

为破僧众说妄语，承许彼为最重罪，

所有世间善业中，有顶禅心果最大。

那么，这些无间罪中哪一个最为严重呢？为使双方僧团分裂而说妄语被认为是在所有无间罪中罪业最为严重。原因是用利刃击中如来法身；离间僧众在未得到调和之间，对出离世间、得果、离贪、漏尽会障碍；所有的禅定、听闻、持诵、思业也不会进行，因而已中断善趣与解脱；包括天界在内的世间界一片混乱，众生心不安乐，无有自在，丧失正念；造无间罪者果报将于一中劫期间转生在无间地狱。其次重的无间罪是恶心出佛身血，接着是第三杀罗汉、再后是第二杀母亲、最后是第一杀父亲。所以说在五无间罪中杀父亲的罪业是最轻的。

那么，所有善业中哪一种善业的果报最大呢？世间善业中有顶的善果被认为最大，因为它的异熟果于八万大劫中息灭一切痛苦，这也是就有漏善业之异熟果而言的，如果从士用果与离系果方面来说，则有漏法中世间胜法位的果报最大。无漏法中要数金刚喻定的果报最大，原因是它（指金刚喻定）无有同类因而直接引见道，并且是断除三界烦恼的断得。

丙十二、宣说近五无间罪：

染污母亦无学尼，杀定菩萨有学圣，
夺僧合食毁佛塔，此等即近无间罪。

若问：唯有造无间罪才转生地狱吗？与无间罪相似的所有罪业也必定堕入地狱。它们是指的哪些呢？一、以邪淫来侮辱既是母亲又是无学尼者；二、杀住定菩萨；三、杀七种有学圣者补特伽罗任意一种；四、夺僧和合食；五、以嗔心等烦恼引发而毁坏佛像、佛经、佛塔这些三宝的所依。按照顺序，这五种罪分别与杀母、杀父、杀罗汉、破僧和合及以恶心出佛身血的无间罪相接近，因此称为近五无间罪。造此等罪者也绝对会堕地狱，夺僧和合食承许为抢夺僧众所享用的食品。

于得无来罗汉忍，成为极重之障碍。

此外，宣说具有能障异熟的三种业，譬如，要前往他乡，债主就会前来索债。同样的道理，对于获得加行道忍位、圣者不来果与阿罗汉者，按次第必定会成为不转生恶趣与顺现法受业以外的欲界、三界这三种业的极度障碍，原因依次为，即所谓的获得忍位不转恶趣等，因此说获得忍位者不转生恶趣、得不来果后不转生欲界，得阿罗汉果后不转三界。

从修妙相之业起，即名住定之菩萨，
投生善趣贵族家，根足转男忆宿世，

不退彼即赡洲男，观现量佛思所生，

余百劫中方能引，每一妙相百福生。

假设说杀住定菩萨与杀父亲的无间罪相近，那是从什么界限开始称为住定菩萨的呢？从积累成熟三十二妙相的业时起称为住定菩萨，也就是所谓的到一百劫时必定获得佛果之义。到底是怎样的呢？一、见道菩萨从此以后转生于善趣；二、在善趣中也是投生为如大萨拉树般的王族等高贵种姓中；三、眼等诸根具全；四、转为男身；五、能回忆生生世世；六、百劫中不退转而获得佛果。具有上述的六种特点。所说的成熟妙相的业是指什么呢？一、由于聪明伶俐，只有转在赡部洲成为具足男根的士夫才能积此业，而其他趣、其他洲、其他补特伽罗均不能积累这种业，这是所谓积业的特点；二、佛陀真实住世才能积此业的说法是指对境的特点，也就是缘佛陀的善心，而不是缘善趣、解脱、他地；三、它是思所生善，而不是闻所生善，因为闻所生善相对低级；四、离成佛还剩下一百大劫；五、所谓的能引与能积累这种业指的是时间的特点；六、实际上三十二相每一相都是由一百一百福德中产生，这是量的特点。

宝髻燃灯毗尸佛，三阿僧祇劫末出，

最初乃大释迦佛。以大悲心施一切，

以此圆满布施度，具贪虽然断肢体，

亦不心乱忍戒度，赞星胜佛精进度，

无间等持静虑度，尔时之心智慧度。

那么，本师释迦佛成为菩萨时，曾对多少佛承侍才成佛的呢？往昔，与本师释迦佛相同的大释迦佛于具诤时出世，他的身寿与眷属等也与释迦佛相同，佛法同样是住世千年。本师释迦佛当时成为一名陶师之子名为光明童子，他供养了大释迦佛一碗米、一双鞋与一些布絮，并发愿说：“善逝如来汝之身，眷属寿命与刹土，殊胜妙相等功德，唯愿我等成如是。”从那时起在第一个阿僧祇劫中承侍七万五千如来，最后宝髻佛出世。当时，第一个阿僧祇劫圆满。接着于第二个阿僧祇劫中承侍七万六千如来，最后燃灯佛出世，当时圆满第二阿僧祇劫。此后在第三个阿僧祇劫中承侍七万七千如来，最后毗尸佛出世，当时圆满了第三个阿僧祇劫。大乘承认每一个阿僧祇劫均承侍无量如来。

那么，此菩萨在何时圆满六度的呢？某时，不是以希求增上生的殊胜的发心而是以大悲心将自己的身体受用全部施舍给一切众生，当时已圆满布施度，关于这一点，请参阅《本师传》。未远离贪欲在具贪的情况下砍断肢体也一心不乱，当时次第圆满了安忍度与持戒度，如安忍仙人的传记那样。本师释迦佛在转为婆罗门童子时，看见星胜如来在山洞中入火遍处定，生起信心，单足站立七日，口中赞叹道“大丈夫如牛王您沙门”，依此圆满精进度，也圆满了九劫的资粮。在未现前菩提之前无间入金刚喻定时的等持圆满静虑度，当时的智慧为圆满智慧度。这些称为各自的波罗蜜多。

丙十三、宣说三福业之事：

三福称为福德业，彼事如同业道也。

若问：为何经中说布施、持戒、修所生慧为福德三事呢？这三种能产生相应悦意之果，因此被称为福德，由于是业的本体而被称为业，又因为这三者均是趋入等起之思的根本，因而被称为福业之事。譬如，身语七业即是业又是道，而意之三业唯一是道，为此称这所有的业为业道。

何者能舍名为施，以欲供养饶益心，

身语之业及等起，彼果具足大受用，

为自他利为二利，非为二利布施四。

其中，任何士夫能以善心将财物施与他众，即是布施。等起：以想供养善妙对境、救济可怜众生的心态而慷慨施舍，并不是为了解脱怖畏与希求回报等。这种业实际上就是身语业及等起相应法。布施之果：暂时具有丰富的受用。分类：为自利布施、为他利布施、为自他二利布施、非为自他二利布施四种。为自利布施：尚未离贪的圣者或者凡夫以世间道远离贪欲，布施（供养）佛塔。为他利布施：除顺现法受业以外远离欲界贪欲的圣者布施其他众生，由于布施者已远离了欲望，布施的果报是欲界所摄，因此是利他而不利己。为二利布施：尚未离贪的圣者或者未离贪的凡夫布施未离贪的其他众生。非为二利布施：除了顺现法受业以外远离欲贪的圣者供养佛塔，因为这只是以恭敬与报恩的心情作供养的。

彼之殊胜为施主，施物以及福田胜。

布施特点：是圣者之因，施主殊胜、施物殊胜、福田殊胜。

施主殊胜具信等，以恭敬等作布施，

是故后受大尊重，应时无有违缘得。

其中施主殊胜是具有信心以及“等”字所包括的持戒、慷慨、听闻、知惭、有愧、具有智慧、知足少欲功德。布施之方式：以恭敬等方式，自己亲手、应时、不害他众而布施。布施之果：由于以恭敬等方式布施，因此后世自己受到眷属的恭敬爱戴；亲手布施而感受用丰厚；因为应时布施而感应时获得财物；不害他众而布施，结果自己无有违缘而获得受用。

色等圆满之施物，由彼美貌具名声，

成为欢喜极柔嫩，随时接触安乐身。

施物殊胜：是色等圆满之物，布施这样的物品后世自己相貌端严，美名远播，转成味香悦意、所触极为柔软、随时接触都会感到安乐的身体。

田殊胜由趣痛苦，利益功德之差别，

解脱施脱或菩萨，其中布施第八胜。

殊胜福田：如布施善趣的人、痛苦之田病人等、利益之田父母、功德田具戒者与得预流果等圣者。这些都是根据田的差别而说为殊胜的。所有布施中最为殊胜的是解脱三界的阿罗汉布施解脱田，因为这种布施无有任何过患。再者，虽然二者（布施者与被布施者）不是解脱者，但菩萨施主作布施也是殊胜的，原因是他们为了饶益一切有情、获得圆满菩提而布施。经中云："布施随至者，以怖畏而施，以曾施我而施，以将施我而施，以往昔我之父辈祖辈曾施而施，为善趣而施，为名声而施，为心之庄严、心之资具、瑜伽资粮、获得殊胜之义而施。"佛经中讲述了八种布施。其中第八为心之庄严等布施最为殊胜。布施随至者是指布施随时来到的人；以怖畏而施，即眼见财产即将用尽而布施圣者；以曾施我而施是指想到这位受施者曾经布施过我而作施舍。其他的布施容易理解。心之庄严是指神变；心之资具指八正道；瑜伽资粮是指寂止与胜观；殊胜之义是指获得阿罗汉或涅槃。

虽非圣者然而于，父母病人说法者，

最后有者之菩萨，供养功德无有量。

此外，尽管不是圣者，但如果对作为利益之田的父母、痛苦之田的病人、于法身相续中修行之田的说法者、功德之田的最后有者菩萨进行供施，果报也是不可估量的。

由结行田基加行，思与意乐之大小，

业亦变为轻与重。故意圆满无悔心，

无有对治具从属，异熟作已积集业。

若问：所有的业轻重如何呢？这要依靠六因而定。一、由后行的差别而成重业，随着正行业道而连续行持；二、依靠田的差别而成重业，如对利益等福田做事；三、由基的差别而成重业，如杀生、妄语、邪见等；四、由加行而成重业，如恒时所造业；五、由思维的差别而成重业，究竟业道；六、由意乐差别而成重业，如发心广大。根据这六种因的大小差别，业也相应安立为轻重。

若又有人问：经中所说的作已积集业、作已不积业指的是什么呢？并非是事先未动心在随随便便中做的，而是想到一定要做而故意做的；业的支分圆满完成；已做不悔；无有忏悔等对治法；具足随喜等从属；必定感受异熟果报。具足所谓的这六种条件即称为作已积集业。其余称为作已不积业。

供佛塔因所生福，虽无接受如慈等，

因中生果无谬故，恶田亦有悦意果。

大众部的论师说：用希求心供养佛塔不可能获得福德，因为佛塔无有接受与享用的能力。

这种说法是不合理的，虽然他们无有接受与享用的福德，但是会获得从供养佛塔之因中所生的福德，譬如愿一切众生安乐的慈等无量心与“等”字所包括的修正见这些虽然无有接受与直接利益他众的能力，可是依靠自心的力量会获得无量福德。

如果说布施利益等妙田会出现悦意之果这是理所当然的，那么对旁生等恶田作布施怎么会有悦意的果报呢？因为有漏的善因会产生悦意的异熟果报，这一点始终是不会错乱的，布施恶劣之田必定会产生悦意的异熟果。然而，恶劣之田使异熟果报变得微小，就像在贫瘠的田地里播下的种子应时不会成熟果实并且减小等一样。

这以上已讲述了布施所生福业之事。

断破戒恶佛制罪，二色戒具四净德，

破戒因过未出现，依彼对治与寂灭。

接下来宣说戒律所生福业之事：所断破戒指的是不善有表与无表色，也就是恶戒。能断除破戒的对治法戒即戒律所生的善业。所谓的戒是指有表色与无表色所断的对治法，因此它也是有表色与无表色。虽然不是自性罪，但过午不食等断除佛制罪的有表色与无表色也是戒律。戒律具有四种功德，是哪四种功德呢？一、不被破戒所染；二、破戒的因——根本与随眠烦恼没有出现；三、依止能对治破戒的四念住；四、依止回向解脱之寂灭。

入定之善即为修，能熏染心之缘故。

为得善趣戒重要，为离烦恼修重要。

下面宣说修行所生福业之事：由心专注于所缘境中入定所生与等持相应的善业即修行所生福业之事。为什么叫修行呢？因为如同芝麻被花香熏染一样心染上善的习气并串修、起作用。

那么，守戒律与修行所生福事何者重要呢？从获得善趣的角度来说戒律重要，就依靠无间道直接断除所断、远离烦恼方面而言修行更为重要。想要获得善趣、远离烦恼者应当依止戒律与修行。

感数劫住善趣故，四种梵天之福德。

法施非为染污性，如实开示契经等。

若问，经中云："四种补特伽罗生起梵天福德，于以前未做之处造如来灵塔，此乃第一补特伽罗生起梵天福德……"如是所说的供养四方僧众欢喜园于其中建造经堂、调解声闻分裂、修慈无量心也分别与经中所说的第二、第三、第四梵天福德相对应。这里指的是什么梵天福德呢？这样的梵天福德与梵辅天的寿量相应，想要于数劫中感得善趣而在以前未有佛塔之处建造佛塔……如是四种补特伽罗生起梵天福德。此处的梵天是指梵辅天，也就是说与转生在梵辅天的福德相同，梵天的福德是在欲界的善趣中延续寿量，并于四十中劫期间享受安乐。

附带讲述一下法布施，所谓的法施是指意乐等起不是为了名闻利养与恭敬爱戴等染污心，行为也是如理无误地讲解十二部契经或三藏。

丙十四、宣说三随分：

随福德分随解脱，随抉择分三种善。

经中宣说了随福德、随解脱、随抉择分三种善业，其中在轮回中的悦意果报是随福德分，于资粮道中向往涅槃的善业为随解脱分，原因是无论何者生起都必定成为涅槃之法。对于具有这种善业之人，通过宣说轮回的过患与解脱的功德，从其生起强烈信心以致汗毛竖立等的外相中便可了知。随抉择分善是指暖位等四加行道。此等即是所谓的三种随分善。

丙十五、宣说如理而入之业：

如理三业具等起，次第乃为书字印，
计算诗歌与数目。有覆下劣与具罪，
此等染污法异名，无漏善业为善妙，
有为善法当敬依，解脱乃为最无上。

世间中所谓的书写文字，刻印、计算、诗歌、数量，它们的自性是什么呢？以方便的差别如理而入的身语意三业及其引发相应者即是五蕴之自性。

它到底是怎样的呢？书写“嘎”等文字、进行刻印即身业，计算一个物体等以及诗歌是语业。身语两部分及其等起而以五蕴为体。十乘十等于一百等的数量合计这是意业，属于四蕴性。如是依次而了知。

另外，此对法比较简略，因此对《法蕴论》当中出现的名词进行宣说。由于烦恼具有遮障的作用，因此叫有覆，因为具染污而呈现黑色并遭受圣者呵责，所以也称下劣，与烦恼同住，故又称具罪。这些均是具染污性法的异名。无垢的善法最为清净，故称善妙，所谓的善妙实际上是无漏善法的异名。烦恼绝对下劣，无漏善法绝对善妙，因此除了这两者以外的他法称为中等。从相续中生起的角度来说，应当恭敬依止有为法中一切有漏无漏善法。除此之外的无为法、不善法、有覆无记法并不是该依止的，原因是无为法不可能有在相续中生起以及反复串习的概念，并且是就为了得果而宣说的，无为法也不具有果。不善业与有覆无记法是染污性的，无有悦意的果报。不善业与有覆无记法、有为无覆无记法、有漏善法、有为无漏法、无为无覆无记法的虚空、非抉择灭以及解脱的抉择灭，前前还有后后居上，因为这些法按次第而言，无有悦意的异熟果报、非为染污性、具有悦意的异熟果、不是有漏法、常有、既常有又是善业。其他所有的法还有居其上者，而解脱涅槃的抉择灭已达顶峰，再没有其他更殊胜的，因此至高无上。

俱舍论第四分别业品释终

第五品 分别随眠

第五分别随眠品分四：一、连接文；二、真实随眠；三、断随眠之方式；四、断除之果。

甲一、连接文：

有之根本即随眠。

既然说“形形色色世间界，皆由众生业所生”，那么唯一的业就能产生这形形色色的器情世界吗？不是，由于三有的根本是随眠，因此以业转生轮回，这也必须有能引起的烦恼作为前提。因为无有烦恼的话，仅仅凭业不能生果，譬如阿罗汉虽有不定业，但由于无有烦恼而不会投生轮回。

甲二（真实随眠）分七：一、随眠之分类；二、形象之差别；三、心具随眠之理；四、生起烦恼之理；五、宣说异名；六、与何法相应；七、宣说五障。

乙一（随眠之分类）分二：一、真实宣说随眠之分类；二、旁述。

丙一（真实宣说随眠之分类）分二：一、根本随眠之分类；二、特殊随眠之分类。

丁一、根本随眠之分类：

六种即贪如是嗔，慢无明见以及疑，
彼六贪分说七种。二界所生为有贪，
内观之故为遣彼，解脱之想而宣说。
见五坏聚见邪见，边执见与见取见，

以及戒禁取见十。

既然说“有之根本即随眠”，那么根本随眠究竟有多少呢？根本随眠有六种，即贪随眠、如是嗔、慢、无明、见、疑随眠。所谓的“如是”指的是缘于何法能增上贪，嗔等也是如此增长的意思。这六种随眠也可说有七种，因为贪随眠分为欲贪与有贪两种。所谓的欲贪是指缘欲界的色香等欲妙而产生，因此在欲界中才有，而上两界中生起的贪为有贪。

若问：所谓的这两界的有贪归纳为一者是何原因呢？这是有原因的：上两界有情大多数都是由于贪爱等至而内观入定，这一点是相同的；再者，是有覆无记法也相同，所以算为一个。必要：为了遣除此二界中认为他们是解脱的想法，由于这两界贪爱等至所生而宣说为有贪。

这些随眠也可说有十种，是怎样的呢？六种随眠中的见有五种，即坏聚见、损减邪见、增益边执见、见取见、戒禁取见五见。在前面的五种随眠基础上加上这五见，如此共有十随眠。

丁二、特殊随眠之分类：

此十各七除三见，八种除去二种见，
以见欲苦等渐断，四种随眠修所断，
色无色界除嗔有，如是承许九十八。

随眠如果从行相之差别、界的角度来分类，则承许有九十八种，（那么是如何计算的呢？）见断：以直接或间接的方式颠倒执著欲界的近取蕴苦谛之见断的十种随眠，通过生起苦法忍与法智而遣除，就像了知假人便可去除人的执著一样。集谛灭谛之见断各有七种，也就是十种随眠中除去坏聚见、边执见与戒禁取见三见。道谛之见断有八种，即十随眠中不包括坏聚见与边执见，因为形象互不矛盾而不会颠倒执著。这些随眠（10+14+8 即 32）依靠现见欲界中苦谛等四谛各自的自相可依次断除。修断：由于贪、嗔、慢、无明四种随眠直接缘真谛的见等或者颠倒误入所知自己的法相，因此这四种随眠的遍计部分仅仅依靠现见真谛就可以断除，它们的俱生部分是修断。所以说，从（见断修断）两方面来分析，在欲界中有三十六种（32 见断 +4 修断）随眠，这四种随眠成为四谛与修道的所断，因此有五类。所说的欲界烦恼中除去嗔以外的烦恼在色界中具有。因此色界中见断修断的随眠有三十一种。无色界也与色界相同，即（苦谛之见断有）九种（十随眠除去嗔）、集灭谛各有六种（见断的七种除去嗔）、道谛有七种（见断的八种除嗔）修断有三（四修断除嗔）。如此可见，三界中见断有八十八种，加上十修断，承许共有九十八种所断。

丙二（旁述）分五：一、确定所断；二、各见之法相；三、遣除与末见相关之争论；四、颠倒之分类；五、慢之分类。

丁一、确定所断：

依有顶中所产生，忍毁唯一为见断，

余生为见修二断，非忍所毁唯修断。

若问：那么，所有见断随眠唯以见道、所有修断唯以修道而断除吗？有顶所生、由类智忍所摧毁的见断唯一通过见道断除，原因是以世间道无法断除有顶的烦恼，并且在无漏修道之前就已经生起了见道。剩余八地所生、由忍所摧毁的随眠是由见道与修道二者断除，因为具有一切束缚的圣者依靠现见真谛的见道而断，凡夫将见断与修断合而为一来断除时，依靠世间修道而断。非为忍所毁而由智所毁的随眠，诸如非见贪等四种俱生部分，唯一由修道来断除，这是由于它们是有漏法而且不是见断。

丁二、各见之法相：

我与我所常与断，无有下劣视为胜，

非因非道视因道，此等即是五种见。

既然说有五见，那么五种见的本体是什么呢？将近取蕴视为我与我所，即坏聚见；视近取蕴为常有或断灭，即边执见；认为业因果不存在，即邪见；本来前三种见等是下劣之见反而视为殊胜，为见取见；大自在等本不是因而认为他是因，视非道为正道，身体依靠五火、绝食，这些是戒禁取见，此等即五见。那么，第一见为什么叫坏聚见呢？近取蕴是坏灭的聚合，将它视为我与我所，故而得名。

丁三、遣除与末见相关之争论：

于大自在等非因，妄执为因由我常，

颠倒执著而生故，唯是苦谛之见断。

若有人说：大自在等不是因反而耽著为因，这样一来，它也就成了集谛之见断，因为是颠倒执著苦因。

实际上是苦谛见断，因为它是由常有与我的颠倒执著中产生的。

丁四、颠倒之分类：

由三见立四颠倒，颠倒计度分别念，

以及增益皆具故，心想颠倒随彼转，

若问：既然说“妄执为因由我常，颠倒执著而生故”，那么决定只是（我、常）这两种颠倒吗？不是，颠倒共有四种，即无常执为常有之颠倒、不净执为净之颠倒、苦执为乐之颠倒、无我执为我之颠倒。

那么，在什么见中安立为颠倒的呢？由三种见而安立为四种颠倒的，边执见中安立无常执为常有的颠倒，见取见中安立不净执为净的颠倒与苦执为乐的颠倒，坏聚见中安立无我执为我的颠倒。其他见不安立颠倒的理由何在呢？只有俱全于对境始终有颠倒执著、具有计度分别、为增益见这三种条件才能安立为颠倒，而戒禁取见于对境不是始终颠倒执著，边执见中的断见与邪见是损减见，而不是增益见，因此这两种见并不能安立为颠倒。

如果有人说：这样一来，经中所说的"于无常认为常有是颠倒心、颠倒想、颠倒见"，其中的颠倒心与颠倒想就成了不是颠倒，因为无有计度分别。

无有此种过失，从根本随眠为基础的角度而言，由于不具足这里的两种条件，因此没有安立为颠倒，经中是就颠倒心与颠倒想这两者与邪见相应而说为颠倒的。

丁五、慢之分类：

七慢九慢摄三中，以见及修而灭尽，

修断杀等缠灭爱，我慢不善之恶作，

圣者不会明出现，因由见疑增长故。

若问：只有见才有分类吗？不是，慢也有七种分类，即傲慢、过慢、慢过慢、我慢、增上慢、卑慢、邪慢七种。接下来，对这些慢进行逐一辨别：心里想与下者相比我更胜一筹的自满之心为傲慢；认为我已胜过了与自己同等者，为过慢；认为我比其他殊胜者更高一筹为慢过慢；认为近取蕴为我，即是我慢；本未获得功德却认为已获得，为增上慢；认为自己与特别优秀者比起来略显低下，为卑慢；本得到的不是功德而是过患，反而认为获得了功德，此为邪慢。

《入智论》中宣说了九种慢，即观待他者立己三种，观待自己立他三种，观待自己否他三种。观待他者立己三种：认为我已胜过他；我与他平起平坐；我比他低。观待自己立他三种：他比我高；他与我等同；他较我低。观待自己否他三种：没有比我高的；没有与我等同的；没有比我低的。那么，这九种慢包括在七慢的哪一种中呢？包括在傲慢、过慢与卑慢三者中。

那这些慢是见断与修断哪种呢？这些需要见道与修道二者来尽除。那么，尚未断除修断的圣者会不会明显出现这些慢呢？修断是指杀生等缠；还有，如想我成为护地大象之子该多好的生爱；如想我长久存在有何用呢，还是尽快死的灭爱；七种慢以及源于我所生的九慢，这一切作为圣者不会明显出现，原因是这些均是以见而增上，而圣者已远离了见。再者，不善的恶作圣者也不会明显出现，原因是它是以怀疑而增长，而圣者已断除了怀疑。

乙二（形象之差别）分五：一、观待因之分类；二、观待所缘境之分类；三、观待本体之分类；四、观待时间之具理；五、境与有境之差别。

丙一、观待因之分类：

见苦集断见与疑，相应不共之无明，

即是同分界遍行，中除二见九缘上，

彼等俱生之诸法，亦为遍行除得绳。

这些随眠遍行于三界的有多少？在三界中见苦谛所断的各有五见，三界共十五见，见集谛所断的有二见，三界共六见。同样，见苦集谛之疑有二，三界共有六，与见、疑相应的无明合为一类，三界共有三无明，与其他根本烦恼不共的见苦集谛所断的无明合为一，三界有三无明，合计起来，总有三十三随眠，三界每一界的十一随眠可以缘各界的五类所断，并且是产生这些随眠的因，因此是同分界遍行。

九十八种随眠中剩余的六十五种随眠与上述六种同分界遍行无明以外的无明不是遍行。所说的十一遍行中的九种由于是不同分界，并且也可缘上界，因此称为不同分界遍行，也就是十一遍行除去其中的坏聚见与边执见，因为这两见只是将自相续之蕴看作是我、常断，而上下的相续不同。缘于下面的烦恼是不存在的，原因是通过断除下面烦恼而必定远离欲乐之贪。只有随眠才是遍行吗？与此等十一种随眠随行俱生的心与心所受等一切相应法以及法相等也是遍行，但得绳不包括在内，因为这些随眠与得绳之因的果不是一体。一切遍行与苦集谛的法相相违而执著，所以是直接颠倒执著，非遍行不是与苦集二谛相违，而是缘直接颠倒执著并以贪心寻求，以嗔心恼害，以慢而自满，由此可见，这三种是再度颠倒执著。

丙二、观待所缘境之分类：

见灭道谛之所断，邪见疑与彼相应，
不共无明共六种，即是无漏行境者。
若缘灭谛缘自地，道谛相互为因故，
六地九地之道谛，彼行境者之对境。

这些随眠中缘有漏法与无漏法的有多少呢？见灭谛与道谛所断的有二邪见、二疑共四种，还有与这四种相应的无明合为一，唯一的不共无明算为一，共有六随眠。或者以界来分，十八种随眠是无漏的行境者（即缘无漏法），原因是它们对灭道二谛颠倒执著，而这二谛是无漏法。

再者，灭谛的见断若缘灭谛，则缘自地的灭谛，而不缘他地的灭谛，因为这两种灭谛是不同的实体。欲界的灭谛见断缘欲界的灭谛，直至有顶之间依此类推。

那么道谛也必定是这样吗？不一定，依靠初静虑未至定等静虑六地法智方面的所有道谛均是缘法智的欲界见断邪见、怀疑、无明三种随眠的行境，这是因为静虑六地的道谛相互是平等因与殊胜因，又由于法智方面的道谛是欲界的对治类。依靠这六种无漏法与前三无色界此九地类智方面的所有道谛，是缘彼道之有境地上道这三种见断的对境，原因是无漏九地的道谛相互为平等因与殊胜因，又由于类智是上地的对治。

贪非缘二所断故，不害故嗔非缘彼，

寂灭清净殊胜故，慢戒取禁不缘彼。

那么，除了此三种以外的其他随眠不缘灭谛、道谛的原因是什么呢？贪不是直接缘灭谛与道谛，因为它的对境唯一是所断，而灭谛与道谛并不是所断；嗔不缘灭谛与道谛是因为灭谛与道谛不害他者；慢不缘灭谛与道谛是因为灭谛、道谛是寂灭法；戒禁取见不缘灭与道谛，这是由于此见是将不清净执为清净，而道与灭谛是清净的；见取见也不缘灭与道谛，因为它是将下劣执为殊胜，而灭谛与道谛本来即殊胜。

所有遍行之随眠，以所缘于自地增，

非遍行于同类中，无漏上地有境非。

未作我所对治故，相应法以相应增。

那么，这些随眠以所缘与相应的方式而增长的是哪些呢？所有的遍行随眠是以所缘的方式依靠一切自地而增长的，比如说，欲界的苦谛见断依靠欲界的五类所断而增长，非遍行随眠也是通过所缘的方式在同类中增长，而不是于他类中增长。全部必定是这样吗？不一定，无漏的有境六随眠或者十八随眠，以及上地之有境的九种不同分界遍行虽然缘它们（指道谛灭谛以及上地境），但并不能通过所缘的方式而增长，因为这些并不是以爱作为对境与坏聚见作为我所，而是属于对境的对治法。与受等相应的随眠以相应的方式增长，这是于彼等未断除坏爱之故。

丙三（观待本体之分类）分三：一、真实分类；二、根本之差别；三、询问无记法之旁述。

丁一、真实分类：

上界随眠欲界中，坏聚见与边执见，
相应无明均无记，余此欲界皆不善。

若问：九十八种随眠中是无记法的有多少，是不善法的有多少？上两界中的所有随眠均是有覆无记法，原因是它们不会产生不悦意异熟果并是染污性。欲界中存在的所有随眠中坏聚见和边执见，加上与彼等相应的无明均是有覆无记法，而不是不善法，这是因为坏聚见也可以是为了自己安乐而进行持戒布施；边执见也可与解脱相符，所谓的解脱也就是远离蕴，边执见实际上也是远离蕴的一种远见。剩余的随眠在欲界中是不善法，因为产生不悦意异熟果。

丁二、根本之差别：

欲界所有贪嗔痴，即是不善之根本，
无记根本有三种，彼为爱与无明慧，
二意趋高故余非。西方论师许四种，
即爱见慢以及痴，由三禅定无明生。

若问：这些随眠中多少是不善业的根本、多少是无记法的根本、多少不是这两者呢？欲界中存在的五类所断贪、嗔、痴是不善业的根本，因为这三种自之本体即为不善，而且也是其他不善业的根本。无记法的根本有三种，即对上两界的禅定与无量宫等的一切爱、三界的一切有覆无明、三界有覆与无覆的一切智慧以及相应的一切无记智慧，因为它们既是无记法也是根本。除此之外的随眠虽有无记法，但不能作为无记法之根本，其中怀疑是三心二意而执著，因此不稳固，但根本必须要稳固。我慢是以贡高的心态趋向高处，而根本要居于低处。嗔必定是不善业，这一点没有疑虑。

西方诸论师说：无记法的根本有四种，那么它们是哪些呢？一、上两界的爱；二、此二界的一切见与欲界坏聚见、边执见；三、上两界的慢；四、前面讲的一切痴，原因是对禅定爱重、见重、慢重，并且这些都是由无明中产生的。

丁三、询问无记法之旁述：

一向分辨与反诘，以及放置而授记，
诸如死生与殊胜，及我与蕴一异等。

若问：佛经中宣说了无记法之见，我与世间是常是无常、是二非二；世间有无边、是二非二；善逝圆寂后出现不出现、是二非二；身体是生命或命为身体以外之他法，即身与命是一体异体，此十四种是佛未授记之见。

既不是善法也不是不善才称为无记法吗？所置的提问没有直接作答也称为无记法。那么，对于询问有多少种答复呢？有四种，即一向、辨答、反诘、置答。一向之询问：诸如，众生有生死吗？一向之作答：所有生的有情都不能脱离死亡。辨答之询问：诸如，众生死后生还是不生？辨答：具有烦恼的众生生，无有烦恼的众生不生。反诘之询问：诸如，此人殊胜不殊胜？反问：你是观待什么而提问的？如果观待天人，则是下劣，若观待恶趣众生，则殊胜。置答之询问：诸如人我与蕴是一体还是他体？置答：既不是一体也不是他体，因为人我本来就不成立，比如石女儿本不成立，当然也就不存在回答他是白色等的概念了。

丙四（观待时间之具理）分三：一、真实宣说；二、旁述分析三时之理；三、断与离之差别。

丁一、真实宣说：

过去现在贪嗔慢，已生未断则具彼，
未来意之彼等者，其余五识具自时，
未生之法具三时，剩余随眠悉皆具。

若问：这些随眠自境所作的对境在那一补特伽罗相续中是如何具足三时的呢？一般来说，烦恼有自相烦恼与总相烦恼两种。其中贪嗔慢为自相烦恼，因为它们是由美丑、高低对境而产生的，而不是缘所有的对境，也不是在一切时分都产生。无明、疑、见是总相烦恼，原因是它们缘有漏蕴而在一切时分中产生。其中过去与现在出现的贪、嗔、慢无论是在六识任何群体中出现，缘三时五类所断的任何对境而产生这些烦恼，乃至未断除之间，对境的实法对于那一补特伽罗来说都是具足的，如同用绳子将牛拴在桩子上一般。所谓的具足也是指补特伽罗以缘那些对境的方式而具足所断，并不是指具足得绳。意识群体中出现的未来贪等三种缘过去、未来与现在出现的一切对境的方式而具足，原因是意的对境中存在三时的法。意识以外的五根识群体中出现的未来或将生的贪、嗔，只具足未来自时的实法，这是因为这些识不缘过去与未来。不生的一切有法即三时的一切对境对于那一补特伽罗来说是具足的。剩余的无明、疑、见三时对境那一补特伽罗也是具足的，因为它们是总相烦恼。

丁二（旁述分析三时之理）分二：一、对境三时成立实体；二、辩答。

戊一、对境三时成立实体：

三时实有佛说故，二具对境有果故，

言说三时存在故，许说一切有部名。

彼等四种称事相，阶段以及他转移。

如果有人说：三时现在到底有无实体？如果有，则成了常有，如果说没有，则与所说的具足相违。所有时间都存在实体，但无有常恒的过患，因为它具足有为法的法相生等。那么，过去、未来、现在实体存在的原因是什么呢？有原因，如经中云："比丘当知，若过去色非有，多闻圣弟子众不应于过去色勤修厌离，以过去色是有，故多闻圣弟子众应于过去色勤修厌离，若未来色非有，多闻圣弟子众不应于未来色勤断欣求，以未来色是有，故应多闻圣弟子众于未来色勤断欣求。"（这一点通过理证也可成立：）由于识是依靠对境与根二者而产生的，因此意根于三时之法中产生意识；再者缘过去未来之意识现在即有对境的缘故；又因为已造业不会虚耗，所以现在存在过去业的异熟果，而因果同时存在，生灭同时这是谁也不会承认的。

正由于说所有三时与所有五事都实有存在，因此才承许为说一切有部。关于三时实有成立的此等说法也有四种观点，事法转移、法相转移、阶段转移、其他转移。一、法护尊者的观点：如苗芽未来变成现在、现在变成过去时，虽然实体并未转变为其他实体，但事物变成他法，比如金器毁坏后作成装饰品时颜色不会变，然而形状却已变成了其他形状。二、妙音尊者的观点：当时虽然具足三时的法相，但从偏重于某一法相而安立为过去等，譬如一个男人特别贪恋一个女人时，并不是对其他女人远离了贪心，但由于对那一女人特别贪爱而说贪恋那一女人。三、世友尊者的观点：当时从作用未生、作用已生未灭、作用已灭的角度而安立为过去等，例如，历算者的一个丸子，分别放在有一、一百、一千标志的骰点中时分别安立为一、一百、一千等。四、觉天尊者的观点：当时从前中后三刹那的角度而安立为过去等，比方说，一个女人观待自己的母亲她是女儿，观待她的女儿是母亲。

戊二、辩答：

第三观点以作用，安立三时为最佳。
谁障作用非异时，时间亦成不应理。
若有何故未生灭，此等法性极甚深。

若问：那么，以上四种宗派哪一观点好些呢？第一种观点应当合并在数论外道中，因为他们承认事物转移，而实体不转移并承认一切事物为一本体的缘故。第二种观点有三时错乱的过失，原因是他们承认诸如过去一时也具有三时的法相。第四种观点有一时也成了三时的过失，这是由于他们承认过去也有前中后三刹那。这些观点中要属第三种观点稍微好些，因为他们从作用未生、生而未灭与作用已灭的角度而安立为三时。实际上，这一观点也有过失，为什么呢？就拿现在的相应眼根来说，就成了不是现在的相应眼根，原因是它不做产生果之事。

对方辩驳说：虽然不做现在看色法的事，但却做将产生取果的事，因此安立为现在。

如果这样承认，那么过去的同类因也应成了现在，因为它做产生现在之果的事。就三时而言，谁对现在做事成障碍，都应成了不做障碍，因为现在实有存在。此外，作用与时间是他体还是一体，如果承认他体，那么作用应成了无为法，原因是承认他体。如果这样承认，作用就成了常有。如果认为是一体，那么过去与未来也不应该是现在的过去与未来时间，承认作用不是时间以外的他法并且现在实有存在之故。

对方说：无有这种过失，原因是从作用未生与作用已灭的角度而安立为未来与过去的。

怎么会未来未生、过去已灭，不应该是这样吧，原因是你们承认现在具有实体。

对此有部宗说：由于一切法的法性是深奥的，以寻思的智慧无法变成他法，这是有确凿可靠的教证，因此我们绝不舍弃自己的宗派。

丁三、断与离之差别：

虽断苦谛之见断，其余所有遍行具，

初品修断虽已断，然彼余诸有境垢。

若问：断除所断者一定解脱吗？解脱者一定已断除所断了吗？解脱者一定断除了所断，但断除所断并不一定解脱，因为生起苦智（十智之一，了知一切有漏取蕴皆是苦谛之智）未生起集智时，苦谛的一切见断虽已断除，但剩余的遍行集谛见断的所有遍行仍旧缘已断的苦谛见断，因此它们是以所缘的方式具足或未离。同样，虽然第一修断的上上品相应已断，但缘已断的上上品修道之有境垢染剩余的上中品等未断的所有修断仍然缘已断的所有修断，因此已断的修断也是以所缘的方式具足。

丙五、境与有境之差别：

欲界所生苦集谛，见断以及修所断，

自地三心色界一，无垢心识之行境。

若问：那么，所有随眠依靠什么事物而增长呢？对此，任何一种随眠成为几心的对境呢？要通达所有的随眠是以所缘的方式增长的道理。一般说来，对境的随眠有十六种，也就是三界各有五类所断，共十五种，再加上一切无漏法，它们的有境也同样有十六种，即缘三界各有的五类所断的十五心以及无漏心。其中苦谛见断与苦谛之因集谛见断、修断这些欲界所生的所有随眠是各自五心的所缘。首先以苦谛见断为例，同分界遍行与非遍行及相应的一心，集谛见断遍行的一心，修断闻思所生的善心，这是欲界自地的三心，转生到色界也可以缘欲界的见断，如此再加上属于色界的一心，自方的对治无垢苦法智也可缘欲界见断，这样一来，苦谛见断就成了以上五识的行境（即所缘）。同样，欲界的集谛见断也是作为一切同分界遍行非遍行的一心、苦谛见断之遍行的一心、修断善心、属于色界的一心、集法智的心这五心的行境。修断也是同样，作为苦谛集谛的两种遍行、自地相应的善心等、属于色界的心以及无漏心的所缘。此外，欲界苦集直接缘灭谛、道谛见断的只有无漏心，因为对灭道谛颠倒执著与再度颠倒执著也不缘，上地的烦恼不缘下地，无色界由于远离善法也不缘，由此可见，除了上面所说的无漏法以外其他心不能缘灭谛与道谛的见断。依此也应当了知以下的所有内容。

色界所生自地心，下三上一无垢心。

无色所生属三界，三心无垢心行境。

色界所生的苦谛集谛见断以及修断三者各作为八心的所缘，作为自地苦谛集谛的遍行非遍行、修断善心三者（3）的所缘道理如前，还成为下面欲界的两种不同分遍行、修断闻思所生善心三心（3）、上面无色界空无边处未至定的一善心（1）以及无垢类智同品心识（1）的对境。如此各作为八识的行境。

无色界所生的苦谛集谛见断与修断三者各是十心的所缘，欲界、色界的苦谛集谛两种不同分界遍行的四种见断与相应的二修断，如前一样成为自地的三心即属于三界每一界三心共九心及无漏类智分此十心的行境。

灭谛道谛诸见断，加自地心之行境。

无漏三界末三心，及无漏心之行境。

灭谛与道谛见断是在三界的有境心基础上再加同类心此等心识的行境。也就是说，欲界中前面的五心加上缘同类直接颠倒执著心，各为六心的所缘，色界各为九心的所缘，无色界各是十一心的所缘。

无漏法作为十心的所缘，即三界各有五类所断中的最后直接颠倒执著灭谛与道谛的邪见等各有二心，修断善心各有一心，如此三界各有三心，共有九心，再加上无漏法智类智也缘无漏法，因此它是十心识的行境。

乙三、心具随眠之理：

具随眠心有二种，染污心与非染心，

染污心亦有二种，非染污心随增长。

具随眠之心必定增长它的随眠吗？具有随眠的心有染污心与非染污心两种，染污心也有既具随眠也增随眠与只具随眠不增随眠两种。其中，既具随眠也增随眠是指凡夫的染污心，因为他们的贪心等以所缘与相应的方式增长。只具随眠不增随眠是指诸位阿罗汉已断的过去烦恼与未来未生的烦恼虽然一起存在，但不会增长。非染污心的有漏善法与无覆无记法是以所缘的方式增长，并具随眠，因为它们作为自地烦恼的所缘不可能不增长。然而，无漏心虽然作为随眠的所缘，但既不具随眠也不增随眠。

乙四、生起烦恼之理：

痴中生疑后邪见，坏聚边执戒见取，

尔后则于自之见，生起贪慢于他见，

嗔恚如是依次生。由具尚未断随眠，

境住非理之作意，此三因中生烦恼。

若问：所有随眠产生的顺序是怎样的呢？首先对真谛之义愚昧不知（无明），从中产生思虑苦谛有无的怀疑，之后依止恶知识而进行颠倒讲闻，从而产生认为无有苦谛的邪见，接着产生将蕴执为我与我所的坏聚见，随后产生执著蕴为常有、断灭的边执见，之后产生将边执见执为正确可信的戒禁取见，再后由于执为正确而产生见取见，其后对自之见解贪执，生起慢心，对他见生起嗔心，如是随眠以上述次第而产生。那么，生起烦恼需要几因呢？具足未以对治断除随眠、与生起烦恼相合的对境存在、非理作意这三种因而产生烦恼。

乙五（宣说异名）分二：一、经中所出现之异名；二、论中所出现之异名。

丙一（经中所出现之异名）分四：一、漏；二、瀑流结合；三、近取；四、解释彼等之义。

丁一、漏：

欲界除痴惑及缠，乃为欲漏色无色，

唯一随眠为有漏。彼无记法向内观，

入定地故合为一，根本无明故别说。

诸位对法师如果要宣讲佛经，则对佛经中的名称务必要清楚，既然经中说“漏、瀑流结合、近取”，那到底它们指的是什么呢？漏有三种，即欲漏、有漏与无明漏。也就是说，欲界中的五种痴心以外的烦恼十二见、四疑、贪嗔我慢各有五种，共有三十一随眠，加上在下文中将出现的十种缠缚，总共有四十一种随眠为欲漏，因为这些大多数都是缘欲界的漏法。色界与无色界中各有除了十无明随眠以外的二十六种，合在一起的五十二种随眠是有漏，因为这些多数缘上界烦恼。

若问：色界无色界所生的随眠合而为一称为有漏的原因是什么呢？那是有原因的，因为这两界的随眠为无记法相同、内观相同、是入定之地相同。合而为一来讲也是有必要的，由于上两界属于三有而不是解脱，因此是为了明确这两界不是寻求解脱的缘故。那什么是无明漏呢？三界的十五种无明是无明漏。

若问：五类所断中十五无明单独称为漏的理由是什么呢？是有理由的，轮回的根本即无明，如果断除了无明，那么其他的所有随眠也将断除，为了明解这一点而将无明单独称为漏。

丁二、瀑流结合：

瀑流结合亦复然，为明诸见另宣说，

漏非无有助伴见，则与安置不相符。

四瀑流四结合称为漏也应如是而了知，欲漏、有漏也就是欲瀑流、有瀑流，欲结合、有结合，因此将漏用瀑流与结合替换。若问：由于漏为三种，所以与四瀑流、四结合相违吧？不相违，因为三界的一切见均是恶慧自性，为了明确这一点而单独宣说，如此就成了四种，欲瀑流结合有二十九种、有瀑流结合有二十八种、见瀑流结合有三十六种、无明瀑流结合如前有十五种。

如果有人说：如此一来，漏也应成了四种，因为它们无有差别。

漏不是除了一切见以外单独宣说的，漏的意思是能安置在轮回中（漏到轮回中），无有贪等助伴的所有单独见很显然与安置在轮回中的名义不相符合。

丁三、近取：

如是所说及无明，诸近取即见分二，
所谓无明非能取，是故混合而宣说。

所谓的四近取，是指欲近取、我所近取、见近取、戒禁取见近取。一、欲近取：上述的欲瀑流结合及无明总共三十四种是欲近取；二、我所近取：有瀑流结合及无明共三十八种大多数内观，是执为我所的根源，是我所近取，对此不会有不具足四种的过失，因为见分为两种。三、见近取：三界的前四见合起来，共有三十种是见近取。四、戒禁取见近取：六个第五见是执非道为正道，成了正见的怨敌，并且以历经众多无义的苦行来欺惑在家与出家两方，因此过患极重，所以单独将戒禁取见安立为近取。那么为何与无明混在一起称为近取而不单独宣说呢？这是取后世的缘故为近取，无明不明显，无有助伴单独不能取后世，所以混合而说，并未单独安立。

丁四、解释彼等之义：

彼等极为微细故，随系二种随增故。
及跟随故称随眠。彼等能置与能漏，
能冲能粘近取故，即是漏等之定义。

若问：为什么这些烦恼称为随眠呢？原因是这些烦恼不是色法，并且是心所的本体、难以通达、极为细微（隐蔽）之故。又由于从无始时以来就与得绳相联，连续不断，通过所缘与相应的方式增长，如果未断除种子，则再度在相续中辗转跟从，因而称随，由此称为随眠。

若问：为何这些烦恼称为漏等呢？以这些烦恼能安置在轮回中或者从六处的伤口中能漏到轮回中的意思而称为漏，能冲到后世，故称为瀑流，能与后世粘连在一起，因此称为结合，由于能取受轮回而称为近取，这些即漏等名称的定义。

丙二（论中所出现之异名）分二：一、略说；二、广说。

丁一、略说：

此等亦分为结等，故复宣说有五种。

这些随眠有结以及“等”字包括的缚、随眠、随烦恼、缠的分类，因此经与对法论中也有分类说五种的。

丁二（广说）分四：一、结；二、缚；三、随烦恼；四、缠。

戊一（结）分三：一、九结；二、五顺下分结；三、五顺上分结。

己一、九结：

实体与取相同故，安立见取之二结，
二唯不善自在故，嫉悭单独称二结。

结有九种，即贪、嗔、慢、无明、见、疑六种根本烦恼，再加取结、嫉妒结与悭吝结。那么，见取见与戒禁取见从见结中单独宣说是什么原因呢？（一、实体相同：）因为前三见与后两见都同样有十八种实体，前二见（即坏聚见与边执见）在欲界中是苦谛两种见断，在上界各是两种见断，三界共有六种，邪见在三界都是四种见断，如此共有十二种，前三见总共有十八种，第四（见取见）在三界中各是四见断，三界共十二种，第五（戒禁取见）是欲界苦谛与道谛的两种见断，上两界中也各是两种见断，见取见与戒禁取见也有十八种。（二、取相同）前三见执为殊胜之所取，后二见执为殊胜之能取，因此戒禁取见与见取见二者除见结以外单独宣说。所有的缠中嫉妒与悭吝二者单独称为结的原因是什么呢？原因是这二者完全是不善业并自在而起，所以嫉妒与悭吝在八种缠以外单独称为二结。

己二、五顺下分结：

五种顺下分之结，以二令不离欲界，
由三能令复返回，门与根摄故为三。
不欲前往与迷路，于道生疑此一切，
成趋解脱之障碍，是故唯说断此三。

顺下分结有五种，即坏聚见、戒禁取见、怀疑、欲贪、害心。这些为什么叫顺下分呢？因为三界最下等的是欲界，与它随顺，以此得名。此等均与欲界相合，因为欲贪与害心起到不离开欲界的作用，以坏聚见等三者虽然能一次转生到上界，但又会使其返回到欲界。

若问：那么，预流果不是已经断除了五见与怀疑六种了吗，为何经中说唯有断除坏聚见、戒禁取见与疑结三者才能获得预流果呢？（关于这一问题，有两个原因：）这是因为直接宣说断除了第一门的坏聚见、前后两门类的戒禁取见、四门类的怀疑三者，间接也能了解断除第一门类的边执见、四门类的邪见与见取见，门类相同之故。通过宣说断了这些而说明见断的贪等也已断除，贪等缘彼等而是其有境之故。因此三结能包含一切见断门类。再者，由于边执见的根本是坏聚见，见取见的根本是戒禁取见，邪见的根本是怀疑，因此三结能涵盖一切根本，直接宣说断除所有的根本，间接可以懂得断除根本所属者，所以只是宣说了断此三种。

阿阇黎世亲论师承许说：例如，不愿意到别的地方去、迷路与对路途有疑虑，乃至存在这三种违缘期间不会去往其他地方。同样的道理，对趋入解脱也以坏聚见与担忧断我而害怕解脱不愿趋向，戒禁取依靠他道而迷路，对解脱产生怀疑，有这三种能障，如果断除了这些，那就说明趋至解脱无有障碍，因此从最主要的角度而说了只断除三结。

己三、五顺上分结：

顺上分结亦有五，色界无色界所生，

二贪掉举慢无明，令不超离上界故。

经中所说的“五种顺上分结”指色界与无色界所生之贪是行于这两界的主因，分开有两种，其余每一种算为一，即掉举、我慢与痴，因为此等能起到不离开上界作用。

戊二、缚：

因以苦乐舍三受，安立贪嗔痴三缚。

缚有多少种呢？有三种，即从与缘苦受、乐受、舍受相应的角度次第增长而能束缚在轮回中的贪嗔痴。

戊三、随烦恼：

所谓根本烦恼外，染污心所之行蕴，

一切均称随烦恼，彼等不应称烦恼。

所谓的除了六种根本烦恼以外其他的染污性心所行蕴所摄的烦恼是指什么呢？也就是与根本烦恼接近存在的随烦恼。都有哪些呢？十缠、六垢、放逸、懈怠及不信共十九种。《杂事律》中宣说了不喜、打呵欠等二十四种，这些之所以不能称为根本烦恼，是因为它们不是根本。

戊四（缠）分二：一、真实宣说缠；二、旁述。

己一、真实宣说缠：

八缠无惭无愧嫉，悭掉举悔昏沉眠，
或十复加忿与覆。无惭掉举与悭吝，
皆由贪生覆有诤，无愧昏眠无明生，
悔心乃由怀疑生，忿与嫉妒由嗔起。

能缠缚在轮回的囹圄中，或者这些如果存在，就会引起恶行，因此称为缠，数量决定八种，其中戒律的违品是无惭、无愧，利他的违品有嫉妒、悭吝，智慧的违品掉举、悔心，定的违品昏沉、睡眠，总共有此八种缠。按照有部宗的观点，加上忿与覆，承许有十种。

若问：如果随烦恼是根本烦恼的等流果，那么随烦恼是以什么根本烦恼产生的呢？由贪产生无惭、掉举与悭吝，原因是对自法贪执而不敬他法，贪执欲妙而使心放荡，贪执资具等而执为殊胜。有些论师认为覆也是由贪而生，因为彼为担忧失去利养。有些论师说它是由无明中产生。还有些尊者说是从了知出现的过患之贪与不知过患的无明二者中产生，对此相互辩论，众说纷纭。无明中产生昏沉、睡眠、无愧，这是明了而入所缘者无有昏沉与睡眠之故，也是不了知罪业之果是痛苦而不畏惧罪业的缘故。疑中产生悔心不善，因为对于善果是安乐心生怀疑，从而对行善生起悔心。忿与嫉妒是由嗔之因中产生，原因是由嗔心引发而产生恼心（忿），对他者的圆满心烦意乱，无法忍受（嫉）。

己二（旁述）分二：一、六垢；二、法之差别。

庚一、六垢：

此外烦恼有六垢，谄诳骄恼恨与害。

诳与骄二由贪生，恨与害则由嗔生，

恼由见取中所生，谄由邪见所引生。

此外，如同身体有污垢一样，根本烦恼中产生的垢染或随烦恼有六种，即诳、谄、骄、恼、恨、害。这些是由哪种根本烦恼中产生的呢？诳与骄是由贪产生，是因为担忧失去利养等而作诈现行为、于自法贪执而心生安乐。恨与害由嗔产生，原因是于对境生损害心。恼由见取见产生，是因为将自己的见解执为殊胜而对他见生起损恼心。谄是由邪见引起，是由于对业因果持邪见导致恶心不断虚伪狡猾。

庚二、法之差别：

其中无惭与无愧，昏沉睡眠掉举二，

其余则是修所断，自在如是一切垢。

若问：十缠中哪些是见断哪些是修断呢？十缠中的无惭、无愧、昏沉、睡眠、掉举五种与见断修断二者相应，原因是无惭无愧与所有的不善法相应，昏沉、掉举二者与一切烦恼相应，睡眠与欲界所有意地相应。除了这五种以外由随烦恼缠所摄的嫉、悭、悔、忿、覆并不是直接或间接对真谛起颠倒执著，并且趋入对境自之法相等，因此唯一是修断。它们又是具自在性的，因为不观待贪等其他烦恼自己取境；仅与无明相应的也由于愚痴而不取境。随烦恼嫉妒等既是修断又是自在性的。同样，六垢也都是修断并是自在性的。

欲界不善三者二，彼上则为无记法。

欲界一禅有谄诳，梵天欺惑马胜故。

昏沉掉举骄三界，余者唯由欲界生。

那么，这些随眠是善、不善、无记法哪一种呢？无惭等七种缠与六垢在欲界中均是不善法，昏沉、掉举、睡眠三者，虽然睡眠通常有善法的情况，但在讲缠时不是善法，而有不善与无记法两种。欲界以上的上两界存在的所有随烦恼均是有覆无记法。这些随烦恼在何地与何界中有多少呢？欲界与一禅有谄、诳，例如：圣者马胜不知四大灭于何处，于是便在眷属中问大梵天，结果大梵天也不知道，而让别人传话说“我是梵天，梵天伟大……”，并没有正面回答，以此来迷惑欺骗马胜。昏沉、掉举是烦恼地，骄在何处也不相违，因此在三界中都存在。这三者与谄、诳此五种以外的十一种随眠唯由欲界中产生。

乙六（与何法相应）分二：一、与何识相应；二、与何受相应。

丙一、与何识相应：

见断以及睡眠慢，即是意识之地起，
自在随烦恼亦尔，余者均是依六识。

若问：那么，这些随眠与什么识相应呢？根本烦恼与随烦恼中所有内观的见断以及修断的睡眠与傲慢是意识之地，因为具有分别念并且不明显而不于意识以外的群体中产生。同样，随烦恼具自在性的后五缠与六垢十一种是修断，也具分别念，因此是意之地。所有见断与修断中睡眠傲慢以外的三毒、无惭、昏沉、掉举、放逸、懈怠、不信的修断均是六识的所依者（即依于六识）。

丙二、与何受相应：

诸喜乐与贪相应，嗔心与之正相反，
无明相应一切受，邪见相应意乐苦，
意苦受与疑相应，余与意乐欲界生，

诸舍与诸上界地，各自如应而相应。

若问：根本烦恼、随烦恼与五受中的何受相应呢？贪心与身乐受、意的心乐受相应，因为贪心是于六识群体中产生并以喜相趋入。嗔心则与之相反，与身苦受及心的意苦受相应，原因是它于五根识与意识群体中产生并以厌恶相趋入。五类所断或共不共无明如应与所有五受相应，因为不违一切而趋入。邪见与意乐受与意苦受相应，原因是若见造不善业无果则与意乐受相应，若见行善无果则与意苦受相应。疑与意苦受相应，因为对寻求了义法生起怀疑时，产生意不安乐的感受。其余四见及傲慢与意乐受相应，因为它们是意识地并以自喜相趋入。这也是就欲界所生的明显心而言的，而不明显的心则与舍受相应，原因是舍受与这些心均不相违。上八地的一切随眠无论在何地，二禅以下有意乐受，三禅有心乐受，四禅有舍受，如是与各自的受相应。

悔嫉忿害恨及恼，均与意苦受相应，
一切悭吝则相反，谄诳睡眠以及覆，
与意乐苦受相应，骄与心意乐相应，
舍受遍行一切中，余四与五受相应。

悔、嫉、忿、害、恨、恼均与意苦受相应，因为是意识地并以忧愁相趋入。悭与上述意苦受相应的烦恼恰恰相反，也就是与意乐受相应，因为由贪因中产生而以喜相趋入。谄、诳、覆、眠四者与意乐受与意苦受二者相应，原因是前三者根据事情成未成功而分别成为意乐受与意苦乐，睡眠于一切中均不相违。骄与三禅的心乐受及二禅以下的意乐受相应。四禅以上由于不存在乐受，因此唯与舍受相应，因为舍受遍行于一切地、识及随烦恼。其余的无惭、无愧、昏沉、掉举四种缠会与五受相应，原因是前两者是不善地、其余二者是大烦恼地并于六识群体中产生。

乙七、宣说五障：

欲界诸障共有五，违品作用因同故。

二二合一有害蕴，及怀疑故唯立五。

既然经中说“五障即欲贪、害心、昏眠、掉悔、怀疑”，那么后三者到底是对三界作障碍还是唯对欲界作障碍呢？这些是唯一对欲界中存在的静虑与定等作障碍的五种。经中云：“此乃不共圆满不善蕴，即五障。”为何本是不同心所的昏沉与睡眠、掉举与悔心两两合一呢？这有三个原因，其一它们两种的违品对治法相同，其二能生的因也相同，其三作用也相同，因此两两合一。也就是说，昏沉与睡眠之因同为不喜、瞢、频申、食不平性、心怯懦，以此等五因增长；对治法同为光明想；二者的作用均令心怯懦。掉举与悔心之因同为回忆亲属、对境、不死的妄念以及昔日的喜乐等；对治法同为寂止；二者的作用都令心不寂静。

如果所有烦恼均是障，那为何只说五种呢？欲贪、害心令不离欲界与罪业，有害于戒蕴；昏沉与睡眠令远离胜观，有害于慧蕴；掉举与悔心令远离寂止，有害于定蕴。如果无有戒、定、慧，则对真谛产生怀疑，因此只宣说了五障。

甲三（断随眠之方式）分二：一、见断之断法；二、修断之断法。

乙一、见断之断法：

由以遍知所缘境，真实灭尽彼能缘，

以及断除所缘境，生起对治而灭惑。

若问：见断是以什么方式断除的呢？

有三种断除的方式，即以彻底了知所缘而断、以灭尽能缘而断及断除所缘境而断。

其一、以彻底了知所缘而断：除去九种缘上界的见断外缘欲界自地的十七种苦集见断、上界中前两类三十种苦集见断和唯是灭谛道谛见断无漏的十二种有境以及六无明（也就是指缘灭谛道谛的十八种随眠），这些通过趋入所缘四谛等并完全了知见道的自相而断除，如同知道是假人而去除为人的执著一样，因为此等见断与见道行相相违。

其二、以灭尽能缘而断：真实灭尽了缘不同分界九种遍行对境的有境苦集见断烦恼，如此能缘即已断除，从而九种对境必将断除，原因是断除了有境，凡是缘自地的并不需要了知上界的真谛，再者无因也就不可能有果。这是就欲界而言的，而色界缘无色界的九种唯一依靠同时见苦集这二谛而了知所缘就可断除。

其三、以断除所缘境而断：由于断除了所缘境而断除有境的烦恼，缘对三界的灭谛道谛直接颠倒执著之见断的再度颠倒执著是灭谛的四种见断，加上道谛的五见断，此九种是欲界的见断，上两界除嗔以外各有七种，如此共有二十三种，缘彼之有漏部分的六种无明是通过断除直接颠倒执著对境灭道谛的邪见等而断除，因为无有对境有境也就不可能存在。这三种断除方式也是从同一时间中反体不同的角度而言的，而不是以前后次第的时间来说的，因为见道并不是两次生起的。

乙二、修断之断法：

所谓对治有四种，断持远分与厌患，
许以所缘可断惑。法相不同与违品，
境相隔绝与时间，如大种戒时方远。

若问：那么，修断是以什么方式断除的呢？修断是通过生起与之行相相违的上、中、下九品修习对治而灭尽的，而不是以了知所缘等方式断除的。那么，对治有几种呢？对治有四种，即断对治、持对治、远分对治与厌患对治。所谓的断对治是指能断绝烦恼得绳的无间道，如苦法忍。持对治：能受持依靠无间道断除之离得的对治，如苦法智，一切解脱道、其上的无间道与胜进道也是持对治。远分对治：能远离烦恼之得绳的道，也就是解脱道以上的一切道，如苦类忍等。厌患对治：依靠何道将此界视为过患进而厌烦无常等相，称为厌患对治，如缘苦集的行相。

若问：如果依靠这些对治断除烦恼，那么是如何断除的呢？厌烦所缘境而想断除烦恼，原因是若断除了那一烦恼，则缘它的有境也就不会产生了。对治与所断并不是以相应的方式而断除的，因为若是以相应的方式而断，则由于这两者是无者不生的关系而相互不能分开，但以所缘的方式则能分开。

断除的标准：自相续存在的所有烦恼得绳都已斩断也就是灭尽了种子，自相续非染污性的有漏善法以及有覆无记法，由于缘它们的有境自相续的烦恼已断，从而（它们）也就断除了。也可以说，见断是同时断的，修断是次第断的。

那么远分的本体有多少种远呢？有四种，即以法相不同而远、以违品与对治而远、以对境行相隔断而远、以时间而远。以法相不同而远：虽然存在于一个群体中但由于法相不同而远离，诸如四大。以违品与对治而远：如具戒与破戒。以对境行相隔断而远：如东海与西海。以时间而远：如过去未来两个时间久远。

诸惑一次即灭尽，彼等离得复殊胜，

生起对治与得果，以及练根诸时中。

假设以前生起对治而灭尽，那么诸烦恼的断会不会有像道变为殊胜一样而变得殊胜的情况呢？不会有这种情况，因为一切烦恼依靠各自对治的断除而一次性灭尽，所以断也就不存在殊胜的情况了。然而，这些烦恼的离得却会变得越来越殊胜。是怎样的呢？假设是一位钝根者，那么当他生起各自对治的解脱道（1）、获得预流等沙门四果（4）以及钝根者通过练根而变为利根者（1）此六时中会变得殊胜，因为他们具足得到殊胜离得的所有因。利根者则在五时中会变得殊胜（即钝根者的前五时），无间道时，只是向生起离得方向趋近而已，并未真正生起离得，因此此者的对治唯有解脱道。

甲四（断除之果）分五：一、分类；二、是何道之何果；三、定数；四、何补特伽罗具足；五、宣说得舍。

乙一、分类：

所谓遍知有九种，灭欲苦集谛为一，

灭后二谛各为一，上三遍知余亦三，

灭顺下分与色界，及灭诸漏三遍知。

若问：断除随眠的果或远离所断的灭法遍知有几种呢？果遍知有九种，即灭尽欲界的苦集谛两种见断是断除欲界苦集见断的一个遍知；灭尽欲界的灭谛道谛两种见断分开而有断除彼等的两个遍知。如此一来，断除欲界的见断有三个遍知。同样，断除上两界合起来的见断的遍知也是三个，也就是说，断除上两界的苦集谛见断是一个遍知等。这样一来，三界中共有六个遍知。前面遍知以外断除修断的遍知有三个，即灭尽欲界的所有修断是断除顺下分的遍知，同样灭尽色界的所有修断为主，是断除色界贪欲的遍知，灭尽无色界的所有修断是尽除漏遍知。

乙二、是何道之何果：

其中六种为忍果，余三即是智之果。

未至定为一切果，所有正禅五或八，

未至定果即为一，无色三正行亦尔。

若问：这些遍知是何道之果呢？九种遍知中的前六种是忍之果，因为是见道无间道之果。除六种遍知以外剩余的后三种是智之果，因为是修道之果而且修道无有忍。它们是哪些地的果呢？一禅的未至定是一切道的基础，彼之果是所有的九种遍知。一切静虑的正禅之果是断除上两界见修所断之果五种遍知，而断除欲界见断与修断的遍知果并不是正禅之果，因为正禅不是欲界的直接对治。妙音尊者说：先已离贪的不来果的见道如果在正禅中生起，则获得八遍知，以前断除欲界见断的遍知三个反体（得绳）在此时也分别得到，因此是八遍知。断除顺下分的遍知反体虽然也可以得到，但它是在断除上界见断的遍知中顺便获得的，因此未单独计数。

空无边处的未至定之果是远离色界之贪的一个遍知，原因是它能远离对四禅以下的贪欲。空无边处等无色界的前三无漏正行之果也是灭尽一切有漏的一个遍知，因为这些正行是无漏法，能远离对有顶的贪欲。由于欲界心与有顶心不能作为无漏道的所依，因此也就不能成为遍知之因。

一切均是圣道果，世间之道果有二，

类智亦然法智三，彼之同品果六五。

若问：它们是哪些世间道与出世间道的果呢？一般来说，九种遍知全部是圣道之果，原因是断除下两界之修断的两种遍知果也可以是圣道之果，其他七种遍知都必须依靠圣道而得。世间道的果是指第七与第八两种遍知，因为圣者有可能依靠世间道远离对欲界色界的贪欲。修道类智之果是后两种遍知，因为类智是上两界之对治。修道法智之果是后面的三遍知，因为法智是三界之对治。法智及其同品之果是六遍知，也就是前三遍知与最后三遍知。类智及其同品之果是五遍知，即中间三遍知与最后二遍知。

乙三、定数：

获得无漏之离得，失毁有顶一分惑，
二因一切均摧毁，故立遍知复超界。

若问：见修的所断有九十八种，但只安立了九种遍知果是什么原因呢？这是有原因的，因为必须具备无漏的离得重新获得、有顶的一部分烦恼已失毁、苦集谛见断的两类遍行因要全部摧毁这三种条件才能安立为断见断的遍知。苦法忍虽具备其中第一条，却不具备后两条，苦类智具足前两条但不具备最后一条，只有集法智具备以上三个条件，因此安立为断除欲界苦集谛的一个遍知。同样，上两界的情况也可依此了知，安立为断见断的遍知。断修断的最后三种遍知具备上述的三个条件，而且还有超离欲界等三界的第四因，由此次第安立必定有三种遍知。

乙四、何补特伽罗具足：

凡夫一非见谛者，至五之间真实具。
住修道者六一二，超界得果故综合。

若问：那么，这些遍知对于某补特伽罗来说具足多少呢？凡夫一遍知也不具足，见道的圣者从第六刹那起真实具足一遍知，从第八刹那起具足二遍知，第十刹那后具足三遍知，第十二刹那以后具足四遍知，第十四刹那到第十五刹那具足到五遍知。修道者具足六遍知。或者，从获得道类智起至未离欲界贪欲断前八修断之间的修道者具足上五遍知再加上断上两界见断的遍知，共具六遍知，即便退失也是一样，这是真实的渐次者。再有，以前离贪后来见真谛者在道类智时，获得前面的所有遍知综合起来称为断顺下分一遍知，也就是第七遍知。如果阿罗汉从以色界烦恼而退失，也只具足前面的断顺下分一个遍知。超越了色界的不来果者，具足第七与第八遍知，以无色界烦恼而退失的阿罗汉也具足此二遍知。

获得未离色界贪欲的不来果与阿罗汉果时本来具足许多断法，为什么每个只安立一个遍知呢？按次序来说，当时，不来果者超离了欲界、阿罗汉超离了三界，并且他们都是以沙门法重新获得果位，鉴于具备（超界与重新得果）这两种原因，而将这些离法综合起来，分别只安立了断顺下分遍知与漏尽遍知。预流果与一来果由于未超离欲界，超越色界的不来果也无有新得之果，其余的由于既未超界也未新得果，因此他们的遍知均不能合而为一。

乙五、宣说得舍：

有者一二五六舍，得者亦然除五外。

若问：同时舍弃多少遍知呢？所谓的“有者”是指（以下几种）：在退失阿罗汉果或者退失未离色界贪欲的不来果时，分别舍第九遍知与第七遍知；获得阿罗汉果时同时舍第七与第八遍知；以前离贪的不来果获得十六刹那类智时，舍断欲界见断的三个遍知与断上界见断的两个遍知即舍五个遍知；又如，渐次圣者远离欲界贪欲时，获得第七遍知，舍前六遍知。

那么，有多少遍知同时获得呢？同时获得有得一、二、六个遍知的，而不会有获得五个遍知的情况。得一遍知：集法智时获得第一遍知，离贪道类智时获得第六遍知，具贪欲界的第九解脱道时获得第七遍知，获得阿罗汉时具足一个第九遍知。得二遍知：诸如以无色界烦恼而退失的阿罗汉获得第七与第八二遍知。得六个遍知是指从渐次不来果中退失，则获得前六个遍知。

俱舍论第五分别随眠品释终

第六品 分别圣道

第六分别道与补特伽罗品分四：一、所缘境圣谛；二、现证真谛之次第；三、现证真谛之补特伽罗；四、宣说现证之道。

甲一（所缘境圣谛）分五：一、连接文；二、道自本体；三、真实四谛；四、建立诸行皆苦；五、旁述二谛。

乙一、连接文：

依见谛修断烦恼，是故称为遍知名。

既然说“断即获得遍知名”，那么依靠什么对治、断除什么所断才获得遍知名称呢？依靠见谛与修道而断除烦恼才称为获得遍知名称。

乙二、道自本体：

修道二种有无漏，所谓见道唯无漏。

既然说“依见谛修断烦恼”，那么修道的本体是有漏法还是无漏法呢？修道既是有漏法又是无漏法，因为世间修道是增长有漏四禅四无色的漏法，出世间修道串习见道之义而不会增上漏法。所谓的见道唯一为无漏法，这是由于它是三界尤其是有顶见断的对治法并且同时断除上、中、下九品见断。

乙三、真实四谛：

一切真谛说四种，苦集如是灭与道。
彼等自体亦复然，彼之次第依现证。

若问：那么，“依见谛修断烦恼”中的“谛”是指什么呢？是指所见所修的四谛。都有哪些呢？也就是本论第一品中所说“无漏道谛”中的道、“抉择灭”中的灭、“苦集世间”中的苦、集。经中也宣说了此四谛。若问：这里的次第也是依照第一品所说的那样吗？不是，那么是怎样的呢？应当按苦谛、集谛、灭谛、道谛的顺序。如是次第宣说的原因何在呢？此处是依照现证这些真谛的顺序说的，因为见道时首先现证苦谛、其后是集谛、再后是灭谛、最后是道谛，就像观察场地而纵马驰骋一样。资粮道与加行道时所有谛均是按照如是次第证悟而生起的，犹如发现患病而追知病因，再着手治病一样。现证之方便就像寻找药一样。

定义：从苦至道之间的此等真谛，唯一是圣者所见的，故称为圣谛，而不是凡夫的颠倒所见。

乙四、建立诸行皆苦：

悦意以及不悦意，与除彼外之等舍，
一切有漏皆为苦，如应具有三苦故。

若问：不是说受的一部分并非为苦吗？那为什么说一切有漏皆苦呢？悦意的乐受、不悦意的苦受及此二者以外的舍受，还有与此等相应的心与心所、不相应的增上缘与所缘缘这一切无不成为三种受的所依与助伴，因此是从受的角度而得名悦意等，并是随着受而称呼的。实际上，一切有漏法如其所应无余是苦。为什么呢？因为如应具有苦苦、变苦、行苦此三苦的本体。悦意是变苦，不悦意是苦苦，行苦遍于这两者与其余一切法中。

乙五、旁述二谛：

毁彼以慧析他法，则心识不趋入彼，
犹如瓶水为世俗，除此具有为胜义。

若问：既然说四谛也可以称为二谛，那二谛究竟是指什么呢？如果对何法摧毁成部分与以智慧分别对他法加以破析，那么执著它的心就不能再趋入，诸如瓶子与水，这是世俗谛中具有的法。其中通过摧毁而使执著它的心不再趋入的法犹如瓶子，因为瓶子用铁锤摧毁以后执著瓶子的心也就不复存在了。如果以智慧对他法分别加破析，那么执著它的心也就不会再趋入的法就像水一样，原因是：如果以智慧分别剖析水的色香等他法，那么执著水的心便会荡然无存。胜义谛中具有的法是指世俗谛以外的法。也就是能被摧毁的任何法与以智慧分别破析他法则执著彼之心不会再趋入的法以外存在的法，例如色的极微尘与无为法。

甲二（现证真谛之次第）分二：一、略说；二、广说。

乙一、略说：

守戒具足闻思慧，极为精勤而修行。

若问：通过什么方便而现见真谛呢？首先是不散乱之因——守护七种别解脱戒中的任意一戒，随后通过不愚昧之因——听闻符合现见真谛的法而生起闻所生慧，其后具足抉择之因——思所生慧，再加上远离烦恼之因——极为精进修行，从而现见真谛。

乙二（广说）分三：一、智慧之自性；二、堪为法器之特法；三、真实趋入修法。

丙一、智慧之自性：

闻等所生一切慧，名二及义之有境。

既然说“守戒具足闻思慧，极为精勤而修行”，那么这三种智慧的自性是什么呢？闻所生慧与“等”字所包括的思所生慧与修所生慧三智慧的自性依次为：只是趋入名称的有境、时尔趋入以文字引出意义时尔趋入以意义引出文字也就是名义二者的有境、不观待文字而深入意义——唯一意义的有境，就像游泳者的熟练程度根据是否需要握执木板来判断一样。大阿阇黎世亲论师说：以可信的教量所生、以理观察所生、以等持所生的三种智慧分别是闻慧、思慧与修慧。

丙二、堪为法器之特法：

具身与心二远离，非不知足大贪欲，
于得复爱不知足，未得贪求欲望大，
相反彼之对治者，彼二三界无垢摄。

若问：补特伽罗依靠什么得以圆满修行呢？即身体远离愦闹、内心远离妄念，具此二远离的补特伽罗修行将得以圆满。那么何人容易做到这一点呢？知足少欲者容易，而欲望强烈、不知满足者不容易。那么大贪欲、不知足的本体是什么呢？对本已获得的法衣等，一再贪爱是不知足，贪图谋求未得的（法衣等资具），为具大贪欲，与之相反，即彼之对治——知足少欲。知足与少欲这二者在三界中有属于三界与无漏两种。

彼等无贪圣种中，三者即是知足性，
前三示理末说业，对治产生贪爱故，
谋求我所我执物，暂时永久息灭故。

知足少欲的本体是什么呢？知足少欲之本体是无贪，因为它是贪欲的对治；也是圣者种性，因为依靠它能生起无漏道。佛陀想到此而于经中宣说了四圣种："以非薄法衣为满足故为圣种，如是以粗粝斋食为满足、以简陋床榻为满足、喜欢闻思修行，称为圣种。"其中前三种是无贪，因为它们是知足少欲之自性。喜欢闻思实际上也是指知足少欲，因为闻思是灭谛、修行是道谛，热衷于闻思修行能背离有贪、欲贪之故。四圣种到底说明了什么问题呢？前三圣种宣说了修行解脱的威仪之理，最后一种已说明圣种的事业，原因是已表明倘若遵照如是道理而行事则能迅速获得解脱。宣说四圣种有何必要呢？是为了对治产生贪爱的根源而宣说了四圣种，贪求我所执的法衣等物品时，为了能暂时息灭这种欲望而宣说了前三圣种。贪爱我执之身体时，为了将我执斩草除根而宣说了最后一圣种。

丙三（真实趋入修法）分二：一、修寂止；二、修胜观。

丁一（修寂止）分二：一、略说；二、广说。

戊一、略说：

入修行有不净观，忆念呼气吸气法，

贪欲强烈寻思大，如是诸众次第修。

如是堪为法器者如何趋入修行呢？如果要趋入修行，首先必须通过修不净观与随念吸气呼气来调伏内心。那么，何者修行这两种法门呢？贪欲强烈者要修不净观，分别念猛烈者则修呼吸法。

戊二（广说）分二：一、修不净观；二、修呼吸法。

己一、修不净观：

对治诸贪观骨锁，广修乃至大海间，

略观称初业瑜伽，除足半头称熟修，

持心专注眉宇间，即是作意圆满修。

不净无贪性十地，所缘欲现人方生。

若问：如何修持对治贪心的不净观呢？为了对治形色、显色、所触与利养恭敬等贪欲而修（浮肿想、）虫啖想、红肿想、青肿想、黑肿想、啖食想、（焚焦想、）离散想、不动想，而对治总的一切贪欲则修骨锁想，这是因为白骨根本不具有贪执的四种根源。在修骨锁想时，首先对于自身的额头等任意部位，依靠信解力而观想：出现伤口、腐坏溃烂、最后变成骨头，逐渐蔓延全身。再观想从自己的住室至外界的大海之间整个大地全部遍满骨锁，如此而广修（外散而修），接着从海边逐步恢复如初，只将自己的一个身体观成一具骨架，收心而执著此骨架，这是初学之瑜伽。随后向外散观如前，当收回时，抛开所有足骨而从观想身体剩余的骨骼开始，依次除开半身直至半头骨之间，最终心专注于头骨一半，这叫做娴熟之瑜伽。此外，一切如前，收摄到最后心专注于双眉间仅一拇指许之骨，称为作意圆满瑜伽。

所谓的不净观本体是无贪的善法；其地是四禅正行、四未至定以及第一殊胜禅，加上欲界共十地；所缘为欲界的显色与形色；补特伽罗：只有三洲中的人类方能生起。

己二、修呼吸法：

忆念呼气吸气法，智慧五地缘于风，

依欲界身外道无，数等六因随身入。

有情等流无执受，此二下界意不知。

若问：忆念呼吸法的本体是什么呢？随念向内吸气与向外呼气的自性是如所了知的智慧。所谓的“忆念”是指依靠念因的力量生起果智慧，所以是以因来取名的。其地为五地，即前三禅的三种未至定、殊胜禅与欲界。它的所缘境是风。所依身则是欲界的天众、人类身份，因为此等众生的分别念繁多。此法唯有内道佛教才有，而外道无有这种圣教，之所以没有是因为外道不能证悟此甚深之法。

那么，此法到底如何甚深呢？具有计数等六因的窍诀。其中第一、计数：无有所摄，身心自然安住，专注于呼吸，从一至十之间用心来计数。如果或多或少，唯恐出现沉掉现象，因此以十为定数；再有，若将一执为二、将二执为一，则会变多、变少；如果呼气、吸气的计数时间紊乱（意为有时在呼气时计数，有时在吸气时计数），势必导致错乱。因此要断除这三种过失。第二、随行：吸气时观想从上喉行往足底之间，呼气时，观想从鼻孔至一拇指或一寻之间外呼。第三、安止：心安住于鼻尖至足之间并观想利益与解脱。第四、观察：所观察的对境风是由八尘聚合的色法，能观察的有境智慧也无非是名基，由此可知，实际上就是观察五蕴。第五、转移：缘风的心从暖位到胜法位之间随意转移。第六、遍净：趋入见道与修道。

若问：呼气、吸气属于何者呢？由于呼吸是身体的一部分，因此随着身体而出入，而不随无色界、凝酪与无心定而出入。那么，呼吸是否为相续所摄呢？由于是所谓的有情（具心），因此是相续所摄。它是有执受还是无执受呢？由于是不存有色根聚合之风，因此是有执受无执受中的无执受。由于是由同类因所生，因此是三生中的等流生，而不是长养生与异熟生，原因是身体增长反而会使风减少，所以不是长养生；又由于风中断以后仍旧会结生，因此也不是异熟生；因为可以随心所欲产生，所以为等流生。（呼气、吸气）这两种风均是以自地或上地之心来了达的，既然以下地欲界之意尚且不能了知上界的这两种风，那么未现前之心与其他心就更不言而喻了。

丁二（修胜观）分三：一、资粮道；二、加行道；三、现证真谛之道。

戊一、资粮道：

即已成就寂止者，应当修持四念住，

以自总相遍观察，一切身受心与法。

即便已成就了寂止等持，但如果无有胜观的智慧，也不可能从根本上断除一切烦恼。因此，在资粮道通过两种途径已成就寂止者为了生起胜观之智慧，理当修持四念住。那么如何修持四念住呢？通过观察自相与总相而悟入身色蕴、受蕴、心识蕴以及除此之外的一切法蕴。所谓的观察自相，也就是说观察身之阻碍性、受依靠自力而领受外境之差别、心领受本体以及法的执相等；观察总相是指观察身、受、心、法共有的无常、苦、空与无我。

自性闻等所生慧，其余相联与能缘，
次第即是依生起，对治颠倒故唯四。
彼为总观法念住，修无常苦空无我。

一般来说，念住有三种，即自性念住、相联念住与能缘念住。其中自性念住的本体是智慧，它是闻以及"等"字所包括的思与修所生慧，而不是俱生智慧，是加行生之故。除自性念住以外，与智慧相应的一切心及心所为相联念住；成为前两种念住之所缘境中的身等四种实际上均是以有境来取名的，因此称为能缘念住。

四念住之次第是按照它们产生的顺序排列的，因为前前对境粗大而先证悟。

四念住之定数：为了对治身净、受乐、心常、法执为我所的四种颠倒妄念而宣说了四念住，因此数量不多不少。

如是修习的瑜伽行者将安住于缘总相法念住中，因为缘身体等这些总相并作意无常、苦、空、无我。

戊二（加行道）分三：一、加行道之自性；二、法之差别；三、别说遣疑。

己一、加行道之自性：

由彼中生暖位智，彼为四谛之有境，
观修十六种行相，暖中生顶亦同彼，
此二以法为基础，其余念住则增上。

资粮道时缘共相法念住而修习，从中生起暖位智。为什么叫暖位呢？因为成为无分别智火的前兆，暖位智是缘四谛的有境，完整修持无常等十六行相。

暖智由下品、中品、上品逐步递增，从中产生顶位智慧。为什么叫顶位智呢？因为是动摇善根之顶。顶位也与暖位相同，是四谛的有境，完整修持无常等十六行相。暖位、顶位二智最初以法念住为基础，立足于真谛，再以其他念住增上，也就是修习、清净。

彼生忍二亦复然，一切皆以法念增，
上以欲界苦为境，彼亦为一刹那性。
胜法五蕴除得绳，如是四顺抉择分。

顶位也是由下、中、上品次第增上，从中产生忍位智。为什么叫忍位智呢？因为对见谛更能接纳。忍位智有三种，下、中品忍智立足于真谛的方式与顶位相同，而在增上方面却比暖位与顶位更胜一筹，下、中、上品所有忍位智均以法念住而增上，并非是以身等念住而增长的。上品忍位智以属于欲界的苦谛作为对境，具足彼之四行相中的任意一相，不仅如此，而且它是一刹那性，并非是相续性。

如同上品忍智的一切所缘均是欲界的苦谛与刹那性一样，胜法位也唯一缘欲界的苦谛，并是一刹那性。为什么叫世间胜法呢？因为依靠有漏世间法能够直接引出见道的无漏智慧，故而得名。

暖位等四种智慧都是念住的本性，因此均是以智慧为体，如果具有从属，则不是入定的智慧，而以五蕴为体。然而，暖位智等的得绳并不包括在暖位智等中，因为（有部宗认为）对于圣者来说在尚未舍地（见修道）之前虽然具有（加行道的）得绳，但不可能使之现前。

前面所说的顺抉择分其实指的就是暖位智等四种。为什么这样说呢？所谓的“抉择”即见道，它的一部分是苦法忍，而胜法位直接随从于它，其余三者均是间接随顺，因此得名。

己二、法之差别：

加行道为修生慧，所依之地未至定，
以及殊胜与正禅。下界亦具顶暖位，
欲界所依胜法位，以女将依二身得。

四种加行道都主要是修所生慧，因为主要安住于入定中。

若问：它们依于何地（之心）呢？依于第一静虑将禅未至定、殊胜禅与四种正禅，因为是彼等所摄的入定。按照妙音尊者的观点来说，暖位与顶位智二者在下面的欲界中也具有。

什么身份才能具有加行道呢？四种加行道的所依身均是欲界的天众与三洲的人类身份。如果女人获得胜法位，那么必然是以男、女两种身份获得，原因是在那一世中变性或再转生到欲界而变成男性；如果男人获得胜法位，则只是以男身获得，并不转为女人的身份，因为获得胜法位的男人已得到了非抉择灭。

圣者由弃前地舍，非圣异生由命终，
前二亦由遍失舍，依正禅必见真谛，

退失之时得前无，二失即是非得性。

那么，这些加行道以什么而舍呢？所有圣者以前依靠何地而获得此等加行道，当离开那一地后投生上地时即舍弃。非圣者的凡夫死亡时舍弃同类（即加行道）。前两种加行道以烦恼而遍失也会舍弃。如果这些加行道是依靠静虑正禅而生，则此人在即生必定见谛，因为厌离心极为强烈。如果得而退失后来又再次得到，则只是新得前所未有的，而不是得到前面已舍的，原因是（新得的加行道）以前在轮回中未曾熟练修习过，是通过精勤修行而得到的。

遍失与退失的本体是什么呢？这两种失均是获得的一法已舍后不再具有，即生起非得。那么，这二者有什么差别呢？遍失是指以造罪而失，例如以邪见失毁善根；退失则也有以功德所导致的，比如说，以见道（的功德）使得从凡夫中退失。

获得顶位不断善，得忍不堕恶趣中。

那么，这些加行道各具有什么功德呢？获得暖位以后即使出现遍失，也必定获得涅槃。获得顶位后虽然会有造无间罪与转生恶趣的情况，但善根不会中断。获得忍位之后不再投生恶趣，不造无间，因为已远离了投生恶趣之业与烦恼。

己三、别说遣疑：

有学声闻种姓转，暖顶二者得成佛，
余三得忍亦可变，本师麟角喻者非，
依于第四之静虑，一座上得菩提故。

暖位顶位者从有学声闻种性中转移，能得以成佛，而获得忍位以后则无法成佛，因为获得忍位以后不转生恶趣，而菩萨为他利要投生到恶趣。此外，获得中品忍以下的暖、顶、下品忍位三者也可以转为独觉，因为转成缘觉后不需投生恶趣。佛陀与麟角喻独觉住于暖位等不能转成其他种性，原因是从暖位智到菩提无生智之间依靠第四静虑而于一座上生起诸道。

彼前乃随解脱分，速疾三世得解脱。
彼为闻思所生慧，三业人中方能引。

那么，顺抉择分最初即生起还是在它之前需要经行其他道呢？顺抉择分之前已有随解脱分善。若问：获得随解脱分以后经过多久才能解脱呢？迅速的要经过三生方得解脱，即第一世生起随解脱分，第二世生起顺抉择分，第三世获得圣道。最快的在第二世末尾得解脱，也就是第一世生起随解脱分，第二世依靠静虑正禅而生起顺抉择分，在那一生中现见真谛。

随解脱分的本体是闻所生慧与思所生慧，而不是修所生慧，因为尚未生起修所生慧。彼之业主要是意业，由于是对轮回生起厌离而想解脱的发愿，由此引发的身语业也是随解脱分，如此说来，即身语意三业，因此为求解脱而布施等善举也包括在其中。那么，随解脱分善根是由什么引来的呢？最初只有三洲的人类中才能引生，因为他们的智慧敏锐并且厌离心强烈。

戊三、现证真谛之道：

世胜法生无漏忍，缘欲苦生法智同，
缘余苦生类忍智，其余三谛亦复然。

若问：从胜法位中生起什么呢？从胜法位中生起无漏法忍之智慧。那么，胜法位缘什么呢？它缘欲界的苦谛。在此之后，法忍如果仍旧缘欲界苦谛，则由于远离怀疑而了知，于是生起了法智之智慧。如同缘欲界的苦谛而生起法忍与法智那样，缘欲界苦谛以外的上界苦谛而生起类忍与类智，缘集谛等其余三谛各自生起四刹那的法忍与法智也是同样。

现证真谛十六心，三种即称见缘事。
彼与胜法同一地，忍无间智解脱道，
彼前十五刹那间，见未见故称见道。

如此一来，就有现证圣谛心的十六刹那，如果归纳则有三种，即见现证、缘现证及事现证。其中见现证是指现见无漏智慧四谛十六行相。缘现证则指具有无漏相应智慧而缘圣谛。事现证即是指何谛有何所作，也就是当知苦谛、断除集谛、现前灭谛及修持道谛。

若问：现证圣谛之道依于何地呢？依于静虑六地，因为与胜法位是同一地。那么，智与忍二者中何者为对治呢？八种忍是对治，原因是它们断绝所断之得绳而无有其他能障碍之道，如同将盗者赶出去一样。八种智不是对治，因为它们是从所断中解脱而受持离得之道，犹如关上门一样。此等均是依次对应的。

智与忍这两者是见道还是修道呢？前十五刹那是见道，因为它们是重新见到前所未见之真谛的正道。第十六刹那是修道，因为是已现见真谛后继续修持之道。

甲三（现证真谛之补特伽罗）分二：一、宣说分摄；二、结尾。

乙一（宣说分摄）分二：一、离贪者；二、渐次者。

丙一（离贪者）分二：一、向；二、果。

丁一、向：

钝根者为随信行，利根者则随法行。

若未以修断所断，及毁一至五所断，
即为第一预流向，灭九断前第二向，
欲界或上离贪者，则是第三不来向。

通常而言，圣者补特伽罗之本体是指具有无漏智慧之四蕴或五蕴的相续。定义：远远超胜不善恶业、减灭罪业、增上功德，因此称为圣者补特伽罗。其中所谓的离贪者是指以世间修道——息粗相而先如应远离除有顶以外自之所断八地的贪欲后修持见道，因此中间二果（即一来果、不来果）才有离贪者，而前后二果则无有。然而此处从预流向开始的原因是就固定次第而言的。

钝根者狭隘、迟缓、不明而取对境；利根者则与之相反而取对境。在见道第十五刹那他们分别获得随信行与随法行的名称。随信行：先前行道时信仰他人的词句进而跟随方现证真谛。随法行：不仅仅是诚信于此，而且随从佛经等法义而现证真谛。住于第十五刹那的随信行与随法行补特伽罗以前依靠世间道修行如果一品修断也未断除，则是第一预流向。再者，住于第十五刹那中的这两种人如果以前依世间道摧毁欲界一品至五品修断，也是初果向即预流向。这二者之二果—— 一来向，是指如应断灭欲界九品修断以下六、七、八品而住于第十五刹那者。此外，住于第十五刹那的这两种圣者如果以前无余断除了欲惑或者远离欲界至上界无所有处之间的贪欲，则是第三不来向。

丁二、果：

向十六刹住彼果，尔时钝根利根者，
分得信解见至名。得果未得胜果道，
未精勤修胜道故，名为住果非为向。

十五刹那之时成为第一预流向、第二一来向、第三不来向的（随信行与随法行）两种补特伽罗在第十六刹那住于预流果等相应果位。第十六刹那住于果位时，以前的随信行钝根者与随法行利根者分别得到信解与见至的名称，因为他们的信心与智慧更为广大。从此直至阿罗汉向之间也都可以同样了知。

那么，以前虽然断除了欲界一至五品间的修断，但在第十六刹那时，为何只是预流果而不是一来向呢？这是由于获得预流初果者在当时尚未得到预流胜果道，因而不称为一来向。为什么呢？这是因为预流初果者乃至不为了获得预流胜果而精勤断除第二一来果的所断烦恼之前，就不是一来向，精进以后才算是预流胜果。

丙二（渐次者）分二：一、相；二、具相之补特伽罗。

丁一、相：

地地功过各分九，上中下品各三种。

所谓的渐次者是指以前所有的修断丝毫也未断除而从见道后次第获得四果，因为一切所断与对治绝对是按顺序而存在的。那么，到底是怎样的呢？在欲界中，修断的烦恼分为九品，同样，从一禅至有顶之间的八地每一地均有上、中、下三品所断过患，每一品又各分上上品直至下下品之间，共九品，如此一来，总共有八十一种所断。与所断的数目相同，对治的功德无间道与解脱道之修道也各有九九八十一种，因为此等每一对治也各有下、中、上三品，每一品也同样有下下品等不同的分类。

接下来简述依靠一切对治断除所断之理：下品道次第生起而依次灭尽上品所断，比如浣洗衣服时粗大的污垢容易洗净，而要洗净细微部分就显得较为困难，以光明遣除黑暗的浓厚部分轻而易举，而要排除轻微部分则极为困难。

丁二（具相之补特伽罗）分四：一、预流；二、一来；三、不来；四、阿罗汉。

戊一、预流：

尚未断除修所断，如是住果极七返，
解脱欲界三四品，二三世生家家者，
摧毁一至五品间。

若问：预流极七返是指什么呢？指的是住预流果者以前丝毫也未灭除修断，这样一来，最久需要投生七次，因此称为极七返。"七返"的意思是指在天界或人间中转生七次。再者，住预流果者如果已断除欲界三品或四品的修断，则断除四品者于两世中、断除三品者于三世中投生到以前见谛所依的天身或人身的种姓中。摧毁欲界一至五品修断是另一种预流胜果。

戊二（一来）分二：一、向；二、果。

己一、向：

亦为第二果之向。

所谓的另一种预流胜果实际上就是指一次返回欲界中的第二一来向。

己二、果：

灭尽六品一来果，灭尽七品八品过，
亦名一生与一间。

已灭尽欲界六品修断者是住一来果者。为什么称为一来呢？因为再一次来到天界中，故而得名。一生一间一来指的是什么呢？住一来果者如果灭尽了欲界的七品或八品修断过患，则离获得阿罗汉果还有一生，为此称为一生，与获得不来果之间尚有一品烦恼相隔，因此称为一间一来。

戊三（不来）分二：一、向；二、果。

己一、向：

亦是第三果之向。

所谓的一来胜果实际上就是指不再来到欲界中的第三不来向。

己二（果）分二：一、总说；二、别说。

庚一、总说：

灭尽九品不来果。

不来向者灭尽九品欲惑，即住不来果。

庚二（别说）分三：一、分类；二、轮番修；三、宣说身现证。

辛一（分类）分二：一、真实分类；二、意义之差别。

壬一、真实分类：

中生有行及无行，趋般涅槃诸上流，
轮修禅往色究竟。彼超半超与遍殁。
余往有顶无色四，他者此生趋涅槃。

不来果者有行色界与行无色界两种，其中行色界不来果者又分五种，即中般涅槃、生般涅槃、有行般涅槃、无行般涅槃与上流涅槃。其一、中般涅槃：在除了大梵天以外的十六处任何一处的中有时获得阿罗汉果；二、生般涅槃：不能中般涅槃而在生后立即获得阿罗汉果；三、有行般涅槃：出生以后稍稍成长，经过励力精进修道而获得阿罗汉果；四、无行般涅槃：虽然未经精勤却自然而然生起诸道，因此无有大勤作而获得阿罗汉果；五、上流涅槃：依靠转生的所依身份不能获得阿罗汉而往生到上界后才能获得阿罗汉果。

刚刚讲的上流也有喜胜观与喜寂止者两类。（一）喜胜观者：如果是通过因之途径轮番修持禅定，则通过果之途径行往色究竟天，在那里涅槃。它又分全超、半超与遍殁三种。第一、全超：轮番修第四静虑者以一禅的烦恼而从无热天中退失后死堕转生到梵众天等处，在那里通过修全超而大幅度完全超越四禅天十五处，转生到色究竟天后获得阿罗汉果。第二、半超：不能完全超越梵众天等处，而通过修行只能中、小幅度地超越，先转生到无热天或无恼天，之后在那里通过修全超而转生到色究竟天获得阿罗汉果。第三、遍殁：除大梵天以外，依次投生到色界其余一切处，最终在色究竟天获得阿罗汉。（二）喜寂止者：喜欢轮番修持因禅定以外的寂止者最终行往有顶，次第去往一禅乃至一切处，然而五净居天不包括在内，再去往无色界诸处后于有顶获得阿罗汉。

除这些不来者之外，其他在欲界获得无色界心并且未退失行往无色界者，无有中有，因此只有生般涅槃、有行般涅槃、无行般涅槃与上流涅槃四种。

除行色界与行无色界以外的不来者无论在欲界的何处获得果位，都将于彼处趣入涅槃。

壬二、意义之差别：

中生上流各分三，行于色界说九种，
彼等别由业根惑。其中上流未分类，
则许为七善士趣，行善断恶不还故。

中般涅槃、生般涅槃与上流涅槃三者每一种又可分为三种，因此行色界不来者有九种。分类之方式：第一类中般涅槃以火星的比喻分为迅速、非速与经久涅槃三种；第二类生般涅槃分为生即般涅槃、有行般涅槃与无行般涅槃三种；第三类上流涅槃分为全超、半超及遍殁三种。

若问：此等分类是根据什么差别而安立的呢？这九种不来者是根据他们的业力、根基与烦恼的不同而安立的。前三者是顺现法受业、中间三者是顺次生受业、后三者是顺后受业；前三者是利根、中间三者是中根、最后三者是钝根；前三者烦恼薄弱、中间三者烦恼中等、最后三者烦恼深重。也就是以此等差别而安立的。

既然经中说“七善士趣”，那么它们到底指的是什么呢？上述九种分类中上流涅槃如果不分为三种，即承许为七善士趣。若问：有学具贪者不是善士趣的原因何在呢？这是有原因的，因为只有具足奉行十善、不行不善、行往上界不再返回这三种条件才能称为善士趣，而有学具贪者并不具备这三种条件。

欲界命终之圣者，无有趋往其余界，

彼与转生上界者，无有遍失不练根。

若问：假设在欲界中第一世见谛，转世后获得不来果，也有中般涅槃等分类吗？在欲界见谛并且那一生结束后再次转生于欲界获得不来果者不会行往色界等其余界，原因是：由于欲界痛苦众多而生起强烈厌离心，结果在那一世即获得阿罗汉果。

在欲界完结寿命的圣者与转生于上两界的所有圣者均不会出现遍失的情况，因为彼等生生世世连续熟修圣道，已得稳固；他们也不依靠练根（而使根基转变），原因是他们累世中通过修道使得根基已经完全成熟了。

辛二、轮番修：

最初轮修第四禅，刹那相杂而成就，

为受生及现法乐，畏惧烦恼故皆修。

断除五品唯转生，色界五净居天处。

既然说“轮修禅往色究竟”，那么到底轮番修的方式是怎样的呢？在最开始尚未生起任何禅定境界之时，轮番修一切易道中最殊胜的四禅正行，也就是说，先修第四禅无漏相续，接着修有漏相续，再修无漏相续，如是三次轮番后即能入定，之后再逐渐进入二刹那轮番修无漏与有漏（即二刹那修无漏，二刹那修有漏，再二刹那修无漏），此为轮番修之加行。一旦一刹那修无漏、一刹那修有漏、再一刹那修无漏，如是三刹那相杂而修后便能入定，当时即已成就了轮番修正行。前二刹那相当于无间道，第三刹那相当于解脱道。

阿阇黎世亲论师认为：刹那轮番修只有佛陀才能做到，而其余的补特伽罗则不能修，因为只有达到完全能够随心所欲入三相续才算成就。

所依：首先是三洲的人类，后来转生到色界也依然能够轮番修行，通过串习第四静虑后也就自然能轮番修下三静虑。

必要：为了转生净居天、为了现法乐住以及因畏惧烦恼远离耽著禅味的等持者都可修行。

为什么净居天决定有五处呢？其原因是，轮番修第四静虑有下、中、上、极上、最上品的差别。所谓的轮番修之因：二无漏之间夹杂一有漏的一相续心为下品，有三心现前（即一无漏、一有漏、一无漏），中品有六心现前（即二无漏、二有漏、二无漏）、上品有九心现前（即三无漏、三有漏、三无漏）、极上品有十二心现前（即四无漏、四有漏、四无漏）、最上品有十五心现前（即五无漏、五有漏、五无漏），通过轮番修此五品静虑，其果报依次感生从无热天至色究竟天之间的五净居天。

辛三、宣说身现证：

获得灭定不来者，承许彼为身现证。

不来果身现证是指什么呢？指的是获得灭尽定的不来果，原因是依靠无有心（指不存在心及心所）的身体而现前与寂灭相应之涅槃相似的灭法，故而承许为身现证。之所以依于无心的身体现前灭尽定，是因为凭借无心之身而生起了灭尽定。

戊四（阿罗汉）分二：一、向；二、果。

己一、向：

灭至有顶八品间，皆为阿罗汉之向，
断第九品无间道，彼即金刚喻等持。

不来果者灭尽初禅上上品修断直至有顶的八品过患之间均是阿罗汉向。不仅如此，住于断除了有顶九品烦恼的无间道者也是阿罗汉向。有顶的第九无间道实际上就是金刚喻定，因为它是一切无间道中最为殊胜的，力能摧毁三界的一切随眠，这也只不过是从它能够断除的角度而讲的，并不是指直接断除之义，原因是有顶以下的八地烦恼都已断除了。

己二（果）分七：一、真实宣说果；二、旁述断除所断之理；三、智之生理；四、沙门之摄义；五、梵轮；六、沙门果之得法；七、阿罗汉之分类。

庚一、真实宣说果：

彼灭得生尽智时，称为无学阿罗汉。

阿罗汉向者以金刚喻定灭尽有顶的下下品修断之得绳以及生起尽智的解脱道时，那位圣者即称无学者，因为获得了未得之果而不再需要修学。也叫做阿罗汉，原因是圆满自利后便能利他，并且成为一切凡夫与有学者的应供处。

庚二（旁述断除所断之理）分三：一、以何道断何地之所断；二、以何地断何地之所断；三、世间道之所缘。

辛一、以何道断何地之所断：

有顶离贪依出世，其余地则依二种，
依世间道离贪圣，彼之离得亦有二。
有说依出世亦尔，已舍不具烦恼故，
解脱有顶之一半，生起上禅同不具。

若问：如果圣者要远离各地之贪。那么是以什么对治远离何地之贪的呢？如是修道有世间道与出世间道两种，其中有顶之贪是以出世间道远离的，而不是以世间道远离的，因为有顶之上再无他地（故其上无世间道对治）、增长自地之爱（故自地不能对治自地）、下地低劣（故以下不能对治上）。除了有顶以外的八地均是依靠世间道与出世间道二者而离贪的，也就是说，以上地未至定的世间道以及具道谛行相的出世间道而远离。

那么，凡夫与圣者的世间离得有什么差别呢？以世间道如应离贪的圣者生起有漏与无漏两种离得，因此断除（所断）较为稳固。而凡夫只是生起有漏离得，所以相对不稳固。

有些部的论师承许说：以出世间道（离贪）也应生起有漏与无漏两种离得，否则钝根不来果者以出世间道远离乃至无所有处之间的贪欲并通过练根而变成利根者，也应成了具有空无边处等的烦恼，因为以前钝根之无漏离得已舍弃而在当时有漏离得并不存在。但这一点绝不能承认，原因是明明见到这样的圣者已舍无漏离得而并不具有烦恼，由此可说他们具有世间的离得。

（经部宗驳斥：）这是不一定的，因为假设以出世间道如应解脱有顶九品烦恼的一半即以下八地烦恼的钝根者变成利根者，那么对他来说，有漏的离得并不是他的对治，因此这种情况不可能存在。正像你们自己所承认的那样，已舍弃无漏离得，而在两种离得均不存在的情况下，他们也不会再具有（已离的）烦恼。不仅如此，具有解脱欲界之离得的凡夫如果生起一禅之上的二禅等境界，则欲界的离得通过转地而舍，他们也同样不会再具有欲界的烦恼。

辛二、以何地断何地之所断：

依于无漏未至定，能离一切地之贪。

胜三地由未至定，或禅生末解脱道，

上地非由未至定，圣八能胜自上地。

若问：那么，以何地远离何地之贪呢？以生起无漏本体的未至定地能远离自地、上地与下地所有九地之贪，因为无漏未至定是三有的对治。

那么，如果以未至定从下地中离贪，末尾的解脱道是在未至定的本体中生起还是在正禅的本体中生起的呢？以未至定胜过欲界、一禅与二禅此三地的烦恼时，如果那位修行人是利根，则从正禅中生起末尾解脱道，因为未至定的舍受能转移为正禅的意乐受与（身）乐受，并且对未至定的兴趣淡薄。而远离此三地以上的三禅等之贪时，（三禅的末尾解脱道是在四禅的未至定中生起，）而四禅以上并非是从未至定中生起末尾解脱道的，而是由这些地的正禅中产生，因为唯以舍受根而且不观待勤作生起正禅。

此外，圣者七种无漏正禅及殊胜禅此八地胜伏自地与上地的烦恼，而不必胜伏下地烦恼，原因是下地烦恼只依靠未至定就足可以胜伏。

辛三、世间道之所缘：

世间解脱无间道，依次而缘上下地，

即为静等粗等相。

既然出世间道是缘四谛，那么世间道的所缘是什么呢？世间的解脱道与无间道按次第缘上地与下地，上地是指静以及“等”字所包括的妙与离三种行相，下地观待上地以大勤作而修行，故为粗以及“等”字包括的劣及障此三行相。

庚三、智之生理：

不动尽智起无生，否则尽智无学见，

彼诸罗汉皆具足。

若问：在尽智的最后无间生起何智呢？假设是一位不动法利根阿罗汉，则不退失而从尽智中生起无生智，倘若非为不动法种性的阿罗汉，则由尽智中生起尽智之相续或者无学正见。若问：难道不动法种性的阿罗汉就不会生起正见了吗？正见对于一切阿罗汉来说都能生起，（只不过不动法阿罗汉）是随无生智而生的。

庚四、沙门之摄义：

沙门之性无垢道，果即有为无为法，

彼等各有八十九，解脱道及一切灭。

既然说“沙门性有四果”，那么沙门、性与果分别指什么呢？沙门是指彻底息灭各种烦恼之相续的圣补特伽罗。性或方便是指能直接得果的无垢无间道，因为它通过直接息灭烦恼的途径令成为圣者。所谓的果是指解脱道的有为法与远离所断的无为法。这些果如若广说，则每一果都有八十九种。那么是哪些呢？上下界共有的八类见断，加上九地的九九八十一修断，总共有八十九所断，能断除这些所断的八十九无间道是沙门性，其果是指有为法的八十九解脱道以及灭尽这些所断的八十九种灭法。

有五因故立四果，果前舍道得胜果。

总集灭法得八智，以及获得十六相。

既然有这么多的果，那为何只安立四果呢？如此安立并无过失，安立四果是因为只有在完整具足五因的任一阶段才能安立为果。何为五因呢？一、在果之前先舍向道；二、证得胜果；三、得到总集灭尽所断的一个得绳；四、同时获得苦谛等四法智与四类智此八智；五、完整获得无常等智慧之十六相。由此可知，见道十五刹那以前的预流向显然不具备这五因，后三向虽然具有后二因，但无有前三因，所以未称作果。

以世间道得果者，混杂持无漏得故。

若问：假设唯有无漏无间道才能称得上是沙门果，那么离贪者以世间道获得一来果、不来果怎么能算是沙门果呢？无有过失，实际上此二果并不是仅仅以世间道获得的，也需要依赖出世间道才能获得。那是怎样的呢？也就是通过有漏离系果与后来无漏见道的离得融为一体而获得的，因为未得见道就不会有得果的名称，并由于受持中间二果所摄的一个无漏得绳。意思就是说，有漏的离得在果位时总集起来而持受无漏之本体。

庚五、梵轮：

彼名梵性即梵净，亦为梵轮梵转故，

所谓法轮为见道，迅速行等具辐等。

所谓的沙门性中的无漏无间道也可称为梵性，断除烦恼即梵净，因为能获得梵净之性或方便。它也可称为梵轮，梵是指出有坏佛陀，因为佛陀（将自相续的无漏无间道境界）如同轮子一样旋转到所化众生的相续中。其中法轮是指见道。为什么名为法轮呢？原因是与宝轮相类似。宝轮具有迅速运行的特点，“等”字还包括离一处而往另一处，胜伏未伏者，镇服已伏者，腾空而起，降落低处。与之相同，第十五刹那见道速疾而行，舍弃缘前十五行相真谛的智与忍而趋入后一行相，以无间道胜伏未胜伏之见断，以解脱道受持离得而镇服已胜伏者，超越上界之圣谛，降至欲界之圣谛。妙音尊者对此是这样认为的：“正是因为见道八正道与宝轮的轮辐以及‘等’字所包括的轮毂与轮辋相同的缘故，才称为法轮的。其中慧学的正见、正思维、正勤、正念好似轮辐，因为它们相辅相成或斩断见断。正定如同轮辋，原因是依之能使心收摄于所缘境中。戒学的正语、正业、正命恰似轮毂，因为彼等是生起定学与慧学的所依。”

庚六、沙门果之得法：

欲界中获前三果，末果则由三界得，
上无见道无出离，经云此始彼究竟。

若问：那么，于何界中获得沙门何果呢？在欲界中获得前三果，最后阿罗汉果在三界中均可获得。

若问：预流果、一来果、渐次不来果由欲界的所依身份获得这一点固然无可非议，但离贪不来果以上界所依身份不能获得的原因是什么呢？这是有原因的，因为上两界如若有见道，那么离贪者必然要在第十六刹那时获得不来果。实际上这是根本不可能生起的，原因是上界有情贪执禅乐而无有苦受，因此不会厌离，无有厌离心当然也就不会生起圣道。再者佛经中也说：“中般涅槃至上流之间五补特伽罗于此开始，于彼究竟。”这里所说的“此”是指欲界，所谓的“彼”是指上界，“始”也就是说见道的开端。

庚七（阿罗汉之分类）分四：一、真实分类；二、法之差别；三、退失之分类；四、别说转根之理。

辛一、真实分类：

许阿罗汉有六种，前五以信胜解生，
彼等解脱观待时，不动法者不动摇，
故彼不待时解脱，彼由见至因所生。

若问：“不动尽智起无生”中所说的阿罗汉有分类吗？承许声闻阿罗汉有六种，即退法罗汉、思法罗汉、护法罗汉、安住法罗汉、堪达法罗汉与不动法罗汉。退法罗汉：以微小的因缘也会导致从证悟中退失；思法罗汉：担忧退失而思维死亡；护法罗汉：顾虑退失而随后护持；安住法罗汉：以小小的因缘不致于从证悟中动摇；堪达法罗汉：通过练根而使证悟不动摇；不动法罗汉：利根者不可能从证悟中退失。此六种罗汉中的前五种为钝根者，是依靠信解而生的，这五种阿罗汉的心解脱、现前等持必须要观待顺缘资具、无病、对境之差别等时间，因此称为待时解脱。而第六不动法罗汉是不会以烦恼退失证悟的，始终如如不动，并不观待有无顺缘违缘，可以随心所欲地入定，因此称为不待时解脱，他们是利根者，是由见至之因中所生，因为果不错乱为因。

辛二、法之差别：

有者初为彼种性，有者后由练根成，

四由种五从果退，并非是从初退失。

这些阿罗汉最初就是他的种性还是后来获得阿罗汉时才变成彼之种性的呢？有些最初决定是退法等彼之种性的，也有些是通过练根而变的，例如退法罗汉通过练根变为思法罗汉种性等。若问：这些罗汉都会从自己的果位或种性中退失吗？中间四类种性会从各自种性中退失而下堕，退法种性罗汉不可能从种性中退失，因为再无有比他更低的种性。不动法罗汉也不可能从种性中退，原因是利根者不会生起烦恼。前五种根性的罗汉会从果位中退失，因为钝根者会再度生起烦恼。不动法罗汉并非如此，因为利根者不生烦恼。

然而，最初就决定的种性是绝不会退的，因为依靠有学与无学二道已得稳固，在有学位时彼之种性也已确定。（关于从果中退失的现象：）预流果是不可能退失的，因为他是已断见断之果，由于已经断除了见断而不会再度退转。离贪一来果与不来果也不会退失，因为彼等依靠世间道与出世间道已得稳固。

有学异生具六种，见道之时无转根。

那么，唯有阿罗汉才有此六种性吗？有学圣者与非圣者异生也具有退法等六类种性，因为这些阿罗汉也要直接或间接以他们为前提。那么，钝根若转变为利根，是在哪一阶段转的呢？在见道时无有转根的，因为见道唯一是入定的一相续而无有作其余加行之机会。因此，只有在异生、有学信解与无学时的加行阶段才能转根。其中信解者唯从无漏中转，凡夫依靠息粗相转根都不矛盾，因为想尽力使自己的根性变为利根而依加行道、无间道与解脱道来转变。

辛三、退失之分类：

当知退失有三种，即得未得受用退。

佛陀唯有未受用，不动亦中余有三。

退失有几种呢？应当了知退失有三种，即已得退、未得退与受用退。已得退是指失去已得到的功德；未得退是指尚未获得应得的功德。受用退则指已得到的功德不现前。那么谁具有这三种退呢？佛陀只具有最后一种受用退，因为佛陀虽然已证得了一切功德，但有些功德可能不现前；不动法种性的阿罗汉不仅有最后一种受用退，而且也具有中间的未得退，原因是他们尚未获得佛陀的不共法；其余凡夫与钝根者则有三种退。

从果退者无死亡，彼不行持非法事。

如果有人说：这样一来，钝根阿罗汉若从果位中退失，则由于具爱而会再度投生三有了。

无有这种过失，虽然他们从果中退失，但在没有恢复退失之前绝不会死亡，这是因为尚未得果之前不会做与之相违的事，并且会精进修道。

辛四、别说转根之理：

不动法者久串习，解脱无间道各九，
见至者各一即可，无漏人中得增上。
无学九地有学六，增舍胜果得果故。

若问：转根需要几道呢？堪达法罗汉转为不动法罗汉时，需要九解脱道与九无间道，因为曾经久经串习世间道与出世间道而使钝根种性者已得稳固。而对最初即是信解者或见至者来说，各需要一解脱道与一无间道即可，因为彼等习气轻微而容易转根。

转根之道是有漏还是无漏法呢？圣者转根的解脱道与无间道是无漏法，原因是所舍之根的道如果也是无漏法，那么依靠有漏不可能舍弃无漏，因为劣法必定不生胜法。凡夫则是以有漏道而转的。

所依身份只有人类中才有退失的可能，由此方可增上、转根，因为需要勤奋修行。若问：转根依何地而转呢？如果是无学道的练根者，则依靠静虑六地及前三无色地即无漏九地中的任何一地均可以转根。如果是有学一来者，则依于未至定而转。如若是不来者，则只是如应依于静虑六地而转，而依无色界是不能转根的。为什么呢？因为不来者增上根性务必要舍弃钝根所摄的胜果，获得利根所摄的最初果（此初果是指初果胜果中的初果而不是预流果），而不来初果无有被无色界所摄的。

乙二、结尾：

二佛以及七声闻，彼九乃九根性者，

七者以根加行定，解脱二者所安立。

阿罗汉有九种，即圆满正等觉与缘觉二佛，不动法罗汉分为本来利根罗汉与练根罗汉两种，因此声闻阿罗汉有七种。阿罗汉必定有九种，因为利根、中根与钝根每一种各分三品，共有九种。分法：从钝根下品的退法罗汉直至利根上品的圆满正等觉佛陀之间。圣者补特伽罗有七种，即随信行圣者、随法行圣者、信解圣者、见至圣者、身现证圣者、慧解脱圣者及俱解脱圣者。

若问：那么，这七种补特伽罗是根据什么安立的呢？前两者（即随信行圣者与随法行圣者）是从加行的角度安立的，因为他们是由随从信奉别人的词句之加行以及随从正法之加行而现见真谛的。中间两种（信解圣者与见至圣者）是从根性的角度安立的，这是由于他们以殊胜信心与殊胜智慧详细分析。身现证是从灭定的侧面安立的，这是获得灭尽定之故。慧解脱是从解脱的角度安立的，原因是依靠智慧从烦恼中解脱出来。俱解脱则是以灭定与解脱二者安立的，这是因为依靠灭定脱离解脱障，依靠智慧脱离烦恼障。

彼等实体则为六，如是三道各为二，

得灭定乃俱解脱，依慧即是慧解脱。

这七种圣者如果归纳，则有六种实体，也就是说，见道、修道与无学道以钝根利根的差别而区分，见道为随信行与随法行的补特伽罗，修道为信解与见至的补特伽罗，无学道为待时解脱与不待时解脱的补特伽罗。那么，俱解脱与慧解脱分别是指什么呢？依靠无学静虑的正行而获得灭尽定为俱解脱，由于凭借智慧而解脱烦恼障与通过定力而解脱阻碍生起解脱之障，他们具有神通等，因此称为有严阿罗汉。依靠未至定而以智慧脱离烦恼障即是除俱解脱以外的慧解脱，因为尚未获得灭尽定，他们无有神变等，所以也叫做无严阿罗汉。

以诸等至根及果，称为有学之圆满，

依根与定圆无学。

若问：又经中说“有学圆满”，那么有学与无学圆满的方式是怎样的呢？获得与解脱相同的灭法者是以灭定而圆满的，不被外缘所夺的利根者是以根来圆满的，断除五顺下分的不来果者是以果而圆满的，应当了知上述此三种即称为有学圆满。无学者是以根与灭定二者来圆满的。

甲四（宣说现证之道）分三：一、宣说加行等四道；二、宣说一切住地与住根之道；三、宣说菩提分法。

乙一、宣说加行等四道：

总之道即有四种，谓胜进道解脱道，

无间道及加行道。

既然说解脱道有多种，那么归纳而言有几道呢？略而言之，解脱道有四种，即加行道、无间道、解脱道与胜进道。其中加行道是指在这一道的末尾生起无间道；无间道即直接断除所断；解脱道即最初解脱所断；胜进道则居于前三道之上的渐进道。

乙二、宣说一切住地与住根之道：

静虑易道余难道，钝根迟通利速通。

既然佛经中说“易道速通等四种”，那么它们到底指的是什么呢？禅定正行是易道，因为已被支分摄持，止观平等而自然产生之故。其他地是难道，因为未以支分摄持并且止观不等而需精勤修持。换句话说，是由于未至定与殊胜定寂止的成分少、无色定胜观较少。钝根者之道是迟通，原因是神通了知对境缓慢，另外的利根之道是速通，原因是神通了知对境迅速。

乙三（宣说菩提分法）分七：一、以名称而分类；二、以实体而分类；三、部类之次序；四、本体之差别；五、何地所摄；六、旁述获得解信之理；七、别说无学法。

丙一、以名称而分类：

尽智无生智菩提，随顺于彼故得名。

念住等三十七道品是随菩提分之道。因为尽智与无生智是“菩提”，（三十七道品）是与彼“随”顺之“道”，以此得名。

若问：三十七道品是哪些呢？即四念住、四正断、四神足、五根、五力、七觉支与八圣道。四念住前面已宣说过。四正断是指已生恶令断除、未生恶令不生、未生善令生起、已生善令增长。为此以意乐加行生起欲乐并精勤，以正行发起精进，以后行极度持心，最后真实安住。四神足：是指由恭敬加行之欲乐、相续加行之精进、心等持之种子以及观察所缘（与相之智慧）

中所生的欲定断行具神足、心定断行具神足、勤定断行具神足与观定断行具神足。五根：能自在享用一切善法的信、精进、念、定、慧。五根不被不信等违品所害为五力。七觉支：觉是指证悟法性，它的自性分支即择法觉支、念觉支、精进觉支、喜觉支、安觉支、舍觉支与定觉支。其中念觉支是彼之依处，精进觉支是能超离下地的出离支，喜觉支有利身心故为利益支。其余三者是无烦恼支，其中安觉支是染污之根本受生恶处的对治；定觉支是它的依处；舍觉支是说明无有沉掉的本体。八圣道：指正见、正分别、正语、正业、正命、正勤、正念与正定。正见是指依靠后得的智慧来衡量从而断定入定所证悟之义。能通达他人证悟的心为正分别。正语指的是善妙见解，正业即正戒，正命因资具鲜少而令他人生起诚信。剩余的三者是违品的对治，其中正勤是修断烦恼懈怠的对治；正念是随烦恼沉掉的对治；正定是入定障碍的对治。

丙二、以实体而分类：

谓三十七菩提分，此由名立实体十，

即信精进念慧定，舍喜安戒正分别。

所谓的三十七道品是从名称的角度而安立的，实际上它们包括在十种实体中。根与力中的两种信摄于信中。同样，四正断、根与力中的二精进、精进觉支以及正勤这八种是精进。根与力中的二念、念觉支及正念此四者为念。正见、择法觉支、根与力中的二慧此四者再加上四念住此八种为慧。根力中的二定、四神足、定觉支、正定此八种是定，因此以上五者（信、精进、念、慧、定）包含了三十道品。舍觉支、喜觉支、正分别、安觉支四者各为一实体，正语等三者是戒律的自性。

念住慧性勤真住，四神足则为等持，

宣说主体实彼等，加行所生德亦尔。

若问：那么，慧、精进、定怎么会分别是八种呢？四念住是慧的自性，真实安住于精进与所谓的四正断实际上是同一个意思，四神足是定的自性。念住等是智慧等也是就主体而言的，如果它们也具有从属，那么各自群体中存在的加行所生功德——闻思修的有漏无漏智慧、信、精进、念、戒等也均属于念住等。

丙三、部类之次序：

七类依次初业者，顺抉择修见道行。

三十七道品在哪一道位以什么为主而安立的呢？有部宗承许说：七种部类是依照如是顺序而安立的：初业者即资粮道中断除了四种颠倒故安立了四念住；在顺抉择分法（加行道）的暖位时依靠得真谛所缘差别之因而增上精进故安立了四正断；顶位时能趋入不退失之善法故安立了四神足；忍位时能坚定不退地对信等获得自在故安立了五根；胜法位即世第一法时不被违品烦恼所害故安立了五力；修道中能趋近菩提故安立为八正道；见道迅速而行故立为七觉支。阿阇黎世亲与其他论师则认为：后两者也是按照生起功德的次序安立的，即于见道中是七觉支、见修二道中是八正道。

丙四、本体之差别：

七觉支及八正道，唯是无漏余二者。

若问：那么，菩提分法哪些是有漏、哪些是无漏法呢？七觉支与八正道唯一是无漏，因为它们是在见道与出世间修道中安立。除此之外，四正念至五力之间既是有漏也是无漏，原因是凡夫相续中具有的资粮道加行道所摄的菩提分法为有漏，圣者相续中所具有的三道所摄的菩提分法为无漏。

丙五、何地所摄：

一禅之中具一切，未至定则不摄喜，
二禅无有正分别，三四无喜正分别，
中间静虑亦复然，前三无色亦无戒，
除去觉支正道外，欲界以及有顶具。

何地有多少种菩提分法呢？一禅中可以有三十七道品，一禅未至定则具有不包括喜觉支在内的三十六道品，之所以无有喜觉支是由于具有被下地烦恼退失的忧虑。二禅有不包括正分别的三十六道品，因为二禅已经断除了寻。三禅与四禅具有不包括喜觉支与正分别在内的三十五道品，原因是寻先前就已隐没，并且远离了对喜乐之贪执。一禅正行殊胜定也有不包括此二者的三十五道品，因为此地已断除寻并是舍受之地。前三无色界也无有此二者，另外也不具戒律支，因为已断除寻、是舍受并且不存在身语业。欲界与有顶具有不包括七觉支与八正道的二十二道品，之所以无有八正道，是由于欲界非为入定的心（不具有色界与无色界的细微之心），有顶的心不明显，故而无漏道不依于此二地。

丙六、旁述获得解信之理：

若见三谛得法戒，现证道亦得佛僧，
所谓之法即三谛，以及缘觉菩萨道，
实体为二信与戒，本体即是无漏法。

经中说“解信有四，即于佛解信、于法解信、于僧解信、圣戒解信”，那么，在哪一阶段获得解信呢？见道时现见前三谛而对圣者欢喜之戒与法获得解信，因为当时已获得无漏七断，并以智慧现见了无我。现证道谛于佛及其声闻僧众获得解信，原因是能成佛的法是无学道谛，能成僧的法是有学无学二道，即于此二道诚信。“亦”字是说也包括于圣戒、于正法获得解信。那么，于法解信中的法是指什么呢？此处所谓的法是指前三谛，原因是从执著自相的角度而如应安立的。同样，缘觉的有学无学道以及菩萨的有学阶段的无漏道也是法。所说的四种解信实际上也只有两种实体，因为于三宝诚信是信心的自性，第四于圣戒解信是戒律的自性。解信的本体是什么呢？解信的本体均是清净无漏法。

丙七（别说无学法）分二：一、真实宣说无学法；二、旁述断除所断之理。

丁一、真实宣说无学法：

有学支中未宣说，二种解脱束缚故。
摧毁烦恼无为法，以及胜解有为法，
无学有为二解脱，所谓菩提即正智。

若问：既然经中说“无学具有十分支、有学具有八分支（指八正道）”，那么，无学的正解脱与正智在有学分支中未宣讲的理由是什么呢？之所以在有学支分中未说正解脱，是因为有学位尚被烦恼所束缚，在有学的分支中也未说正智，因为正智是指尽智与无生智（而有学位不具有此二智）。解脱有两种，即摧毁烦恼抉择灭无为法解脱与胜解有为法解脱，而无学位的分支中所说的解脱是胜解有为法解脱。有为法解脱也分两类，即远离贪的心解脱与远离无明的慧解脱。

如果有人说：这样一来，正智就不是第十分支了，因为它为正见所摄。

并非如此，所谓的菩提是指前面所说的尽智与无生智，它们才是正智，而并不是尽慧见与无生慧见。如云：“尽智无生非慧见。”

丁二、旁述断除所断之理：

将生未来无学心，由从障碍得解脱，

趋向灭尽之圣道，彼之障碍彻断除。

以三时中的哪一时无学心解脱障碍呢？依靠将生的未来无学心从障碍中得解脱。那么，以三时的何道断除那一障碍呢？趋向灭尽的现在之道完全断除现在的障碍，因为它们是所断与对治、所害与能害的关系，而过去、未来是已灭与未生之事。所以，令不具有产生后面所断的能力即称为断障。

无为解脱称断界，尽贪欲谓离贪界，

断界即除余烦恼，所谓灭界即断事，

苦集忍智厌何断，均离贪亦有四类。

那么，所谓无为解脱与经中所说的断界、离贪界与灭界三者有什么差别呢？无为解脱实际上也就是所谓的断界等三者，由于断灭了三界的一切贪欲，因此称为离贪界；同样，所谓的断界是指断除贪心以外的嗔等烦恼；所谓的灭界是指断除色等有漏事。

那么，依靠道谛离贪必定是对所缘境生起厌恶吗？苦谛与苦因之集谛的所有忍与智的所缘均是有漏谛，所以是对所缘境生起厌恶，原因是它们将低劣对境视为过患。而缘灭、道谛并非如此，因为它们不是缘低劣对境。依靠任何道直接断除烦恼，无论缘四谛的任意一谛都会离贪，因为它是直接对治所断的无间道。由此可推知，厌、离贪等即有四种类别：一、有厌而无离贪，即直接断除所断无间道以外缘苦集谛的加行道、解脱道与胜进道等，原因是这些道视所缘为过患；二、有离贪而无厌，是指缘灭道谛的无间道，因为此道视所缘为功德；三、既有厌又有离贪，缘苦集谛而直接断除的无间道；四、既无厌也无离贪，缘灭、道谛的加行道、解脱道与胜进道。

俱舍论第六分别圣道品释终

第七品 分别智

第七分别智品分五：一、智之基；二、智之自性；三、具智之理；四、得智之理；五、智所摄之功德。

甲一、智之基：

无漏诸忍非为智，尽智无生智非见，
此外圣慧为二者，余为智六亦为见。

若问：上述既宣说了“忍”，也讲了“正见”，那么有是忍不是智，是正智而不是正见的情况吗？无垢见道的八种忍均不是决定自境的智，因为尚未断除取自境的怀疑，而是能断除取自境之怀疑的无间道。尽智与无生智不是正见，因为它们不是真实断定对境的计度分别，只是分别所作（指了知苦谛、断除集谛、现前灭谛、修行道谛）与无所作（即苦谛亦无所知、集谛亦无所断、灭谛亦无所现、道谛亦无所修）的智慧。除这两者以外的圣者无漏慧也就是从苦法智至道类智之间既是智又是正见，因为它们是断定真实对境的智慧。除圣者智慧以外，其他凡夫的世间正见是智，因为它是一种觉知，坏聚见等五见与世间正见共六种不仅是智也是见。

甲二（智之自性）分五：一、概述及对境；二、分类及差别；三、定数及对治之差别；四、相之差别；五、法之差别。

乙一、概述及对境：

智分有漏与无漏，有漏谓初世俗智。
无漏分二法类智，俗智对境为一切，

法智缘欲苦谛等，类智行境上苦等。

若问：既然经中说“智有法智、类智、世俗智、他心智、苦智、集智、灭智、道智、尽智与无生智十种”，那么，这十种智都是怎样的呢？实际上所有的智如果归纳，则有两种，即有漏智与无漏智。所谓的有漏智是世俗智，所谓的世俗智就是指缘于普通的瓶子、氆氇等世俗对境的智慧。无漏智包括两种，唯有法智与类智。世俗智的对境是一切有为法与无为法，因为它第一刹那了知自己与自群体以外的一切法，第二刹那再对其本身与所属加以了知。所谓法智的行境是欲界的苦谛等四谛，因为它是从缘欲界苦谛等的角度而安立的。类智的行境是上两界总集的苦谛等四谛，因为它是上界的对治。

乙二、分类及差别：

彼等以谛别立四，由依四谛彼等智，

安立无生与尽智，初生即苦集类智。

此等法智与类智各有四类，因为根据了知四谛的差别而各有四种智。由四谛的这些智而安立为无生智与尽智，尽智即所谓的了知苦谛等（等字包括断除集谛、现前灭谛、修行道谛）的有境，无生智则是所谓“无所了知、（无所断除、无所现前、无所修行）”的有境。尽智与无生智这两者最初产生即缘苦谛与其因集谛的类智，因为缘有顶的下下品修断而是无常等（不净、无我、空）苦谛行相与因等（集、生、缘）集谛行相的有境，所以它指的是有顶解脱道的类智。

由四智立他心智，不知胜地利根心，

罗汉过去未来心，法智类智互不知。

由法智、类智、道智与世俗智四者而安立为他心智，原因是缘有漏的他心是世俗智，缘无漏的他心是道智，根据对治的差别也是法智与类智。

他心智了知何对境呢？一、越地：下地的他心智不能了知上地的心，如上下禅之心（指下禅他心智不能了知上禅心）；二、越根：诸如，信解钝根者的他心智不能了知见至利根者的心；三、越补特伽罗：不来者的他心智不能了知阿罗汉的心，因为这些超越了各自对境的范围；四、越时：他心智也不能了知已经灭亡的过去之心与尚未产生的未来之心，因为它是现在的有境；五、越类：法智的他心智与类智的他心智相互不能了知，原因是它们分别为欲界与上界之对治的无漏道，但可以了知同类。这以上均是就修断而言的。

一切声闻他心智，了知见道二刹那，

麟角喻知三刹那，佛无加行知一切。

在见道中无有他心智，因为见道的时间短暂而无有修他心智加行的机会，而且是同一入定相续。然而见道可以作为他心智的对境，其中声闻的他心智只能了知对方见道十五刹那中最初的苦法忍与苦法智二者，而不了知类智等，由于所缘不同，因此要想了知类智必须要修其他加行，然而在此期间十五刹那已过去，无法再缘过去之心。麟角喻独觉的他心智了知前二刹那与第八刹那此三心，原因是利根者在此期间（指第三——第七刹那之间）成就神通，从此以后（指第九刹那后）由于劳累而不能成就神通。出有坏佛陀则任运自成一切事业，无有加行勤作而圆满遍知十五刹那。

尽智则于一切谛，谓已遍知等决定，

谓我更无所知等，承许彼为无生智。

那么，尽智与无生智究竟有什么差别呢？灭尽智是指所谓对一切谛，我已遍知苦，“等”字所包括的我已断除集、我已现前灭、我已修持道的此等入定证悟依靠后得来确定。所谓的“遍知苦谛亦无所知……”依靠后得来决定即克什米尔论师所承认的无生智。

乙三、定数及对治之差别：

由依自性与对治，行相行境及加行，
所作因圆立十智。修道灭或道法智，
乃为三界之对治，欲界对治非类智。

若问：为什么分为十智呢？这是以七种理由安立的，一、从了知对境之自性的角度安立了世俗智；二、从上下界的对治方面安立了法智与类智；三、从无常等行相的角度安立了苦智与集智；四、从行相与所缘两个方面安立了灭智与道智，其中行相各有四种，所缘也分有为法与无为法的差别；五、从加行的角度安立了他心智，因为发心要了知他心而修行；六、从所作的侧面安立了尽智，因为相续中首先生起；七、以同类因圆满安立为无生智，因为它是以前所生一切无漏智的果。鉴于上述七种原因而安立了十智。

那么，法智必定是欲界的对治、类智必定是上界的对治吗？在见道中是一定的，而修道中却不一定，原因是欲界的圣者生起灭法智或道法智断除欲界的九种修断后，可能会通过熟练修道而断除上界的修断，由此可知，这两者（灭法智与道法智）会是三界的对治。也就是说，由于灭谛与道谛二者是无漏法，而不属于界，因此（下地欲界的灭法智与道法智）并不逊色于上地的灭类智与道类智，为此可以作为上界的对治，而苦法智与集法智不是上界的对治，因为它们是缘低于上界苦集谛的（欲界）苦集谛的修道，低劣而不能灭除殊胜。

如果有人说：这样一来，灭类智与道类智也应能作为欲界的对治了。

类智并不能作为欲界所断的对治，原因是在未生起类智之前，以法智已经断除了欲界的所断。

乙四、相之差别：

法智类智十六相，俗智知此及余法，
各谛行相各为四，心智无漏亦道智，
有漏缘所知自相，乃各实体之行境。

若问：那么，十智是何对境的有境呢？法智与类智是无常等十六行相的有境，世俗智也与前两智相同，缘加行道中的十六行相，除加行道以外，也缘其他时的其他行相，因为它既有不净观、慈心等自相与共相，也缘除此之外的行相。四谛的苦集灭道四智各缘自谛的无常等四行相。无漏他心智也就是道智，道智也同样缘道谛的四行相。有漏他心智则缘所知心与心所自相的行相，而且也是分开而缘心与心所每一实体的行境，而不能同时缘二者。也就是说，缘心王时不能缘心所，缘心所时不能缘心王，譬如：执著污垢时不能执著衣服，执著衣服时不能执著污垢。

余智唯具十四相，不摄空性与无我，
无垢十六无余相，谓有余相论中说。

除了以上这些智之外，剩余的尽智与无生智只缘十四行相，空性与无我不包括在内，因为在后得时出现所谓的“了知苦谛……”以及“了知苦谛亦无所知……”，这与我的名言与空性不存在显然是相违的，而且入定与后得成立因果关系。

若问：无垢道十六行相中，有其他自相的行相吗？无有其余行相，原因是除十六无垢以外再无其他行相。西方论师则认为，有其他行相，因为《识聚论》云：“无常乃至缘间此乃处、此乃基，处即体相，基乃因也。”由此可知，还有体相与因之行相。

行相实体为十六，彼之本体乃是慧，

及诸具缘均能取，一切有法即所取。

若问：那么，十六行相有多少实体呢？十六行相有十六种实体，因为十六行相需要各自分开而现见。那么十六行相到底是指什么呢？一、依赖于缘，故为无常相；二、是有害的本性，故为苦相；三、是我所见的违品，故为空相；四、是我见的违品，故为无我相；五、是痛苦的种子，故为因相；六、由彼无间产生，故为集相；七、以连续不断的方式而产生，故为生相；八、由许多因明显成立，故为缘相；九、毁灭苦蕴，故为灭相；十、息灭贪等三火，故为寂相；十一、无有损害，故为妙相；十二、远离一切过患，故为离相；十三、有趋向解脱之义，故为道相；十四、具有方便，故为如相；十五、修持解脱，故为修相；十六、能永远真实出离，故为出相。

行相的本体是什么呢？虽然经部认为行相的本体是智之执相，但此处按照有部宗的观点而言，行相以慧为体，也就是说，从取对境的角度来讲，并非唯有妙慧才能取，而是慧及具有所缘境的心与心所均可以取。所有存在的色等一切万法是所取境。由此可知：妙慧既是行相，也是能取，又是所取；除此之外的一切有所缘境的心与心所既是能取也是所取；而无有所缘境的万法唯一是所取。

乙五、法之差别：

俗智三种余皆善；世俗智于一切地，

静虑六地有法智，无漏九地具类智，

如是六智亦复然，四静虑有他心智；

彼所依身欲色界，法智唯欲余三界。

若问：十智是善、不善、无记法哪一种呢？第一世俗智既有善法也有不善法，又有无记法，因为三界的一切有漏智是世俗智。其余的所有智均是善法，因为他心智是修所生智，其余智均是无漏道。

那么，十智在何地具有呢？第一世俗智在三界九地都有，因为三界的一切有漏智是世俗智。静虑六地具有所谓的法智，因为它是缘欲界苦谛等的无漏道。无漏九地具有所谓的类智，原因是静虑六地具有见道所摄的智，前三无色界具有修道所摄的智。与类智相同，四谛智、尽智与无生智此六智也是于无漏九地中存在。四禅正行中具有他心智，这是它需要依赖易道（静虑）的缘故。

那么，何界的所依身份才具有这些智呢？他心智依赖欲界与色界的身份，而不依赖无色界的身份，因为它依于静虑正行。所谓的法智依于欲界的身份，不依于上界，因为它是欲界对治的无漏道。依于三界身份的是除开他心智与法智以外的八智，这是由于三界的有漏智为世俗智、三界的所依身份均可以生起类智。

灭智唯是法念住，他心智三余为四。

那么，此等智分别属于何念住呢？灭智仅仅缘无为法，因而唯一是法念住。他心智不缘身体并且只是缘相应法，故为后三念住。剩余的八智具有四念住，原因是苦等八智轮番缘身至法之间，道智如果缘无漏戒时也就成了身念住，因此是四种。

法道类智各缘九，苦集智境各为二，

四智对境乃十智，灭智所缘非为智。

既然智也称为所取，那么多少智成为十智何者的对境呢？法智的所缘是九智，原因是道法智缘不包括类智的无漏七智，苦法智与集法智缘世俗智与有漏他心智。道智的对境是一切无漏智，因此缘世俗智以外的九智。类智的对境唯一是上界的谛，因此是除法智外的其余九智。苦智与集智的对境是有漏法，因此缘世俗智与有漏他心智两种。世俗智、他心智、尽智与无生智此四智的对境可以是十智，其原因：世俗智的对境是一切法；无漏他心智的对境也是九智，有漏他心智也可以了知世俗智与其余有漏他心智；尽智与无生智是四谛智的本性。只有灭智的对境不是任何智，这是由于它唯一缘抉择灭，而抉择灭不属于智的范畴。

十法对应三界法，无漏无为各有二。

一切所知法分为十种，接下来对应一下这十种法到底成为几智的对境。那么是如何分析为十法的呢？有为法分三界法与无漏法，此四者每一法都有相应与非相应两种；无为法也各分善法与无记法两种。

（下列内容，唐译颂云：类七苦集六，灭缘一道二，他心智缘三，尽无生各九。）

那么它们是如何对应呢？世俗智的对境是所有的十法。法智的对境是欲界的（相应与非相应）二法，无漏有为（相应与非相应）二法，再加无为善法五种。类智的对境是上两界的有为相应法、有为非相应法以及无漏相应法、无漏非相应法、无为善法共七种。苦智与集智的对境是三界的六法。灭智的对境唯一是无为善法。道智的对境是两种无漏有为法。他心智的对境是欲界相应法、色界相应法与无漏相应法三种。尽智与无生智二者的对境则是不包括无为无记法在内的九法，这是由于此等智的所缘境即是此等所知。

世俗智除自群体，以外他法知无我。

那么，有一智同时了知一切法的吗？这种情况是没有的，因为了知最广大对境的是闻思所生的世俗智，它也是第一刹那了知自己及自之群体中存在的法以外的其余一切法，因为观一切法无我时，则了知其他一切法无我，而不是了知与自己共存的一切法，原因是自己对自己起作用显然是矛盾的，并且与自之群体中存在的法过于接近，第二刹那以后才能衡量前者（其本身与自群体中存在）的法，经中也说“无有一智知一切”。

甲三、具智之理：

无漏第一刹那时，具贪者唯具一智，
第二刹那具三智，此后四刹各增一。

若问：任何补特伽罗具有几智呢？尚未离欲贪的凡夫只具有世俗智一智，而离贪凡夫则具世俗智与他心智。（无漏十六刹那：一、苦法忍；二、苦法智；三、苦类忍；四、苦类智；五、集法忍；六、集法智；七、集类忍；八、集类智；九、灭法忍；十、灭法智；十一、灭类忍；十二、灭类智；十三、道法忍；十四、道法智；十五、道类忍；十六、道类智。）圣者无漏第一刹那住于苦法忍位时，如若是具贪者，则只具有世俗智，因为前文中已明确说过“无漏诸忍非为智”。在第二刹那苦法智位时，具有世俗智、法智与四谛智中的苦智三者。这以后的四刹那依次递增一智，即第四刹那（即苦类智位具有世俗智、法智、苦智与类智此四智）、第六刹那（集法智位具有前四智加上集智此五智）、第十刹那（灭法智位具有前五智加灭智此六智）、第十四刹那（道法智位）具足七智（即前六智加道智）。住于无漏第一刹那，如果非具贪者，则具有世俗智与他心智。其余均可依此类推（即于具贪者所具智上各加一他心智）。

甲四（得智之理）分三：一、何道得几智；二、何地得几智；三、得之分类。

乙一（何道得几智）分三：一、见道得几智；二、修道得几智；三、所说之余道得几智。

丙一、见道得几智：

见道生起忍与智，彼等一切未来得，
三类智兼世俗智，是故称谓现证边。
彼即不生之有法，依于自地及下地，
灭边所生末念住，具自谛相由勤生。

若问：见道时获得几智呢？在见道中，无论是生起忍还是智，当时都将获得所生忍、智的同类或同所缘的未来法，也就是说它是未生之有法，而不是已生之有法，否则就有生起众多见道的过失了。那么，见道不同类永远不得吗？见道中苦集灭谛的三类智时由于究竟现观了彼谛，因此也获得前所未有的殊胜世俗智，为此也将得异类的智。之所以在一切法智位不得非同类的智是由于当时尚未究竟证悟圣谛。正是因为三谛每一谛最终证悟后才获得，所以世俗智是由现证之末尾所生，由此得名现证边。那么，现证之末尾所生的世俗智均能现前吗？由于它完全是指不生之有法，因此并非任何时候都现前，然而当时得绳已出现，故称为得。在道类智时，不得世俗智，因为道谛无有现证之边，也不能修一切道。

如果有人说：这样一来，苦集边所生的世俗智也不存在了，因为不能了知一切苦、不能断除一切集。

这是不同的，原因是自相续的一切集能予以断除，而自相续的一切道却不能修行。

那么，世俗智依于何地而获得呢？依于见道任何地均得自地与下地的世俗智，例如，若依于未至定，获得未至定自地以及欲界所摄的世俗智。那么，它属于什么念住呢？灭谛边所生的世俗智是最后的法念住，因为它缘的灭谛唯是法。而苦集谛所生的世俗智则是四念住，这些世俗智都具有各自谛的无常等行相，所缘同样是各自的圣谛，它也是由加行勤作所生，原因是依靠修习见道的力量而得。

丙二、修道得几智：

十六刹那具贪者，得六离欲贪得七，
彼上具贪修道中，悉皆获得七种智，
胜伏七地得神通，堪达法证不动法，
轮番修之无间道，上八解脱道亦尔。

若问：修道得几智呢？具欲贪住于十六刹那道类智时获得四谛智、法智与类智此六智。道类智实际上是道智与类智二者的本体，此二智由现在而得，其余四智唯由未来而得。不得世俗智的原因是不会获得现证道谛边所生的世俗智，除此之外的世俗智得到的理由不存在。之所以不得现证道谛边所生的世俗智成立，是因为道谛无有现证之边。不得他心智是具贪之故。不得尽智与无生智，是因为得者位于有学道。

第十六刹那离欲贪者在具贪者所得智的基础上再加他心智，共获得七智，不得世俗智、尽智与无生智的理由如前。第十六刹那之上具欲贪者在修道之加行道、无间道、解脱道与胜进道均获得法智、类智、四谛智与世俗智七智；胜伏四静虑与前三无色界此七地的六十三无间道时也各获得刚刚说的七智；有学道者在获得前五种神通的无间道时同样得到前面的七智；堪达法罗汉在得证不动法罗汉的无间道中获得法智、类智、四谛智与尽智七智。有学道者轮番修有漏无漏静虑的无间道也获得刚刚所说的法智等前六智与世俗智这七智；能胜伏七地之上有顶的前八解脱道也获得法智、类智、四谛智及他心智此七智。

有学练根解脱道，获得六智七智或，
无间道中获六智，胜伏有顶亦复然。
尽智之时得九智，不动法者则获十，
转彼解脱末亦尔。

有学钝根者修炼利根的解脱道中，若是具贪者，则得法智、类智与四谛智六智。如果是离贪者，再加上他心智，共获得七智。所谓的“或”，是指有些论师说：由于以此得果与见道相同，因此还获得现证边所生的世俗智，由此得七智或八智。在有学练根者的无间道无论是离贪者还是具贪者均获得法智、类智与四谛智六智。而在有学无间道不得三智（指尽智、无生智与他心智），又因为与见道相同，所以也不得世俗智。同样，能胜有顶的无间道也只得到这六智，不得其他智的理由如前。有顶的第九解脱道尽智时，有可能退失为钝根者获得不包括无生智的九智。不动法罗汉种性者也能得到无生智，因此得十智。钝根转为不动法罗汉的末尾解脱道中也获得十智，因为当时已变成不动法罗汉，这是以无漏九地之因全部圆满而得的。

丙三、所说之余道得几智：

所说之余得八智。

除前面所说以外，剩余的欲界第九解脱道、七地的所有解脱道、修神通及轮番修的解脱道，还有转为不动法罗汉的解脱道均得前八智，不来果的加行道与胜进道也各得不包括尽智与无生智的八智。

乙二、何地得几智：

于何离贪得彼时，亦得下地无漏法，
尽智亦得有漏德，诸地得前非得后。

若问：那么，有漏无漏任何一道中获得几地之智呢？总的二道中，第一世间道中如果依靠未至定而离欲界贪后获得一禅正行，则于第九解脱道得一禅未至定与正禅所摄的世俗智，直至依靠有顶的未至定从无所有处离贪之间均可依此类推。

第二出世间道：诸如以二禅为例，于二禅离贪时得到第二禅所摄的无漏法，同时也将获得下面一禅未至定、正禅、殊胜正禅，于第九解脱时三禅地所摄的无漏法，因为增上对治类。同样，其他地的无漏法也可依此类推。何者获得尽智时不仅得无漏法，而且有漏的功德、不净观、呼吸法、念住等等也一并得到。也就是说，一切地所摄的功德依靠离贪之力而得者是以迎接的方式而出现的，因为获得了心的王位。譬如，国王获得王位时，各地人们以礼相迎。观待加行的所有功德由于需要修持，因此当时不会得到。获得诸地的功德，如果是欲界身份的阿罗汉（指以欲界身份获得阿罗汉），则得三界所摄的功德，如果是色界身份的阿罗汉则获得色界、无色界所摄的功德，若是无色界身份的阿罗汉，则只得无色界所摄的功德。那么，一切功德均获得吗？以前在轮回中串习后退失的功德只是现前，而不得未来，因为以前已经得过。因此，只是得到以往未曾熟练修过并与无漏相应的无量心与禅定等。

乙三、得之分类：

有为善法新习得，有漏则立治遣得。

若问：那么，得有多少种呢？有四种，即新得、习得、治得与遣得。新得：前所未有之法重新获得；习得：反复现前。这两者大多数依靠有为善法而得。修道是治得，断绝烦恼的得是遣得，这两者是从大多数断除有漏法的角度安立的。如此一来，无漏法的得是前两种，有漏善法的得是四种，其余有漏法的得则是后二种。

甲五（智所摄之功德）分二：一、不共功德；二、共同功德。

乙一（不共功德）分二：一、略说；二、广说。

丙一、略说：

佛陀之法不共同，即是力等十八种。

若问："尽智有漏"虽然总说了阿罗汉于尽智时得功德的情况，但当时唯有佛陀才得的功德是什么呢？佛陀尽智时获证的功德之法与声闻截然不同，因此是十力以及"等"字包括的四无畏、三念住及大悲此十八不共法。

丙二（广说）分四：一、宣说力；二、宣说无畏；三、宣说念住；四、宣说大悲。

丁一（宣说力）分二：一、意之力；二、身之力。

戊一、意之力：

知处非处十智摄，知业果力为八智，
定等根信解界九，知遍趣行九或十，
宿住死生世俗智，知漏尽力六或十。

若问：那么，十力为何智所摄呢？知处非处智力为十智所摄，因为知处非处智力了知一切有为法与无为法；知业报智力具有除了灭智与道智以外的八智，这是由于其对境业果是苦集谛所摄；知静虑解脱等持等至智力、知根胜劣智力、知种种信解智力与知种种界智力是不包括灭智的九智，之所以不包括灭智是因为此等智，唯一缘有为法（而灭智唯一缘无为法）。彻知趣入地狱至佛果间的知遍趣行智力，如果从彻知道自本体方面来说，则是不包括灭智的九智，若就彻知道果而言为十智。知宿住随念智力与知死生智力二者为世俗智所摄，因为它们不是真谛的有境而是所知自相的有境。知漏尽智力，如果就了知漏尽自本体而言是法智、类智、灭智、世俗智、尽智与无生智此六智，若从是漏尽相续中（指佛相续）具有的智这一角度来说，则是十智。

宿住死生依四禅，余者则依一切地。

何故唯佛称为力？因彼具有无碍故。

若问：这些智力依于何地呢？知宿住随念智力与知死生智力二者在四静虑正禅中具有，这是由于它们需要从止观双运之等持中产生。其余八力依于断除下地之地，而不依于产生功德之地，所以在不包括后七地未至定的所有地中均具有（即欲界、四静虑、未至定、中定、四无色界此十一地），因为于此等地容易生起。所有无漏智均如应依于一切无漏地，世俗智所摄的所有智力依于一切地。

三界什么身份具有此等智力呢？欲界身份可以具有一切智力，色界的身份具有色界地所摄的一切智力，无色界的身份只具有无色地所摄的一切智力。

若问：既然声闻缘觉其他补特伽罗相续中也具有知漏尽智与知宿住随念智，那么为何只有佛陀相续中存在的才称为力呢？之所以佛陀相续中具有的方称为力，是由于只有佛陀才能无碍照见万法。

戊二、身之力：

身即无爱子之力，他师承许各骨节，

大象等七十倍增，彼之本体所触处。

若问：如是意之力无量无边，那么佛陀身之力有多少呢？佛身具有无爱子之力，其他论师承许说：佛身的三百六十二骨节每一骨节均具有无爱子之力。那么，无爱子之力到底有多大呢？凡象以及“等”字所包括的香象、大露力者神力、胜伏（一阿修罗王）神力、妙支神力、妙力神力、无爱子之力，此七种力逐步向上成十倍递增。那么，身力的本体是什么呢？其本体是所触处，因为它是果所触。

丁二、宣说无畏：

无畏四种依次第，如初第十二七力。

若问：无畏有几种呢？无畏有四种，即正等觉无畏、漏永尽无畏、说法障无畏、说出离道无畏。那么，此等无畏为何智所摄呢？正如第一智力（知处非处智力）是十智一样，第一正等觉无畏也为十智所摄，因为所谓的现前圆满正等觉就是指现量洞晓一切所知万法。如第十智力（知漏尽智力）是六智或十智一样，第二漏永尽无畏也是如此，如果从穷尽漏法的角度而言是六智，如果从相续中具有的角度来说为十智。如第二智力（知业报智力）是八智一样，第三说法障无畏也是如此，障碍之法几乎均为有漏，是苦集，故为八智所摄。诚如第七智力（知遍趣行智力）是九智或十智一样，第四说出离道无畏也是如此，因为就出离道果而言，为十智；从道的本体而言，则是除开灭智的九智。

丁三、宣说念住：

所谓三种之念住，本体正知正念性。

若问：三念住到底指什么呢？是指如来说法时，于恭敬听受所说法者，不以为喜之心念住；于不敬听受所说法者，不以为怒之心念住；于听及不听二者，不为喜怒之心念住。因此，三种念住的本体是正念正知的自性，但观待眷属的差别而宣说了三种。

丁四、宣说大悲：

大悲乃为世俗智，资粮行相与行境，
及平等故上品故，与悲不同有八相。

大悲的本体是世俗智，因为以慈悯心昼夜六时关照世间的兴衰。为什么称作大呢？由于在三大阿僧祇劫中以二资成就，故因广大；悯念慈爱普愿群生远离三苦，故行相广大；照见三界一切众生，故行境广大；垂念三界群生远离行苦的悲心平等，故趋入广大；此乃极其敏锐的智慧之自性，故上品广大。鉴于以上原因故称为大。

那么，大悲与悲心有何差别呢？它们的不同点有八种。一、本体之差别：悲心是指无嗔，大悲则是无痴；二、所缘之差别：悲心是缘欲界的众生，而大悲则缘三界有情；三、行相之差别：悲心只具有愿离苦苦的行相，大悲则具有愿离三苦的行相；四、所依之差别：悲心依于四静虑，大悲只依于第四静虑；五、相续之差别：悲心在声闻缘觉相续中也有，大悲则唯独佛陀相续中才有；六、获得之差别：悲心以离欲贪而得；大悲则需以离有顶贪而得；七、救济之差别：悲心非普遍救济，大悲则普遍救济；八、趋入之差别：悲心不同等趋入，大悲则平等趋入（指观待众生同等慈悲）。

诸佛资粮与法身，行利众事平等性，
彼等身寿与种姓，以及身量非相同。

那么，诸佛的所有行相均一模一样吗？诸佛以三平等性而相同，也就是说，诸佛积累二资因平等性，获得法身果平等性，行利众事业平等性。然而寿命、种姓、身量却迥然有别，因为这些是相应所化众生的意乐而示现的。

乙二、（共同功德）分二：一、略说；二、广说。

丙一、略说：

他法则与有学共，有同异生即无染，
愿智无碍解通等。

若问：那么，共同的功德有哪些呢？佛陀的其他法则与有学声闻缘觉是共有的，有些则与凡夫共同，因为佛陀意相续中具有的功德，在他们的相续中也具有，这也只是说种类近似，但本体却相差悬殊。那么这些共同功德是指什么呢？其中无染、愿智、无碍解与第六通是与圣者共有，“等”字所包括的前五神通、（四）静虑、（四）无量、（四）无色、（八）解脱、（八）胜处、（十）遍处与凡圣二者同具。

丙二（广说）分二：一、与圣者共同功德；二、与凡圣二者共同功德。

丁一（与圣者共同功德）分四：一、无染；二、愿智；三、宣说四无碍解；四、得法。

戊一、无染：

无染乃为世俗智，依第四禅不动法，
依人而生欲界惑，未生有事行境者。

既然说“有同异生即无染”，那么无染到底是指什么呢？无染定是世俗智，原因是修行者以他相续烦恼不缘自己而生起的意愿而入等至，出定后结合入定作为护持他心的方便。

它在何地具有呢？只是在第四静虑才有，因为它是依于易道中最殊胜者。什么补特伽罗才能现前呢？只有不动法阿罗汉相续中才具有，而其他补特伽罗无有，因为其他补特伽罗会再度生起烦恼。它依于何界的所依身份而产生呢？依人而生，原因是以人的身份获得阿罗汉者先前唯恐他者的烦恼而以之作为所缘，加以忆念，故是能灭尽彼之方便。它的所缘是烦恼，理由如前。由于以人的身份来缘，因而属于欲界。此无染定不能断已生烦恼，而是断未生（未来）之烦恼，由于阿罗汉不缘无事诸见断，是以有事修断之贪等作为行境而愿其不生的有境。

戊二、愿智：

愿智亦尔缘诸法。

以“我当知此”的心愿入第四静虑等至，结果也如愿了知彼之对境。其本体、地、补特伽罗与所依均与无染定相同，然而愿智的所缘不只是烦恼，而是色等一切法。

戊三、宣说四无碍解：

法义词辩无碍解，初三次第无碍知，
名称意义与词句，第四无碍明宣说。
道自在性缘语道，本体九智依诸地，
义十或六一切地，余者则为世俗智，
法于欲界四禅具，词依欲界初静虑。

如同无染定为不动法补特伽罗具有、依靠三洲人身而生一样，法无碍解、义无碍解、词无碍解与辩无碍解也是如此，它们的所缘、地、本体方面有差别。前三者的所缘依次是对名称、意义、词句无碍了知。第四辩无碍解，以断定意义相联或相违的词语无有滞碍为他众明显宣讲，如是宣讲之智对于道等持自在——不忘自在（作意止观等持而不忘失）能无碍了知，因此它的所缘是语与道（也就是说对于语与道无碍了知即名辩无碍解）。本体是灭智以外的九智。地：可以如应依于欲界至有顶之间的一切地。

义无碍解：从了达诸法之义的角度而言是十智，若从通达涅槃胜义的角度来说，则是灭智、法智、类智、世俗智、尽智与无生智六智。它在欲界至有顶之间的一切地均具有。

此外的法无碍解与词无碍解是世俗智。地：法无碍解在欲界与四静虑中具有，而在无色界是不存在的，因为无色界无有名聚；欲界与一禅具有词无碍解，而这以上是没有的，这是由于一禅以上无有引发言词之寻。

戊四、得法：

若不具全一不得，彼六德依边际获，

边际有六静虑边，彼者随顺一切地，

依次增上至究竟，佛外他者加行生。

若问：那么，获得四无碍解中的一者就一定获得所有的无碍解吗？这是一定的，原因是四无碍解不具全而获得其中之一的情况是没有的。

无染等六种功德是依何地而获得的呢？这六种功德（无染、愿智、四无碍解）是以第四静虑边际之加行得到的。那么边际有多少种呢？边际有六种，如果从意义上分析，则是前面所说的（无染、愿智、四无碍解）六种，或者除开词无碍解的五种，再加上第四静虑边际本身，共六种，词无碍解之所以不包括在内，是因为它虽然是依第四静虑而得，但实际上必定依于欲界与第一静虑，也就是说因为它是欲界与一禅地所摄，如云：“词依欲界初静虑。”这六种功德称为边际的原因是什么呢？这是有原因的，第四静虑的边际随顺一禅至有顶之间顺行（由欲界至有顶）或逆行（从有顶至欲界）的一切地，之后从下品至中品、由中品到上品逐步递增，趋至究竟。所有六种功德都是同样，在佛陀以外他者相续中具有的是由加行勤作而生，而佛无有加行，因为佛陀是功德自在者。

丁二（与凡圣二者共同功德）分五：一、分类；二、本体；三、法之差别；四、神通所摄之功德；五、广说第一神通。

戊一、分类：

神境天耳他心通，宿命生死漏尽通。

若问：既然说“无碍解通等”，那么神通有多少种呢？神通有六种，即神境智证通、宿住随念通、天耳智证通、他心智证通、生死随念智证通与漏尽智证通。（关于六通，大小乘阿毗达磨说法不同，此处是大乘阿毗达磨说法，按照小乘自宗应将其中的宿住随念通换成天眼智证通。）

戊二、本体：

彼为解脱道慧摄，其中四通世俗智，
他心通则为五智，漏尽通如漏尽力。

总的来说，六通均是解脱道的智慧。分别而言，除了第三他心通与第六漏尽通以外的四通本体是世俗智，因为它们是所知自相的有境。他心通：是缘他心而了知彼之差别的神通，如果所缘是无漏法，则是法智、类智与道智，所缘若是有漏法，则再加上世俗智与他心智本身共五智。漏尽通：如同漏尽力一样，就漏法灭尽而言是六智，就相续中具有而言为十智。

戊三、法之差别：

五通依于四静虑，自与下地为对境，

所得由修熟离贪，他心通具三念住，

神境天耳眼唯身，眼耳无记余皆善。

若问：那么，此等通在何地具有呢？前五通在四静虑正禅中具有，因为它们依于易道。第六漏尽通则于九地中具有，因为这些均是自己所依之自地与下地的有境。

那么，它们是依何而获得的呢？所得的一切神通均是依靠前世于轮回中修习熟练远离欲贪而得，如果修行尚未达到纯熟则由加行而得。

那么，此等神通属于什么念住呢？第三他心智证通具有除身念住以外的三念住，因为它唯一缘相应法。神境智证通与天耳通、天眼通唯一是身念住，这是由于它们缘色与声。

此六通是善、不善、无记法哪一种呢？天眼通与天耳通是无覆无记法，其余的神通均是善法。

戊四（神通所摄之功德）分二：一、宣说三明；二、宣说三神变。

己一、宣说三明：

最后三通即为明，遣前际等无明故。

无学漏尽初二者，彼相续生故谓明。

许有学具无明心，是故经中未称明。

阿罗汉相续中的最后三通是明，为了对治前际无明、后际无明、中际无明而分别宣说了宿住智证明以及“等”字所包括的死生智证明与漏尽智证明。宿住智证明能对治前际无明，这是由于忆念往昔自性衰败而生起厌离。死生智证明对治后际愚痴，原因是由随念其他所化相续的未来衰败而心生厌离。漏尽智证明能遣除中际愚痴，因为现量证悟现在之实相。为什么称无学位明呢？其中的漏尽智证明既是无学也是彼之明觉。前二明在无学位者相续中能生起，从这一角度而称为无学明，当然直接来说，这两种明是有漏法，因此既非有学也非无学。既然离贪有学者也具宿住智与死生智，那为何不安立为明呢？虽然承认有学者也具有此等，但由于它们是在被无明胜伏之相续中存在的，故经中并未将它们称为明，因为无明与明自相矛盾。

己二、宣说三神变：

神境他心漏尽通，即三神变教为胜，
此必毫无错谬成，能引利乐之果故。

此等神通中第一神境通、第三他心通、第六漏尽通依次为神境神变、记说神变与教诫神变，因为此等能打动所化众生之心。那么这三者中哪一神变最为殊胜呢？教诫神变最为殊胜，因为它必定是无有错谬而形成的，并能引利益之果（指增上生之人天果报）及安乐悦意之果（指决定胜涅槃之果）。

戊五（广说第一神通）分三：一、宣说神境通；二、宣说天眼耳通；三、遣疑说余通。

己一（宣说神境通）分三：一、本体及对境；二、宣说化心；三、神境通之分类。

庚一、本体及对境：

神境乃为三摩地，从中幻化与运行，
佛陀唯有意势行，余者运身胜解行。

欲界化外四处二，色界所摄二幻化。

既然说“神境通”，那么到底什么是神境呢？所谓的神境指的就是等持，为何称为神境呢？从中能产生、成就一切功德故。所产生的是什么功德呢？即是自在幻化与行于种种对境。那么，行有多少种呢？有三种，一、意势行（极远方举心缘时即能至）；二、运身行，快如飞禽；三、胜解行，由作意远方成近距离所生之行（即极远处作意为近处便可速至）。哪些补特伽罗具有此等行呢？意势行唯独佛陀才有，其余的声闻等也有运身行与胜解行。

幻化有两种，即欲界摄幻化与色界摄幻化。其中欲界化为何是色香味触处四幻化，而不是幻化眼等幻化呢？这是由于在众生种类中前所未有不能重新幻化。之所以无有声化，是因为声不存在同类的相续。也不是法处与意处幻化，原因是它们无有化心。幻化有两种，即自己转变为狮子等与自身相联幻化，以及使对方转变为狮子等与他身相联幻化。属于色界的幻化只是色化与触化两种，而不化香与味，因为色界不存在香味。那里同样也有与自身相联及与他身相联两种幻化。

庚二、宣说化心：

能化之心有十四，定果次第二至五，

非化上界所生心，依于静虑得化心。

若问：只有神通才能做幻化之事吗？并非如此，因为神通能知晓需要怎样幻变，而是由神通中起始、依靠现前化心来幻化的。此等化心也分为十四种。是哪十四种呢？四静虑正禅中生自地与所有下地的化心之果，也就是说，一禅地的果是自地与欲界的两个化心（2），二禅有自地与下二地的三个化心（+3），三禅产生四个化心（+4），四禅有五个化心（+5），依此次第而了知。由此可见，下地的静虑之果不可能化现上地所生的化心，否则就有下地可幻化上地的过失了。

若问：化心是如何获得的呢？获得化心的方式：在静虑的正行中以远离下地之贪的方式而获得。

净定自生彼生二，以自地心能幻化，

化语由下亦可言，非佛必具幻化者。

那么，化心如何入出呢？首先现前化心，入化心时务必要从净定中起现，相续时由化心本身中产生。在未从化心定中起定之前只生化心自己的相续，要出化心定时，必须要入净定而起，因为未入定就不能起化心。所有幻化均是同样，只有以自地的化心才能起现自地的幻化，而以异地的化心不能起现他地的幻化。然而，要令所幻化者言语的说心在二禅以上自地中是无有的，因此要现前下地一禅的寻伺才能言说。“亦”字是指欲界、一禅地的化身以自地的说心而言谈。人天导师佛陀的幻化身要言说，佛陀不必亲自开口，可以随意令化身言说。除此之外的所有幻化身均需要具足幻化者来说。

加持令他言亡具，不稳固无余许非。

若问：既然一相续中不能同时产生二心，那么有说心时无有化心，有化心时无有说心，又如何令幻化身言说呢？最初加行时化心现化身后说“愿我的这一幻化身长久存在，尔后愿以说心而言”，逐渐通过加持而令化身言说，到最后不依化心而仅以说心便可言谈，因此无有上述过失。

那么仅仅活者才有加持吗？克什米尔论师承许说：死者也有加持，比如加持大迦叶的骨锁留存而在此期间一直保存，然而不坚固的身肉等无有加持。而其余论师则认为：死者也无有加持，迦叶尊者的骨锁之所以能留存实际上是依靠所有清净天人的威力而留存的。

初时多心化一身，纯熟之后则相反。

由修而生无记法，俱生而得有三种。

若问：那么，多化心只能化现一化身还是一化心才能化现一化身呢？最初未熟练时，多化心只能化现一化身，因为需要长久勤作。后来神通已达纯熟时，则与前相反，一化心也能化现多种化身。若问：化心的本体是善、不善等何法呢？修所生之化心必定是无记法，天龙罗刹等的生得化心也能为了做利害之事而化现，又可以是等舍状态，因此有善、不善、无记法三种。

庚三、神境通之分类：

神境通由五种生，即由咒药业所成。

若问：神境通只有修得与生得吗？不只是如此，神境通有修得、生得、咒成、药成与业成五种。其中咒成神境通：诸如依靠甘达热等密咒而成的神境通。药成神境通：诸如由龟精、孔雀翎等妙药所成的神境通。业成神境通：诸如我乳国王与中有众生的神境通是由业力所生。

己二、宣说天眼耳通：

一切天眼与天耳，静虑之地清净色，

恒时有依无或缺，能取远细等对境，

罗汉麟角喻佛陀，次见二三千无量。

若问：天眼与天耳是以天人真正的眼耳还是相似而得名的呢？天眼与天耳这两者与色界的天眼天耳无有差别，因为是借助禅定力而在此二根之群体中形成彼禅与彼地的清净色。这两者具有心识而取境，因此恒时是有依根。无有盲、聋等残疾现象。它们的对境是色与声，而且也是遥远、细微以及“等”字所包括的遮障之色与声的有境，所以远远超胜肉眼。

那么，天眼通能见多远距离呢？声闻阿罗汉、麟角喻独觉、人天导师佛陀的天眼依次能照见二千世界、三千世界与无数世间界，这也是就现行而言的，不就现行而言，前三者按次第能照见一千、二千与三千世界。

己三、遣疑说余通：

俱生不能见中有，他心通则有三种，

寻思明咒成亦尔，狱初知人无生得，

若问：只有神境通是生得还是其他通也有生得的呢？神境通以外的天眼通、天耳通、他心通、宿住随念通也有生得，生得的天眼不能见中有身，因为中有是修得天眼的对境。生得的他心通从意乐的角度而言有善、不善、无记法三种。寻思者由他人的身语之相中得来的他心通与明咒所成的他心通也是善、不善、无记法三种，而修生的他心通唯是善法。地狱众生的他心通与宿住随念通从最初刚刚出生直至苦受未扰乱心之间能了知，在此之后连自己尚且不能忆念，就更不可能了知他心了。天人、旁生、饿鬼等其他众生具有的生得他心通，能恒时了知他心。人类的神境通等具有前面所说的修得、寻思成、明咒成、药成与业成五种，此等通之所以不具备生得，是因为人类的神境通等不能仅仅依靠出生而具有。

俱舍论第七分别智品释终

第八品 分别定

第八分别定品分二：一、真实定；二、定所摄之功德。

甲一（真实定）分四：一、正行；二、未至定；三、殊胜定；四、等持之分类。

乙一（正行）分五：一、分类；二、静虑之分支；三、得法；四、由何定生何定；五、法之差别。

丙一（分类）分二：一、广分；二、摄义。

丁一（广分）分二：一、静虑之分类；二、无色定之分类。

戊一、静虑之分类：

四种静虑各有二，其中果生前已说。

定即一缘专注善，若具从属五蕴性。

归纳而言，产生一切功德的根本——静虑有两种，即因定之静虑与果生之静虑。其中因静虑：于下地现前，是入定状态，唯一是善法。果静虑：仅仅于自地现前，有入定与非入定两种状态，并是善法与无记法。这两种静虑每一种从地的角度来分，各有第一静虑至第四静虑四种。其中果转生于一禅等处的静虑在第三品分别世间品的“初三静虑各三处……”中已经宣说过。因定静虑是指善心一缘专注的心所。对此，有部宗说：虽然它主要是心所等持，但借助它的力量心王也可一缘专注。实际上等持在一切心的从属中产生也无过失，因为这是就特殊情况（指安住的这一角度）而言的，如果具有从属，则是禅定戒无表色与受等五蕴的自性。

初静虑具伺喜乐，后禅渐离前前支。

因静虑各自法相：第一静虑具有与伺、喜、乐相应的一缘善心，之所以在此未说寻是由于以伺具有已说明存在寻；二禅是断除前面寻伺支而具有喜、乐的一缘心；三禅是断除前支寻伺与喜而只具足乐的一缘心；四禅是断除前四支之色的一缘善心。因此，所有静虑均称为出离分支。

戊二、无色定之分类：

如是无色四蕴性，远离下地而出生，
以及三种未至定，称为灭除色之想。
无色界中无有色，彼色乃由心中生。

一切静虑均有因定与果生两种，每一种又各有四种，无色定也同样有两种，每一种又各分四种等。无色定如果具有随行的从属，则是四蕴，一切无色定（此处应指果定）均远离所缘，因此是由超离第四静虑、空无边处等下下地之所缘的未至定中产生，故而得名。（四无色定）正行以及后三无色未至定即称为除去色想之定，原因是此等自地无有色法并且下地没有可缘的色法。空无边处的未至定并非去除了色想，因为它缘第四静虑的色法而视为粗大等。

对于无色界稍有色法等观点虽然辩论颇多，各有分歧，但自宗（指有部）认为：在无色界丝毫色法也是不存在的，由此才称为无色。那么，之后转生下界的色法是从何而生的呢？那一色法是在未转生无色界之前以与色共用的心相续作为缘，从前面已灭、异熟因的色法中产生的，因此并不相违。

所谓识与空无边，无所有名加行立，
低微之故称无想，其实亦非无有想。

为什么称为空无边等处呢？前三处是以加行的名称而安立的，如是加行时修行所谓的空无边、识无边、无所有。由于有顶的心识微乎其微、极不明显，因此将低劣加否定而称为非想，因为也具有十分细微之想，所以也称非非想。

丁二、摄义：

如是定正行实体，八种前七各有三，
著味相应净无漏，第八唯具味净二。

上述的四禅与四无色定的正行实体有八种，其中不包括有顶的七种从本体方面来分各有三种。是哪三种呢？即与著味相应定（指染定）、净定与无漏定。第八有顶只有著味染定与净定两种，由于有顶之想极不明显而不具无漏定。

著味则具相应爱，世间之善称谓净，
彼者亦为所著味，无漏乃是出世间。

著味（染定）是指具有相应助伴的爱；由于与世间等至的善法无贪等相应，因此称净定，它也是著味所感受的对境，因为贪执这一清净而认为此善极其殊妙且爱著；无漏定具有出世间真谛的行相。

丙二（静虑之分支）分二：一、因定之分支；二、观察果生具几受。

丁一（因定之分支）分三：一、善之分支；二、染污性之分支；三、四禅立为不动之原因。

戊一（善之分支）分二：一、以名而分类；二、以实体而分类。

己一、以名而分类：

第一静虑具五支，寻伺喜乐与等持，

二禅四支净喜等，三五舍念慧乐住，

末禅具四正念舍，非苦非乐及等持。

既然说“后禅渐离前前支”，那么所有静虑各具足几支呢？因定之第一静虑具有五支，即寻、伺、喜、乐与等持支。前二支是对治支；喜支及乐支为功德支。寻与伺之所以为对治支，因为依靠寻伺二者可断除违品——欲界的害心与损恼。喜、乐是功德支的原因是寂静之喜乐由断除寻伺之害心与损恼中生起。第三等持是安住支的原因是寻伺等依靠等持而入。

第二静虑具足四支，即内等净支、喜以及“等”字包括的乐支，再加上等持支。其中喜与乐二者为功德支；内等净为对治支，原因是依于内清净断除违品——一禅之寻伺。

第三静虑具足五支，即行舍支（指大善地法中的舍）、正念支、正慧支、乐受支、等持支。前三者为对治支，乐受为功德支。前三者为对治支是因依靠此三支能断除违品——二禅之喜。

第四静虑具足四支，即行舍清净支、念清净支、非苦非乐受支与等持支。前二者为对治支，第三为功德支。前二者为对治支的原因是依靠念清净与行舍清净断除三禅之乐。

这些对治的方式均是远离违品（即远分对治）。

己二、以实体而分类：

实体则有十一种，初二禅乐即轻安，

内等净支乃信根，违二教故喜意乐。

静虑的所有分支从名称的角度来说有十八种，但就实体而言只有十一种，即第一静虑的五支、第二静虑的内等净支、第三静虑的前四支、第四静虑的行舍清净支。

若问：为何第三静虑的乐支除了第一静虑的乐支以外单独算为实体呢？三禅的乐是心乐受，而初二禅中是将大善地法的心轻安称为乐的，并非是指受，因为未获得心乐、只是身乐外观不能作为静虑支。由于喜支单独计数，可见它也不属于意乐。这是有部宗的观点（意思是说，有部宗认为三禅的乐是心乐受，而不是身乐受，只是身乐受不能立为静虑支）。

经部宗则认为：安立为静虑支的所有乐均依靠等持力，并借助身内轻安的所触之风得以增上，从中产生的乐与等持相应。因此，如果生起这种乐，则心思不会外散，也不会从等持中出定，而且凭借等持力而以欲界的身根也有产生执著享受色界的所触之心识及从属的。（意思是说，前三禅的乐均是身乐受，初二禅的乐不是轻安，因为在定中可以有身识，此身识借助轻安风，从胜定中生起，后引生身识相应乐受，遍触于身。）

二禅的内等净实际上是获得二禅而远离寻伺的扰乱并对一禅之地厌离诚信的信根。有些论师说：三禅的乐是意乐受，喜是其他受。这种说法是不合理的，因为与《宣说遍转经》和《宣说静虑支》两种圣教相违，经中说：“第三静虑中灭尽一切意乐。”因此，喜是意乐受。（因为三禅无有意乐受而有乐受，显然三禅的乐受绝非意乐受，与有些论师的观点恰恰相反。）

戊二、染污性之分支：

染污初禅无喜乐，二无内净三知念，

四禅无有舍念净，有谓无有轻安舍。

若问：这些善妙之分支在染污性静虑中也存在吗？染污性第一静虑中无

有喜、乐，未离烦恼之故；染污性二禅无有内等净，因为烦恼会令心污浊；染污性三禅无有正念与正慧，原因是以烦恼玷污了禅定心；染污性第四静虑无有行舍清净与正念清净，因为烦恼令心染上污垢。有些论师说：染污性初二禅无有轻安，染污性上二禅无有行舍，因为这两者（指轻安与行舍）是大善地法。

戊三、四禅立为不动之原因：

解脱八种过患故，第四静虑名不动，
八过寻伺出入息，以及乐受等四受。

若问：第三静虑以下说为动摇、第四静虑称为不动的原因何在呢？之所以第四静虑无有动摇，是因为解脱了八种过患。是哪八种过患呢？寻、伺、呼气、吸气、乐以及"等"字所包括的苦受、意乐受、意苦受，总共八种。而三禅以下如应为这八种过患所动。

丁二、观察果生具几受：

生之静虑依次第，初具意乐乐舍受，
二舍意乐三乐舍，四禅唯一有舍受。

因定之第一静虑有乐受、第二静虑有意乐受、第三静虑有心乐受、第四静虑有舍受，果生之静虑也一定是这样吗？不一定，果生之四静虑中一禅中有意之地的意乐受、与眼耳身识相应的乐受、与二者均不相违的舍受。由于一禅以上无有五识聚，因此二禅只有意舍受及意乐受，三禅唯有意之地的心乐受与舍受，四禅仅有意之地的舍受。

第二禅等生身眼，耳识有表之等起，
皆为第一静虑摄，彼乃无记非烦恼。

如果二禅以上无有眼识等三者，也不具寻伺，这样一来，岂不成了无法取色、声与所触而且身语的有表色也不存在了吗？事实并非如此，二禅、三禅、四禅自地虽然无有眼、耳与身识，也不具有身语有表色的等起，但通过现前下地的此等而使他们所依中具有，这些也是在有必要时才现前的。可见，眼、耳与身识均为一禅所摄并且全是无覆无记法，而不是烦恼性，因为已从中离贪；也不是善法等，原因是以迁地而舍。

丙三、得法：

前所未有之净定，由离贪及转生得，

无漏唯以离贪获，染定由退转生得。

若问：四禅、四无色的善妙净定等是如何获得的呢？前所未有的正行净定由离贪与转生而得。一、离贪而得：即远离下地之贪而获得。二、转生而得：指从上地转生下地而获得，这其中不包括有顶，之所以转生有顶不得，因为有顶无有上地，从自地与下地转生时因定先前已具足（故转生时不得）。四禅、四无色的所有无漏正行也是同样，如果是以前不具足的话，则唯由离下地贪而得，却没有以转生而获得的。四禅与无色界的染定以退失及转生而得。一、退失而得：即以下地的烦恼退失而获得。二、转生而得：从上地转生下地而得，这其中也不包括有顶在内，并不是从下地转生上地而得，因为由下地转生上地先前已具有因定。

丙四（由何定生何定）分三：一、三定由何生何；二、别说净定；三、别说超越定。

丁一（三定由何生何）分二：一、就定而言；二、就其他而言。

戊一、就定而言：

无漏无间则生善，上下至第三地间，
净定无间生亦尔，兼起自地烦恼性，
染定生自地净染，亦起下地一净定。

若问：这些定的实体在末尾时生起几定呢？无漏三禅无间生起相续时自己后面的同类、出定时生自地的净定，如果是具有上地与下地的定，则生自身与上下至第三地之间的有漏无漏善。由净定生净定与无漏定也是同样，净定的末尾无间生上下至第三地之间的善（包括净定与无漏两种），诸如，在三禅无漏定的末尾时，如果具有上地与下地，则生起从自地算起直至第三地之间的善（即上三地、下三地）。也就是说，相续时自己后面的同类（1）、出定时自地的净定（1）、超越远加行顺式时四禅的无漏定（1），轮番入定时的净定（1）、结生时空无边处的无漏定（1），正行时净定与无漏定其中之一（1）、超越加行逆式时二禅的两种（净定与无漏定）（2）、正行时一禅的两种（2）（，共有十定）。同样，四禅与空无边处也可依此类推。识无边处虽然生起直至第三地之间的善，但由于有顶无有无漏法而不能产生。无所有处无间生七定，有顶（藏文此处说有顶，本来有顶无有无漏定，但有顶的净定的确生六定，而此处讲的是无漏定，请观察）与一禅各生六定，二禅生八定。类智末尾能入无色界的净定与无漏定，而法智由于所缘不同而不能生起，无漏定与染定在任何时候相互都不能无间产生。应当明白上面所说的意思是，无漏定能生几定，净定也同样生上下三种等（即从自地至上下第三地之善）。然而不同的是，净定在前面的基础上，在为染污定所逼恼或享禅味时，也生起各自地的染污性静虑。染定如果为正知正念所摄，则出定时生起自地的净定、相续时的染定，染污定所逼恼时也会生起下地的净定，因为喜爱下地的净定而从出定状态再度入定。

戊二、就其他而言：

死时净定生烦恼，染定之中非生上。

命终之时的净定中生起自地、下地、上地的烦恼，因为由净定作为死心而转生于自地、下地、上地。以染定作为死心转生自地与下地而不会生于上地，原因是未断下地的烦恼不能转生上地。

丁二、别说净定：

净定有四顺退等，依次随顺于烦恼，

自地上地与无漏，渐次生二三三一。

若问：既然说“净定无间生亦尔”，那么，由净定中必然产生上下至第三地间的一切善吗？一般来说，净定有四种，即顺退分以及“等”字所包括的顺住分、顺胜分、顺抉择分净定。它们的本体是什么呢？按次序，顺退分净定随顺产生自地的染定；顺住分净定随同产生自地的净定；顺胜分净定随顺生起上地的净定；顺抉择分随顺产生无漏定。那么，顺退分等四种净定每一种无间生起什么呢？顺退分净定无间产生其本身与顺住分净定二者；顺住分净定无间生起不包括顺抉择分的三种；顺胜分净定无间生起不包括顺退分的三种；顺抉择分净定无间只生唯一的无漏定。

丁三、别说超越定：

与八地二相关联，超越一者顺逆式，

以不同类至第三，即是超越之等至。

若问：超越定是如何生起的呢？定的基础是与有漏八地与无漏七地两种相联。按照顺序，从有漏一禅至有顶之间入定顺行而去，之后（从有顶）至有漏一禅之间逆行而来；无漏也是同样，从无漏一禅至无所有处之间上行，下至（无漏一禅）逆行，以入定的方式得以清净即为远加行。之后从有漏一禅起超越一个而到三禅等直至有顶之间向上而行，向下直至一禅之间；无漏也是如此，无漏一禅超越一个至无漏三禅，如是每超越一个而至无所有处之间上行，再向下至一禅之间，这是近加行。何时，从有漏一禅至无漏三禅、由无漏三禅到有漏空无边处、从有漏空无边处至无漏无所有处之间顺式上行，再从有漏无所有处至无漏空无边处、由无漏空无边处到有漏三禅，从有漏三禅至无漏一禅之间逆式而来，如此无论是有漏还是无漏，不同类三种随意而行，那一入定在当时已成就超越定的正行。所依身份唯是智慧敏锐的人。补特伽罗：唯是无有烦恼、自在等持的不动法阿罗汉。

丙五、法之差别：

静虑无色依自下，非上下者无必要，

唯生有顶之圣者，现前无所有尽漏。

若问：那么此等定必然以上地所依现前吗？并不是，静虑与无色定以自地与下地的所依现前，而上地并非如此，因为自地有殊胜定而无需下劣，这是就一般情况来说的。特殊情况：转生有顶的不来圣者从有顶涅槃，由于自地无有无漏道，而要现前无所有处的无漏道才能灭尽漏法。

有爱缘于自地蕴，净无漏定缘一切，

无色正行善行境，非为有漏之下地，

以无漏断诸烦恼，未至净定亦复然。

此等定的所缘是什么呢？有爱也就是与味著相应的所有定仅缘各自地的有漏之蕴，不缘下地，因为已远离了下地之贪；也不缘上地，因为中断了异地之爱；又不缘无漏，否则就成了善法。善妙净定与无漏定的所缘境如应可以是一切有为与无为法。一切无色界正行净定与无漏定的行境不是有漏的下地，而是自地与上地如应的有漏无漏以及下地的无漏类智方面的一切道。那么以三种定中何者断除烦恼的呢？以正行无漏定断所有烦恼，而不是以正行净定来断除，原因是已从下地离贪、增上自地之爱、上地较其更为超胜，（既然净定尚且不断烦恼）那么染定不能断烦恼就更不言而喻了。以未至净定也能断烦恼，因为它是能离下地贪之道。

乙二、未至定：

彼等八种未至定，体净非乐非苦受。

初未至定亦有圣，有者说为具三种。

既然说“未至净定亦复然”，那么未至定有多少种呢？入此等正行的未至定有八种。它的本体是什么呢？是净定，而不是染定，因为是能离下地贪之道。它属于什么受呢？是与非苦非乐之舍受相应，原因是需要以难道精进而引出，一禅之未至定也具有圣者无漏定，因为与其他未至定相比心更为敏锐、明了。有些论师说：（初未至定）也有染定，由于与正行相竞争，因此它有三种（即净定、无漏定与染定）。

乙三、殊胜定：

无寻殊胜之静虑，具三舍果大梵天。

若问：那么，一禅的殊胜正行是指什么呢？无寻唯伺的静虑正行即是殊胜禅。它有无漏定、净定与染定三种，与既不是乐受也不是苦受的舍受相应，因为是勤修之道。殊胜禅的果是大梵天，原因是依靠修殊胜禅结果转生大梵天界中。

乙四（等持之分类）分四：一、以界而分类；二、以道而分类；三、以出离道而分类；四、以作用而分类。

丙一、以界而分类：

胜禅以下有寻伺，中定唯伺上无二。

若问：经中说："有寻有伺之等持、无寻唯伺之等持、无寻无伺之等持。"那么它们分别是指什么呢？殊胜禅以下一禅未至定与初禅是有寻有伺之等持；殊胜禅（也叫中间静虑）是无寻唯伺之等持；殊胜禅以上是无寻无伺之等持。

丙二、以道而分类：

无相等持灭谛四，空性无我入空性，
无愿彼外余谛相，善中无漏三脱门。

若问：经中说"空性、无相、无愿之等持"，那么它们是指什么呢？无相之等持是与灭谛四行相相应的等持；空性之等持是与缘近取蕴而趋入无我空性行相相应的等持；无愿之等持是具有前六行相以外其余谛剩余十行相的等持，而不是前六行相，因为前六行相不是厌离，是趋入无余涅槃时所舍弃之道，所以非为所愿。此三等持均以世间与出世间的差别而是净定与无漏定。地：（净定与无漏定）次第依于静虑六地、四无色与欲界此十一地以及无漏九地。这三种无漏是解脱之因、趋入解脱之门，因此经中也称之为三解脱门。

丙三、以出离道而分类：

所谓空性空性等，余外复说三等持，

二缘无学空无常，末缘静相非择灭，

有漏人中不动者，不摄七种未至定。

此外，经中除了前三等持以外又另宣说了所谓的空性空性之等持，“等”字所包括的无愿无愿之等持，无相无相之等持，除前三种以外又说了此三等持，它们是次第缘空性等前三等持而得名的。

这三种等持中前两种按次第缘无学者相续中的空性之等持后取“此非我所”的空性行相；第二等持缘无学者的无愿等持后取“此是无常”的无常行相。最后的无相无相之等持只观想、缘取静相，也就是非抉择灭，从无学位的无相等持中起定后生起诸如有漏的其他心识，由于生起无相之相续的外缘不齐全而获得非抉择灭。这三种等持中前二种缘解脱本身，第三缘遮止解脱的灭法而生起厌离，因此也称为出相。

此三者的本体是有漏法，原因是背离前三等持而观。

所依身份是智慧敏锐的人。

补特伽罗：由于是利根的行境，因此唯有不动法阿罗汉才能生起，而其他阿罗汉并不能生起，因为他们无有生起此等的威力。地：由于是圣谛之行相，因此在不包括二禅以上七种未至定在内的六静虑、四无色（再加欲界）此十一地中才有。

丙四、以作用而分类：

为成现法乐住者，即修第一善静虑，

欲得殊胜知见者，则修清净天眼通，

为得分别智慧者，则修加行所生善，

为得一切漏尽者，当修金刚喻定也。

若问：经中说："修等持修习静虑，若屡屡而行，亦有成现法乐住者，如是类推，亦有成知见者，亦有成分别慧者，亦有成漏尽者。"这些到底是指什么呢？于第一善静虑中入定，即修成现法乐住之等持，以此为主，实际上四种等持均具有，唯独这一等持称为现法乐住，而后面的三种等持不叫现法乐住，这是由于它们存在退失、从中转生上地、趋入涅槃的可能性。与眼通相应的慧称为修成见之等持，与眼通后生起的意识相应的慧称为修成知之等持，这两者合而为一承许为修成知见之等持。因为以这些眼通来观察则能现见、了知众生身体之恶行。加行所生的有漏功德修不净观、无染定等以及无漏解脱门等的慧称为成就分别慧之等持，因为以智慧的差异而使辨别的能力越来越高。金刚喻定依靠第四禅末际，称为修成无余灭尽彼相续之漏法的等持。

甲二（定所摄之功德）分五：一、宣说无量；二、宣说解脱；三、宣说胜处；四、宣说遍处；五、宣说彼等之理。

乙一、宣说无量：

无量四治害心等，慈悲无量无嗔性，
喜为意乐舍无贪，相次愿乐离苦悦，
众平等缘欲有情，喜初二禅余六地，
有许为五不断惑，人中方生必具三。

所缘境的众生无有量，具有能缘、福德无量的心有四种，即慈无量心、悲无量心、喜无量心与舍无量心。

那么，无量心定数为四的原因何在呢？这是有原因的，因为对治众多害心以及"等"字所包括的损恼心、不喜他乐、嗔心贪心而确定有四种。

四无量各自的本体是什么呢？慈无量与悲无量是无嗔之善；了知他众具乐而悦意为喜无量；舍无量则是无贪之自性善。

四无量之行相：依次为愿一切众生具足快乐；愿一切众生摆脱痛苦；愿一切众生不离喜悦；作意对一切众生无有贪嗔一视同仁。

四无量之行境即所缘为欲界的一切众生，因为是缘彼等之害心等的对治法。

四无量所依地：喜无量是意乐受，因此只在初二禅才有；其余三者在静虑六地中具有。有些论师认为这些唯是正行地，因此是不包括将禅未至定的五种殊胜禅。

若问：那么，慈等无量直接断烦恼吗？此四无量并非直接断除烦恼，因为此等只是缘众生而作意信解，而直接的断道是作意真如。

所依：只有在智慧敏锐、贪欲过患众多的人类中才能生起，其他众生则无法生起。

具足一种无量就具足所有的无量吗？不包括喜无量的三者若具其中之一就必然具足其余二者。因此，如果一者存在，必定各具三种，喜无量对于转生三禅四禅者来说无有，因此并不一定具有。

乙二、宣说解脱：

所谓解脱有八种，初二不净二禅具，

第三末有体无贪，无色定善灭尽定，

微微心末无间入，由自净下圣心出。

初三缘欲摄见色，无色行境上自地，

苦谛等及类智品。

经中说解脱有八种，也就是内有色观外色解脱[1]、内无色观外色解脱[2]、净色解脱[3]、四无色解脱[4]与灭尽解脱[5]。前二解脱是不净观，观青肿相之故；是无贪的本性，因为此二解脱依次是贪欲界与一禅之色的对治；它们在初二禅正行中具有，而在三禅是无有的，因为彼等只是贪色的对治，而（三禅无有根识）不存在贪二禅之色的对治。第三净解脱并非是不净观，因为它缘悦意对境而视为清净相，在第四禅中具有，本体是无贪。

如果有人说：既然在三禅中不安立为解脱是由于贪二禅之色的对治不存在，那么四禅也不能安立为解脱了，因为四禅同样无有贪三禅之色的对治。这两者是截然不同的，因为净色解脱不是修贪欲的对治，由于在一禅二禅时修不净观而使心疲惫不堪，此解脱是为了提高心力以及观察前二解脱修得成功与否。无色解脱则是无色界之善妙的净定与无漏定。灭尽解脱是灭尽定，三界中最细微的心是有顶心，而灭尽定要在较有顶心更细微之心的末尾无间而入，起定时，从有顶自地的净定以及依于下地无所有处之心的圣无漏心而出。

所缘：前二解脱是属于欲界的不悦意可见色处的有境，第三解脱是悦意处的有境。四无色解脱的行境即所缘可以是一切上地、自地的苦谛以及“等”字所包括的集谛、灭谛及类智品的上下道与自地。

---

1 内有色观外色解脱：先不灭除自内色想，即行观察外色是空的三摩地。

2 内无色观外色解脱：剖析灭除自内诸色成空，是内无色想，进而观察外色如布、瓶等亦皆是空的三摩地。

3 净色解脱：喜化净色心生勤勉，不喜变化诸不净色心不勤勉，为求除治此种烦恼所修禅定。

4 四无色解脱：能使智慧相应之四无色处等持，背舍色界及无色界自地以下诸有漏贪之四种定，即空无边处解脱、识无边处解脱、无所有处解脱和非想非非想处解脱。

5 灭尽解脱：能令心心所法寂静安住，粗分受想灭尽不生之道。

乙三、宣说胜处：

所谓胜处[1]有八种，前二相同初解脱，

二同第二余如净。

经中说："内有色想观外色少、内有色想观外色多、内无色想观外色少、内无色想观外色多，内无色想观外色青、黄、赤、白四者，于此八种均胜过彼等色而了知，以胜而现见，如是作想即与所谓一胜处至八处之间对应。"所谓的胜处是指获得自在。了知为寂止，现见为胜观；或者说了知为无间道，现见为解脱道。应当了知前二胜处的本体、地、是何者的对治与所缘均与第一内有色观色解脱相同。第三与第四胜处的本体等与第二无色观色解脱相同。除此之外其余的四色胜处的地与本体等与净色解脱相同，然而不同的是，解脱是背离所缘，而不胜过，此胜处是随心所欲信解所缘，以不生烦恼的方式胜过（其他）。

乙四、宣说遍处：

遍处十种八无贪，第四禅有缘欲界，

二遍处为无色净，行境自地之四蕴。

所谓遍处是指能令观想所缘境的地大等行相不间断周遍之义。分类有地大遍处、水大遍处、火大遍处、风大遍处、青遍处、黄遍处、赤遍处、白遍处、空无边遍处与识无边遍处。其中前八遍处的本体是无贪之善；所依地只是在第四静虑才具有；行境即所缘是欲界的色处，与世间的名言相符而承许

1 胜处：发起胜知、胜见的禅定之处。于禅定中修习观想，现见所缘形色、显色净妙，胜过其他，心不外散。八胜处即四种形色胜处及四种显色胜处。四种形色胜处：一、以内有色想观外色少胜处，谓于观一切有情净色获得自在；二、以内有色想观外色多胜处，谓于观器世间色获得自在；三、以内无色想观外色少胜处；四、以内无色想观外色多胜处。四种显色胜处，即青黄赤白四胜处，依三摩地，此四显色成就光明，分别缘余境，自在变化。

为显色与形色。空无边遍处与识无边遍处二者是前二无色界净定的自性，所缘是自地的四蕴。

乙五、宣说彼等之理：

灭尽前品已宣说，余皆离贪加行得，
所谓无色依三界，剩余唯有人中生。
上二界由因业力，生起无色之等至，
色界所有诸静虑，亦由法尔力量起。

若问：以上这二十六种功德（即八解脱、八胜处、十遍处）是如何获得的呢？灭尽解脱的所依在前面第二品中已宣说过。其余的二十五种如果曾经修习熟练，则唯是以离贪而得，未修习熟练则通过加行勤作而得。所依：所谓四无色解脱与二无色遍处依于三界的所依身份。剩余的十九种是在人中生起，因为必须依靠决定正教而生。那么，上两界由于无有传教怎么能以下下所依身份生起上上定呢？其实上两界的无色定是依靠因力与业力而如应生起的。第一由因力而生：诸如先前以人的身份从串修有顶的等持中退失，转生到色界任何一处，以先前串修的同类因而生起有顶的等持。由业力而生：先前在人中获得无色定后退失，以这种顺后受业之力而转生色界，获得无色界的等持，因为需要在其后世转生到无色界。色界的下下静虑通过因力与业力而生起一切上上静虑，也有以法性力而生起的。以法性力而生：诸如世间坏灭时，下禅的众生以极其强大的善法自然而然生起上禅之心。

俱舍论第八分别定品释终

甲四（末义）[1]分三：一、佛法住世期；二、非为臆造且谦虚；三、教诫后代不放逸。

乙一、佛法住世期：

佛之妙法有二种，教法证法之体性，
持教法者唯讲经，持证法者唯修行。

若问：能开示一切法自相与共相的对法住世多久呢？佛陀所演说的一切妙法有两种，一是教法三藏，二是证法三十七道品。能受持教法者唯是正确无误地讲经说法，能受持证法者唯是能无谬实修教法之义。所谓的"唯"是说别无其他。乃至教法与证法存在期间对法也将住世。

那么，教法与证法住世多久呢？有些论师说住世千年，有些论师说住世千年指的是证法，教法还要更长。此外也有论师说住世达五千年的，即最初的五百年多得阿罗汉果，第二个五百年多得不来果，第三个五百年多得前二果，此（一千五百年）是果期；第四个五百年多出现慧学，第五个五百年多出现定学，第六个五百年多出现戒学，此（一千五百年）是修期；第七个五百年多出现持论藏者，第八个五百年多出现持经藏者，第九个五百年多出现持律藏者，这（一千五百年）是教期；第十个五百年是维持形象期。

乙二、非为臆造且谦虚：

说此对法我多依，克什米尔有部理，
若有错误均我过，正法理量唯诸佛。

若问：那么，此对法论是原原本本依照《入智论》等中所说而阐述的吗？虽然此对法论也与少数经部等相符合，但世亲我大多数均是依据克什米

1 末义不属于第八品内容，为示区别故页眉有所调整。

尔有部宗的诸位智者所建立的观点宣说的，并非是随随便便地凭空臆造、自我杜撰的，尽管如此，如果诸位智者发现此论中有词句与意义方面的过错，那完全归咎于作者我，敬请诸位智士予以宽恕。

倘若有人想：按照有部的阿阇黎一脉延续的传承，该不会有过错吧。讲说教法与证法道理能堪为正量的唯有诸佛出有坏以及佛子诸大菩萨，而其他人由于具有迷惑不解的情况而不能做到这一点。

乙三、教诫后代不放逸：

本师世目今已闭，堪作证者多入灭，
未见真谛放肆者，以邪分别乱佛教。
佛陀已趣胜涅槃，持彼教者多随灭，
无怙无教灭德众，当今此世任意行。
既知如来正法寿，渐衰亡如命至喉，
一切污垢具力时，求解脱者莫放逸。

作者如此殷切教诫后学者切莫放逸度日：能指明解脱道与非道、如世间明目般的佛陀出有坏已趣入涅槃，除了佛陀以外，堪为正法见证的诸位圣者阿罗汉大多数也已销声匿迹、入于寂灭。此时此刻，根本没有现见法性真谛，不依佛陀圣教、不受他人调教刚强难化之辈，恶念纷呈、放任自流，陷入卑劣寻思的氛围中，带着颠倒分别邪念而从词句与意义两方面来扰乱圣洁的佛教。到底出现了什么样的局面呢？广严城的诸比丘大肆宣扬十种非事，根本的四部分裂成十八部，对佛教进行各种各样的增益、损减。再者，自生圆满正等觉佛陀以及珍重秉持自生教法证法的诸位大德都已趣入了寂灭轮回苦及苦因的殊胜涅槃。无依无怙、孤苦伶仃、无有传授正法者的所有众生在能摧毁戒慧功德、泯灭佛法之因——恶见与三毒之垢染污秽的驱使下，于当今世界肆无忌惮、为所欲为。大能仁佛陀所宣说的上述佛理正教好似弥留之际命至喉结即濒临死亡般已奄奄一息、难得久住。在比比皆是的垢秽势不可挡之时，了知此情此景之后，诸位欲求解脱者切切不可放逸无度，而应万分慎重、百般精进受持佛法。世尊曾经亲言："不放逸为无死处，放逸则为死亡处，不放逸者不死亡，放逸之人恒死亡。"《别解脱经》亦云："具寿佛陀之菩提，彼之诸法不放逸者方可获得也。"

此《俱舍论颂》，乃佛陀亲口授记之大德、能背诵九十九万部经典、具有不退智慧自在者、共称为第二遍知的大阿阇黎世亲撰著圆满。印度堪布则那莫札即佛友与大译师华哲僧侣翻译、校正并以讲闻方式而抉择。

怙主累劫苦行成，开示无量法理中，
慧眼顿见诸所知，对法明镜外无他。

广闻经论善缘我，浊世享之喜浪花，
心中溅起善行滴，为法播种撰本释。

由此论得三世善，合集回向利他众，
无勤作具遍知力，教证讲修法兴盛。

愿满珍重护法宝，持教圆寂大德心，
勤续佛法慧命者，住于何处皆如意。

愿轮回狱深渊中，无明铁镣紧缚众，
以智慧剑斩断时，同入解脱之妙宫。

愿我世世具四轮[1]，以闻思修久弘法，
自悟一切所知处，强烈悲心授群生。

此《俱舍论释·开显世亲密意灯》，乃于大堪布全知香巴根嘎丹毕喜灿、圆满佛陀至尊上师蒋扬钦哲旺波为主的诸多大德足下恭敬依止的蒋扬洛德旺波撰著，本人幼时曾于克旺西绕嘉措、土登堪钦麦彭桑给绕吉前闻受此论旁注，后来在三藏大师大慈大悲、恩重如山之上师——伏藏大师土登秋吉札巴莲足下长久依止，详详细细地得受了此法的传授，当时尽己所能铭记在心，立成文字，再后幸遇确凿可靠的书函，精心编辑抉择而撰写成这部通俗易懂的注释，以此善根祈愿教法证法如意宝兴旺昌盛、长久住世。萨瓦达嘎拉囊巴瓦德！

二OO四年藏历四月初八之吉日
译竟于法王如意宝晋美彭措之显密道场
——喇荣五明佛学院

1 四轮：安住顺境、亲近正士、发宏誓愿和积大福德。